Einführung in die

INFORMATIK

Aufbau und Funktionsweise
von Computer-Systemen

Helmut Schauer

Springer-Verlag Wien GmbH

Dipl.-Ing.Dr.techn.Helmut Schauer
Institut für Informationssysteme der Technischen Universität Wien
Argentinierstr. 8, A-1040 Wien

Die erste Auflage erschien unter dem Titel "Einführung
in die Datenverarbeitung. Aufbau und Funktionsweise von
Computersystemen" 1976 im Springer-Verlag Wien New-York;
Nachdruck mit freundlicher Genehmigung des Springer-Verlages.

ISBN 978-3-7091-4626-2   ISBN 978-3-7091-4777-1 (eBook)
DOI 10.1007/978-3-7091-4777-1

Library of Congress Cataloging in Publication Data. Schauer, Helmut, 1943-. Einführung in die
Datenverarbeitung.I. Computer architecture. I. Title. QA76.9.A73S3. 001.6'44'04. 76-28334.

EINFÜHRUNG

Heutige Großcomputersysteme sind aus einer solchen Unzahl von
Einzelelementen zusammengesetzt, daß ihr Aufbau und ihre
funktionelle Wirkungsweise nur beschrieben werden können, indem
diese Einzelteile konzeptuell zu kleinen Bauelementen zusammengefaßt werden, und deren Wirkungsweise erklärt wird. Diese
Bauelemente bilden selbst wieder die Einzelbestandteile von
Elementen in einer übergeordneten Stufe und so fort. Nur durch
eine solche gedankliche Strukturierung ist das Verständnis der
komplexen Computerhardware möglich.

Im folgenden Abschnitt wird versucht, von einfachen Grund-
begriffen ausgehend die schaltalgebraischen Grundlagen für
das Verständnis einfacher logischer Netzwerke darzulegen.
Mit diesen Grundlagen gelingt es Schaltungen zu konstruieren,
die als Bauelemente eines einfachen Rechnermodells verwendet
werden. Dieses Modell wird danach in weiteren Schritten zu
einem immer komplexeren Computersystem ausgebaut.

ZAHLENDARSTELLUNG

Zahlenwerte können in analoger oder in digitaler Form dargestellt werden. Die analoge Zahlendarstellung erfolgt durch
eine physikalische Größe, die dem Zahlenwert proportional ist.

z.B.

Darzustellender Zahlenwert	physikalische Größe
Uhrzeit	Winkelstellung der Uhrzeiger
Temperatur	Länge der Quecksilbersäule

Bei der analogen Zahlendarstellung kann innerhalb des darzustellenden Zahlenbereiches jeder beliebige Zwischenwert auftreten. Die Genauigkeit der Darstellung und der Ablesung ist
nur durch die physikalischen Umstände beschränkt.

Typisches Beispiel für eine Rechenanlage mit analoger Zahlendarstellung ist der Rechenschieber. Die Zahlen werden durch
Längen im logarithmischen Maßstab dargestellt, jeder Wert kann
im Prinzip beliebig genau eingestellt werden.

In elektronischen Analogrechenanlagen werden die Zahlen durch
elektrische Spannungen dargestellt, die den Zahlenwerten
proportional sind. Rechenoperationen werden durch entsprechende
elektronische Schaltungen ausgeführt, die Ergebnisse können auf
einem Bildschirm (Kathodenstrahlröhre) oder graphisch - ebenfalls
in analoger Form - sichtbar gemacht werden. Verwendung vorwiegend
für die Untersuchung von zeitlich kontinuierlich veränderbaren
Größen (Differentialgleichungen). Analogrechenanlagen werden
hier nicht behandelt.

Bei der digitalen (ziffernweisen) Zahlendarstellung wird die
Zahl durch ihre einzelnen Ziffern dargestellt.

z.B. Uhrzeit bei einer Digitaluhr durch Stunden (zwei Ziffern)
und Minuten (zwei Ziffern)

Geldbetrag bei einer Registrierkasse
(Zahnräder für die einzelnen Ziffern)

Die Genauigkeit der digitalen Zahlendarstellung hängt von der

Anzahl der verwendeten Stellen (Ziffern) ab. Innerhalb des
Zahlenbereiches können Zwischenwerte nur auf diese Stellenanzahl genau dargestellt werden.

Einfaches Beispiel für eine Rechenanlage mit digitaler Zahlendarstellung ist die Kugelrechenmaschine.

Für die digitale Zahlendarstellung ist das <u>Zahlensystem</u>
entscheidend, in dem die Zahl dargestellt werden soll.

<u>ZAHLENSYSTEME</u>

Im <u>dezimalen Zahlensystem</u> ist jede Stelle mit einem Stellenwert gewichtet, der eine Potenz von 10 ist.

z.B. $1234 = 1.10^3 + 2.10^2 + 3.10^1 + 4.10^0$

Allgemein ist der Wert einer ganzen Zahl

$$\text{Wert} = \sum_{i=0}^{g-1} z_i . b^i$$

wobei z_i die einzelnen Ziffern (von rechts nach links durchnumeriert!) sind. g ist die Stellenanzahl und b die Basis
des Zahlensystems. (Im Dezimalsystem hat die Basis den Wert 10.)
Die Basis legt gleichzeitig die Anzahl der unterschiedlichen
Ziffern fest (im Dezimalsystem gibt es die 10 Ziffern
0, 1, 2, 3, 4, 5, 6, 7, 8, 9). Ein Zahlensystem mit der Basis b
hat b Ziffern, die die Werte 0 bis b - 1 darstellen.

Für die technische Realisierung der digitalen Zahlendarstellung
ist das <u>duale Zahlensystem</u> mit der Basis 2 vorteilhaft, weil
nur zwei Ziffern unterschieden werden müssen. Die Dualziffern
werden hier mit Ø und L bezeichnet um Verwechslungen mit den
Dezimalziffern auszuschließen.

z.B. $LØØLL = 1.2^4 + 0.2^3 + 0.2^2 + 1.2^1 + 1.2^0 = 19$

Das duale Zahlensystem hat gegenüber dem Dezimalsystem den
Vorteil der einfachen Zifferndarstellung und damit einfachen

Rechenregeln. Das "Einmaleins" besteht im Dualsystem nur aus
den vier Regeln

$$\emptyset * \emptyset = \emptyset$$
$$\emptyset * L = \emptyset$$
$$L * \emptyset = \emptyset$$
$$L * L = L$$

Nachteilig ist die höhere Stellenzahl und die Ungewohntheit
für den Menschen.

Als Kompromiß werden Zahlen gelegentlich zwar im Dezimalsystem
gespeichert, jede einzelne Dezimalziffer aber als vierstellige
Dualzahl dargestellt.

z.B.

$\emptyset$ L $\emptyset$ L	$\emptyset$ L L $\emptyset$	$\emptyset$ L L L
5	6	7

Diese Form der Zahlendarstellung wird als BCD (binary coded
decimal) bezeichnet. Die vierstellige Dualzahl bezeichnet man
als Tetrade.

0	$\emptyset$ $\emptyset$ $\emptyset$ $\emptyset$		5	$\emptyset$ L $\emptyset$ L
1	$\emptyset$ $\emptyset$ $\emptyset$ L		6	$\emptyset$ L L $\emptyset$
2	$\emptyset$ $\emptyset$ L $\emptyset$		7	$\emptyset$ L L L
3	$\emptyset$ $\emptyset$ L L		8	L $\emptyset$ $\emptyset$ $\emptyset$
4	$\emptyset$ L $\emptyset$ $\emptyset$		9	L $\emptyset$ $\emptyset$ L

Da sich durch eine vierstellige Dualzahl die Zahlen 0 bis 15
darstellen lassen, bleiben 6 Möglichkeiten unbenützt.

Prinzipiell werden für die Darstellung einer Zahl umso weniger
Stellen benötigt, je größer die Basis des verwendeten Zahlen-
systems ist. Unter diesem Gesichtspunkt bietet das Sedezimalsystem
(Basis 16) den Vorteil kurzer Zahlen.

Die 16 Sedezimalziffern werden mit den 10 Ziffern und 6 ersten
Buchstaben des Alphabets bezeichnet:
0, 1, 2, ..., 9, A, B, C, D, E, F

z.B.   C3F = $12.16^2 + 3.16^1 + 15 = 3135$

Zur einfacheren technischen Realisierung werden die Sedezimalziffern intern ebenfalls als vierstellige Dualzahlen dargestellt.

z.B.

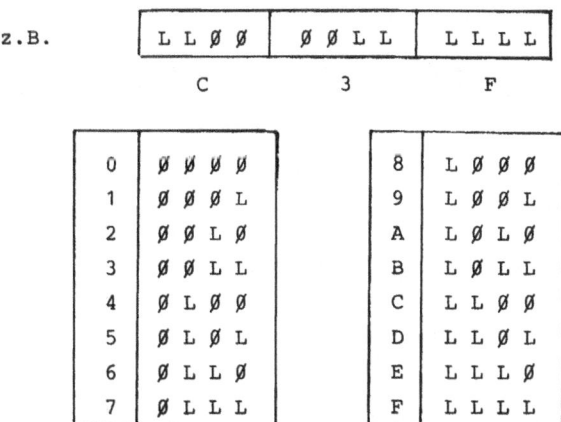

| L L Ø Ø | Ø Ø L L | L L L L |
| C | 3 | F |

0	Ø Ø Ø Ø		8	L Ø Ø Ø
1	Ø Ø Ø L		9	L Ø Ø L
2	Ø Ø L Ø		A	L Ø L Ø
3	Ø Ø L L		B	L Ø L L
4	Ø L Ø Ø		C	L L Ø Ø
5	Ø L Ø L		D	L L Ø L
6	Ø L L Ø		E	L L L Ø
7	Ø L L L		F	L L L L

Im Gegensatz zur BCD -Darstellung von Dezimalziffern werden
hier sämtliche 16 Möglichkeiten ausgenützt.

Gelegentlich wird auch das Oktalsystem (Basis 8) verwendet,
in dem die einzelnen Ziffern durch dreistellige Dualzahlen
dargestellt werden können.

ZAHLENUMWANDLUNG

Es gibt einfache Verfahren, um Zahlen, die im Dezimalsystem
dargestellt sind, in ein anderes Zahlensystem umzuwandeln und
umgekehrt.

Zur Umwandlung vom Dezimalsystem in ein Zahlensystem mit der
Basis b wird die Zahl solange fortlaufend ganzzahlig durch
die Basis b dividiert, bis der Quotient Null entsteht.
Der Rest jeder Division (liegt zwischen 0 und b-1) bildet
die Ziffern der umgewandelten Zahl in umgekehrter Reihenfolge.

z.B. Umwandlung von 1234_{10} in das Sedezimalsystem:

$$1234 : 16 = 77 \qquad 77 : 16 = 4 \qquad 4 : 16 = 0$$
$$\text{2 Rest} \qquad\qquad \text{13 Rest} \qquad\quad \text{4 Rest}$$

$1234_{10} = 4D2_{16}$ Aus Gründen der Eindeutigkeit
wird hier die Basis des ver-
wendeten Zahlensystems tief-
gestellt zur Zahl angeführt.

z.B. Umwandlung von 1234_{10} in das Oktalsystem

$$1234 : 8 = 154 \qquad 154 : 8 = 19 \qquad 19 : 8 = 2 \qquad 2 : 8 = 0$$
$$\text{2 Rest} \qquad\qquad \text{2 Rest} \qquad\qquad \text{3 Rest} \qquad\quad \text{2 Rest}$$

$$1234_{10} = 2322_8$$

z.B. Umwandlung von 1234_{10} in das Dualsystem

$$1234 : 2 = 617 \qquad 617 : 2 = 308 \qquad 308 : 2 = 154$$
$$\text{0 Rest} \qquad\qquad \text{1 Rest} \qquad\qquad \text{0 Rest}$$

$$154 : 2 = 77 \qquad 77 : 2 = 38 \qquad 38 : 2 = 19$$
$$\text{0 Rest} \qquad\qquad \text{1 Rest} \qquad\qquad \text{0 Rest}$$

$$19 : 2 = 9 \qquad 9 : 2 = 4 \qquad 4 : 2 = 2 \qquad 2 : 2 = 1 \qquad 1 : 2 = 0$$
$$\text{1 Rest} \qquad \text{1 Rest} \qquad \text{0 Rest} \qquad \text{0 Rest} \qquad \text{1 Rest}$$

$$1234_{10} = LØØLLØLØØLØ$$

Zur Umwandlung einer im Zahlensystem mit der Basis b dargestellten Zahl in das Dezimalsystem müssen die einzelnen Ziffern
mit den Potenzen von b multipliziert werden.

z.B. $4D2_{16} = 4.16^2 + 13.16 + 2$

Die Berechnung der Potenzen von b läßt sich jedoch vermeiden,
wenn man abwechselnd mit b multipliziert und die nächste
Ziffer addiert

z.B. $4.16^2 + 13.16 + 2 = (4.16 + 13).16 + 2 = 1234$

Dieses Verfahren heißt HORNER-Schema und wird allgemein zur
Berechnung von Polynomwerten verwendet (die einzelnen Ziffern
der Zahl bilden ja die Koeffizienten eines Polynoms, dessen
Wert an der Stelle b berechnet wird).

z.B.   Umwandlung von 2322_8 in das Dezimalsystem

    $2.8 = 16$ $16 + 3 = 19$ $19.8 = 152$ $152 + 2 = 154$
          $154.8 = 1232$ $1232 + 2 = 1234$

Es empfiehlt sich, die Zwischenergebnisse in
tabellarischer Form anzuschreiben:

2	3	2	2	
16	152	1232		$2322_8 = 1234_{10}$
19	154	1234		

z.B.   Umwandlung von LØØLLØLØØLØ in das Dezimalsystem

1	0	0	1	1	0	1	0	0	1	0
	2	4	8	18	38	76	154	308	616	1234
	2	4	9	19	38	77	154	308	617	1234

Werden die einzelnen Ziffern als Dualzahlen dargestellt, so
können Zahlen leicht zwischen dem Dual- und Oktal- oder
Sedezimalsystem umgewandelt werden (gilt allgemein für alle
Zahlensysteme, deren Basis eine Potenz des anderen Zahlensystems ist).

z.B. Umwandlung vom Dualsystem in das Oktalsystem

Ø L Ø   Ø L L   Ø L Ø   Ø L Ø
  2   3   2   2

Die Dualziffern werden von rechts nach links in Dreier-
gruppen zusammengefaßt (eventuell links führende Nullen
ergänzen). Jeweils drei Dualziffern geben als dreistellige
Dualzahl interpretiert den Wert der Oktalziffer an.

Die Umwandlung vom Dualsystem in das Sedezimalsystem erfolgt
ebenso, nur werden jeweils vier Dualziffern zusammengefaßt.

z.B.   Ø L Ø Ø   L L Ø L   Ø Ø L Ø
          4   D   2

Dieser Zusammenhang kann auch für die Umrechnung in das
Dezimalsystem benützt werden. Zum Beispiel kann eine Dualzahl
einfach als Oktalzahl angeschrieben werden und diese mittels
des Horner-Schemas in das Dezimalsystem umgewandelt werden.

S SCHALTALGEBRA

S1 GRUNDBEGRIFFE

Da im dualen Zahlensystem nur die beiden Ziffern Ø und L
vorkommen, können sie innerhalb eines Rechners durch elektronische Schalter dargestellt werden.

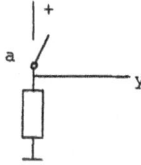

Ist zum Beispiel in der neben-
stehenden Schaltskizze der Schalter
a offen (a = Ø), so liegt am Ausgang
y keine Spannung (y = Ø).

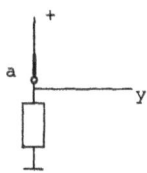

Ist jedoch der Schalter a geschlossen
(a = L), so liegt am Ausgang y
Spannung (y = L)

Die beiden Dualziffern Ø und L können somit einfach durch
die beiden physikalischen Zustände keine Spannung – Spannung
dargestellt werden.

Will man die Spannung am Ausgang eines Schalters zur Steuerung
weiterer Schaltungen benützen, so kann man die Schalter mit
Hilfe von Elektromagneten bewegen.

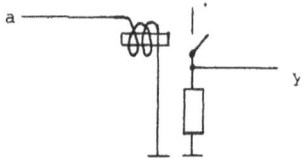

Liegt am Eingang a keine Spannung
(a = Ø), so ist der Schalter
offen, und am Ausgang y liegt
keine Spannung (y = Ø).

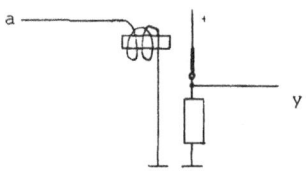

Liegt am Eingang a Spannung
(a = L), so schließt der Elektro-
magnet den Schalter, und am
Ausgang y liegt Spannung (y = L).

Solche elektromagnetischen Schalter werden als Relais bezeichnet
und finden in der Telefonvermittlung Anwendung.

Auch in den Anfängen der Computer-Entwicklung wurden Relais
verwendet, die jedoch sehr bald durch Röhrenschaltungen und
später durch Transistoren abgelöst wurden.

Prinzipiell ist die Funktionsweise eines Transistor-Schalters
die gleiche wie bei einem mechanisch bewegten Schalter.

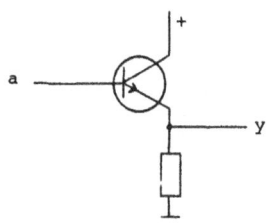

Liegt am Eingang a keine Spannung
(a = Ø), so sperrt der Transistor,
und am Ausgang y liegt keine
Spannung (y = Ø).

Liegt am Eingang a Spannung
(a = L), so leitet der Transistor,
und am Ausgang y liegt Spannung
(y = L).

Vorteile der Transistortechnik sind rasche Schaltzeiten
(unter 10^{-9} Sekunden), geringer Platzbedarf (2000 Transistoren
pro cm^2), geringe Leistungsaufnahme und damit geringe Wärme-
entwicklung, hohe Betriebssicherheit, da keine bewegten Teile
verwendet werden, sowie geringe Herstellungskosten.

Durch Parallel- bzw. Serienschaltung zweier solcher Schalter
lassen sich nun einfache Grundbausteine für komplexere
Schaltungen konstruieren.

Parallelschaltung zweier Schalter

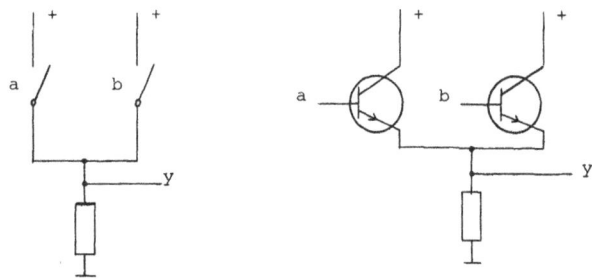

Am Ausgang der Parallelschaltung zweier Schalter a und b
liegt dann Spannung (y = L), wenn zumindest einer der beiden
Schalter geschlossen ist (a = L oder b = L). Eine solche
Parallelschaltung wird daher als ODER-Gatter bezeichnet.

Da solche ODER-Gatter häufig als Grundbausteine komplizierterer
Schaltungen verwendet werden, wird dafür ein eigenes Symbol
verwendet:

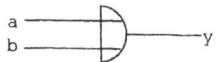

12

Der Zusammenhang zwischen den Eingangsgrößen a, b und dem
Ausgang y eines ODER-Gatters kann auch tabellarisch angegeben werden:

a	Ø	Ø	L	L
b	Ø	L	Ø	L
y	Ø	L	L	L

Im oberen Teil dieser sogenannten Wahrheitstabelle sind
spaltenweise sämtliche vier möglichen Eingangskombinationen
für a und b eingetragen. Darunter steht das jeweils dazu-
gehörige Ergebnis y.

Mathematisch gesehen wird durch die Wahrheitstabelle eine
Funktion y definiert, die in Abhängigkeit von ihren beiden
Variablen a und b die Werte Ø und L annehmen kann. Man spricht
auch von einer ODER-Verknüpfung oder Disjunktion der Variablen
a und b und schreibt symbolisch

$$y = a \lor b \qquad \text{(y gleich a oder b)}$$

Serienschaltung zweier Schalter

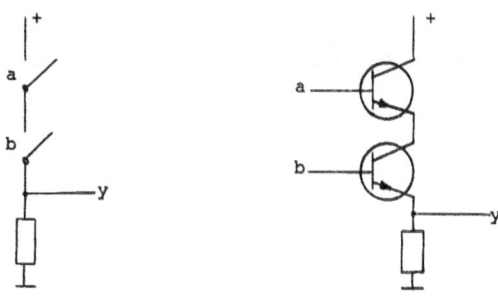

Am Ausgang der Serienschaltung zweier Schalter a und b liegt
nur dann Spannung (y = L), wenn beide Schalter geschlossen sind
(a = L und b = L). Eine solche Serienschaltung wird daher
als UND-Gatter bezeichnet und das Symbol

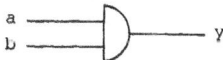

verwendet. Die Wahrheitstabelle für das UND-Gatter lautet

a	Ø	Ø	L	L
b	Ø	L	Ø	L
y	Ø	Ø	Ø	L

Algebraisch wird die UND-Verknüpfung oder Konjunktion
in der Form

$$y = a \wedge b \qquad \text{(y gleich a und b)}$$

angeschrieben.

Häufig benötigt man zusätzlich noch Schalter, bei denen am
Ausgang einfach die Umkehrung des Eingangswertes liegt.
Solche Schalter können z.B. durch einen komplementären
Transistor (p-n-p- Transistor statt n-p-n- Transistor)
realisiert werden:

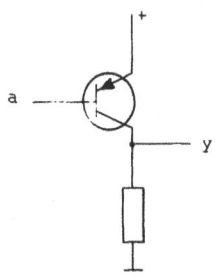

Der p-n-p-Transistor sperrt, wenn
die Basis positiv ist.

Liegt am Eingang a keine Spannung
(a = Ø), so leitet der Transistor
und am Ausgang y liegt Spannung
(y = L).

Liegt am Eingang a Spannung (a = L),
so sperrt der Transistor und am
Ausgang y liegt keine Spannung
(y = Ø).

Diese Schaltung wird als Negation bezeichnet. Die Wahrheitstabelle für die Negation lautet

a	Ø	L
y	L	Ø

$$y = \neg\, a \qquad \text{(y gleich nicht a)}$$

Die Negation einer Größe a wird auch als Komplement von a
bezeichnet.

ODER-Gatter, UND-Gatter und Negationselemente bilden die
Grundbausteine der Schaltalgebra. Aus ihnen können komplizierte
Schaltungen aufgebaut werden, wie am Beispiel eines einfachen
Addierwerkes gezeigt werden soll.

Beispiel: Halbaddierwerk

Es soll eine Schaltung entworfen werden, die es gestattet,
zwei Dualziffern zu addieren. Eine solche Schaltung wird

als <u>Halbaddierwerk</u> bezeichnet. Für die Addition im Dualsystem gelten die folgenden Rechenregeln:

$$\emptyset + \emptyset = \emptyset$$
$$\emptyset + L = L$$
$$L + \emptyset = L$$
$$L + L = L\emptyset \qquad \text{(es entsteht ein Übertrag)}$$

Bei der Addition von L + L entsteht ein Übertrag auf die
nächste Stelle, der von der Summenziffer getrennt angegeben
werden soll. Betrachtet man die Summenziffer s und den
Übertrag ü getrennt, so ergeben sich folgende Wahrheits-
tabellen:

a	$\emptyset$	$\emptyset$	L	L		a	$\emptyset$	$\emptyset$	L	L
b	$\emptyset$	L	$\emptyset$	L		b	$\emptyset$	L	$\emptyset$	L
s	$\emptyset$	L	L	$\emptyset$		ü	$\emptyset$	$\emptyset$	$\emptyset$	L

Die Summe s ist dann L, wenn entweder a = $\emptyset$ und b = L
ist oder wenn a = L und b = $\emptyset$ ist. Algebraisch ausgedrückt
lautet das

$$s = (\neg\, a \wedge b) \vee (a \wedge \neg\, b)$$

Für den Übertrag ü gilt

$$ü = a \wedge b$$

Aus der algebraischen Darstellung kann die Schaltung
unmittelbar konstruiert werden:

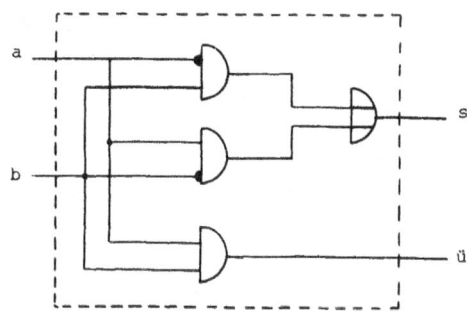

Dieses einfache Beispiel zeigt, daß zum Entwurf von Schaltungen
eine algebraische Darstellung der Schaltfunktionen nützlich
ist. Eine formale Behandlung der "Rechenregeln" mit UND- und
ODER-Verknüpfungen und Negationen ist daher unumgänglich.

Da die Negation am Eingang eines Gatters durch Verwendung
eines p-n-p-Transistors anstelle eines n-p-n-Transistors
realisiert werden kann, werden hier keine eigenen Negationselemente verwendet. Die Negation des Eingangs wird durch den
Punkt im Schaltsymbol symbolisiert.

S2 RECHENREGELN

Für die ODER-Verknüpfung gilt

$$\emptyset \lor \emptyset = \emptyset$$
$$\emptyset \lor L = L$$
$$L \lor \emptyset = L$$
$$L \lor L = L$$

Daraus lassen sich leicht die folgenden allgemeinen Regeln ableiten:

1) Irgendeine beliebige Größe a mit L ODER-verknüpft liefert L, oder allgemein:

$$a \lor L = L \qquad \text{(a kann dabei } \emptyset \text{ oder L sein)}$$

2) Eine beliebige Größe a mit $\emptyset$ ODER-verknüpft ergibt wieder a:

$$a \lor \emptyset = a$$

3) Jede Größe a mit sich selbst ODER-verknüpft liefert ebenfalls a:

$$a \lor a = a$$

4) Jede Größe a ergibt mit ihrem Komplement ODER-verknüpft immer L:

$$a \lor \neg a = L$$

Ähnliche Rechenregeln gelten auch für die UND-Verknüpfung:

$$\emptyset \land \emptyset = \emptyset \qquad\qquad a \land L = a$$
$$\emptyset \land L = \emptyset \qquad\qquad a \land \emptyset = \emptyset$$
$$L \land \emptyset = \emptyset \qquad\qquad a \land a = a$$
$$L \land L = L \qquad\qquad a \land \neg a = \emptyset$$

Sowohl bei der ODER-Verknüpfung, als auch bei der UND-Verknüpfung ist die Reihenfolge der Operanden belanglos.

$$a \vee b = b \vee a \qquad\qquad a \wedge b = b \wedge a$$

Diese Rechenregel wird allgemein als <u>Kommutatives Gesetz</u> bezeichnet.

Falls mehrere ODER-Verknüpfungen oder mehrere UND-Verknüpfungen hintereinander ausgeführt werden, ist die Reihenfolge der Operationen belanglos:

$$(a \vee b) \vee c = a \vee (b \vee c) \qquad (a \wedge b) \wedge c = a \wedge (b \wedge c)$$

Diese Rechenregel wird allgemein als <u>Assoziatives Gesetz</u> bezeichnet. Die runden Klammern werden hier im Sinne der Mathematik verwendet, um die Reihenfolge der Rechenoperationen festzulegen.

Treten ODER- und UND-Verknüpfungen gemischt auf, so kann ein gemeinsamer Faktor ausgeklammert werden:

$$(a \wedge b) \vee (a \wedge c) = a \wedge (b \vee c)$$
$$(a \vee b) \wedge (a \vee c) = a \vee (b \wedge c)$$

Diese Rechenregel wird als <u>Distributives Gesetz</u> bezeichnet.

Weiters gilt das Gesetz der <u>Verschmelzung:</u>

$$a \wedge (a \vee b) = a$$
$$a \vee (a \wedge b) = a$$

In der Algebra wird ein abgeschlossenes System, in dem zwei Operationen definiert sind, für die kommutatives, assoziatives distributives und Verschmelzungsgesetz gelten und in dem ein Nullelement, ein Einselement und zu jedem Element ein Komplement existiert, eine <u>Boole'sche Algebra</u> genannt.

Die Rechenregeln für die beschriebenen Gatter bilden daher eine Boole'sche Algebra (Schaltalgebra).

Ganz analoge Systeme finden sich z.B. auch in den Bereichen der mathematischen Logik und der Mengenlehre.

In der Aussagenlogik etwa wird ein Satz, der richtig oder
falsch sein kann, als Aussage bezeichnet.

z.B. Heute regnet es.
     Es scheint die Sonne.

Aus zwei Aussagen kann durch "oder" (Disjunktion) oder "und"
(Konjunktion) eine neue Aussage gebildet werden.

z.B. Heute regnet es, oder es scheint die Sonne.
     Heute regnet es, und es scheint die Sonne.

Eine Aussage kann auch verneint werden (Negation)

z.B. Heute regnet es nicht.

Es gibt auch Aussagen, die immer richtig sind (Tautologie) und
solche, die immer falsch sind (Kontradikion) und die somit
dem Nullelement und dem Einselement entsprechen. Da für die
Verknüpfung von Aussagen ebenfalls die obigen Rechenregeln
gelten, bildet die Aussagenlogik eine Boole'sche Algebra.

Wegen der engen Beziehung zwischen der Aussagenlogik und der
Schaltalgebra sind auch manche Bezeichnungen in der Schaltal-
gebra von der Aussagenlogik entlehnt (z.B. Disjunktion,
Konjunktion, Negation, Wahrheitstabelle, etc.).

Eine weitere Ähnlichkeit findet sich in den Operationen der
Mengenlehre. Betrachtet man Teilmengen A, B einer Menge M,
so kann die

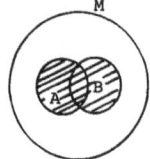

Vereinigung (A ∪ B) dieser Menge
gebildet werden. Die Vereinigung
enthält jene Elemente, die zumindest einer der beiden Teilmengen angehören.

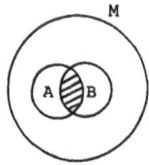

Als Durchschnitt (A ∩ B) zweier
Teilmengen wird jene Menge bezeichnet, deren Elemente sowohl
zur einen als auch zur anderen
Teilmenge gehören.

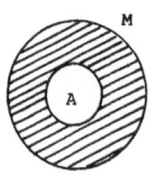

Das Komplement (A̅) einer Teilmenge
enthält genau jene Elemente, die
nicht zu dieser Teilmenge gehören.

Weiters gibt es ein Einselelement - das ist die gesamte
Menge M - und ein Nullelement - das ist die leere Menge.
Auch die Rechenregeln für die Verknüpfung der Teilmengen
bilden eine Boole'sche Algebra.

In der Boole'schen Algebra gilt das Prinzip der Dualität.
Zwei Funktionen sind zueinander dual, wenn nach Komplementbildung der Variablen der einen Funktion das Ergebnis gleich
dem Komplement der anderen Funktion ist.

z.B.

Wahrheitstabelle für die ODER-Funktion

Wahrheitstabelle für die ODER-Funktion mit verneinten Eingängen

Wahrheitstabelle für die UND-Funktion

a	Ø Ø L L	¬ a	L L Ø Ø	a	Ø Ø L L
b	Ø L Ø L	¬ b	L Ø L Ø	b	Ø L Ø L
a∨b	Ø L L L	¬ a∨¬ b	L L L Ø	a ∧ b	Ø Ø Ø L

Die Komplementbildung der Eingangsvariablen entspricht einer
Spiegelung der Wahrheitstabelle.

UND- und ODER-Operationen sind zueinander dual, denn es gilt

$$\neg\,(a \wedge b) \;=\; \neg\,a \vee \neg\,b$$

und ebenso

$$\neg\,(a \vee b) \;=\; \neg\,a \wedge \neg\,b$$

Allgemein gilt für duale Funktionen das Theorem von De Morgan:

$$\neg\,(a \wedge b \wedge c \ldots) \;=\; \neg\,a \vee \neg\,b \vee \neg\,c \ldots$$
$$\neg\,(a \vee b \vee c \ldots) \;=\; \neg\,a \wedge \neg\,b \wedge \neg\,c \ldots$$

Man erhält das Komplement einer Schaltfunktion, indem man die
auftretenden Variablen durch ihr Komplement ersetzt und UND-
und ODER-Operationen vertauscht.

Eine Erweiterung des Theorems von De Morgan, das Shannon'sche
Theorem, gestattet es, auch das Komplement von Schaltfunktionen
zu bilden, in denen UND- und ODER-Operationen gemischt auftreten, wobei die Reihenfolge der Operationen durch Klammerung
festgelegt ist. Auch in diesem Fall müssen die Variablen durch
ihr Komplement ersetzt werden und UND- und ODER-Operationen
vertauscht werden. Wichtig ist dabei jedoch, daß die Klammerung
beibehalten wird.

z.B. $\quad \neg\,((a \wedge b) \vee c) \;=\; (\neg\,a \vee \neg\,b) \wedge \neg\,c$

Zur Klammersetzung ist zu bemerken, daß in der üblichen Schreibweise - falls durch Klammern keine andere Reihenfolge erzwungen wird - die Konjunktion vor der Disjunktion abgearbeitet wird. Es bedeutet somit $a \wedge b \vee c$ dasselbe wie $(a \wedge b) \vee c$. Verzichtet man auf die Klammerung von Konjunktionen, so ist jedoch bei Anwendung des Shannon'schen Theorems Vorsicht am Platz, da nach der Ersetzung von Konjunktion durch Disjunktion Klammern gesetzt werden müssen!

$$\neg (a \wedge b \vee c) = (\neg a \vee \neg b) \wedge \neg c$$

Um Irrtümern vorzubeugen, werden hier auch überflüssige Klammern immer gesetzt.

Die Rechenregeln der Schaltalgebra sollen nun am Beispiel des Addierwerkes zur Umformung einer Schaltfunktion angewendet werden.

$$s = (\neg a \wedge b) \vee (a \wedge \neg b) = \quad \text{(Distributives Gesetz)}$$
$$= [(\neg a \wedge b) \vee a] \wedge [(\neg a \wedge b) \vee \neg b] = \quad -"-$$
$$= [(\neg a \vee a) \wedge (b \vee a)] \wedge [(\neg a \vee \neg b) \wedge (b \vee \neg b)] =$$
$$\quad\quad\quad \underbrace{\qquad}_{L} \qquad\qquad\qquad\qquad \underbrace{\qquad}_{L}$$
$$= (b \vee a) \wedge (\neg a \vee \neg b) = \quad \text{(Kommutatives Gesetz,}$$
$$= (a \vee b) \wedge \neg (a \wedge b) \quad\quad \text{De Morgan)}$$

Da die Konjunktion $a \wedge b$ gleichzeitig den Übertrag berechnet, kann bei der Realisierung des Halbaddierwerkes - im Vergleich zur ersten Version - ein Gatter eingespart werden:

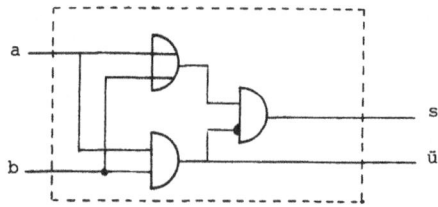

S3 SCHALTFUNKTIONEN

Um aus einer Wahrheitstabelle eine Schaltung entwickeln zu
können, muß vorerst die algebraische Schaltfunktion gebildet
werden. Diese kann - durch Anwendung der Rechenregeln der
Schaltalgebra, eventuell vereinfacht - zum Entwurf der
Schaltung herangezogen werden. Es werden somit Methoden benötigt, die es gestatten, die Schaltfunktion aus der Wahrheitstabelle systematisch abzuleiten.

S 3.1 DISJUNKTIVE UND KONJUNKTIVE NORMALFORM

Die Darstellung einer Schaltfunktion in einer standardisierten
Form (Normalform) soll zuerst an einem Beispiel erläutert
werden.

Gegeben sei die folgende Wahrheitstabelle

a	Ø	Ø	L	L
b	Ø	L	Ø	L
y	L	Ø	Ø	L

Man versucht nun, jede L im Ergebnis durch eine Konjunktion
der Eingangsvariablen zu beschreiben:

a	Ø	Ø	L	L
b	Ø	L	Ø	L
¬ a ∧ ¬ b	L	Ø	Ø	Ø

a	Ø	Ø	L	L
b	Ø	L	Ø	L
a ∧ b	Ø	Ø	Ø	L

Die konjunktive Verknüpfung sämtlicher Eingangsvariablen wird
Vollkonjunktion bezeichnet.

Da das Ergebnis y sowohl durch die Vollkonjunktion (¬ a ∧ ¬ b)
als auch durch die Vollkonjunktion (a ∧ b) den Wert L annehmen
kann, müssen diese Vollkonjunktionen miteinander disjunktiv
verknüpft werden:

$$y = (\neg a \wedge \neg b) \vee (a \wedge b)$$

Diese Form wird als Disjunktive Normalform bezeichnet.

Die Disjunktive Normalform ist somit die disjunktive Verknüpfung aller Vollkonjunktionen, für die die Funktion den Wert L annimmt. Die Vollkonjunktionen werden gebildet, wenn für jede Ø in der entsprechenden Spalte der Wahrheitstabelle die negierte Variable und für jede L die nicht negierte Variable eingesetzt wird.

Das "duale" Gegenstück zur Disjunktiven Normalform ist die Konjunktive Normalform. Sie ist die konjunktive Verknüpfung aller Volldisjunktionen, für die die Funktion den Wert Ø annimmt. Die Volldisjunktionen werden gebildet, in dem für jede L in der entsprechenden Spalte der Wahrheitstabelle die negierte und für jede Ø die nicht negierte Variable eingesetzt wird.

Für das betrachtete Beispiel lautet die Konjunktive Normalform

$$y = (a \lor \neg\, b) \land (\neg\, a \lor b)$$

Beispiel: Es soll eine Schaltung entworfen werden, die überprüft, ob an den vier Eingängen a, b, c und d eine gültige BCD-Verschlüsselung einer Dezimalziffer eingegeben wird.

Die Wahrheitstabelle für vier Variable hat die Form

a	Ø	Ø	Ø	Ø	Ø	Ø	Ø	Ø	L	L	L	L	L	L	L	L
b	Ø	Ø	Ø	Ø	L	L	L	L	Ø	Ø	Ø	Ø	L	L	L	L
c	Ø	Ø	L	L	Ø	Ø	L	L	Ø	Ø	L	L	Ø	Ø	L	L
d	Ø	L	Ø	L	Ø	L	Ø	L	Ø	L	Ø	L	Ø	L	Ø	L
y	L	L	L	L	L	L	L	L	L	L	Ø	Ø	Ø	Ø	Ø	Ø

Im Falle einer gültigen BCD-Verschlüsselung soll am Ausgang y eine L liegen.

Da das Ergebnis weniger Nullen als Einsen enthält, ist es vorteilhaft, die Konjunktive Normalform der Schaltfunktion zu bilden.

$$y = (\neg\, a \lor b \lor \neg\, c \lor d) \land (\neg\, a \lor b \lor \neg\, c \lor \neg\, d) \land$$
$$\land (\neg\, a \lor \neg\, b \lor c \lor d) \land (\neg\, a \lor \neg\, b \lor c \lor \neg\, d) \land$$
$$\land (\neg\, a \lor \neg\, b \lor \neg\, c \lor d) \land (\neg\, a \lor \neg\, b \lor \neg\, c \lor \neg\, d)$$

Durch Anwendung des Distributiven Gesetzes kann das Ergebnis
vereinfacht werden:

$$y = \neg\,a \;\vee\; [(b \vee \neg\,c) \vee \overbrace{(d \wedge \neg\,d)}^{\emptyset}] \wedge [(\neg\,b \vee c) \vee \overbrace{(d \wedge \neg\,d)}^{\emptyset}] \wedge$$
$$\wedge\,[(\neg\,b \vee \neg\,c) \vee (d \wedge \neg\,d)]$$

$$y = \neg\,a \;\vee\; [(b \vee \neg\,c) \wedge (\neg\,b \vee c) \wedge (\neg\,b \vee \neg\,c)]$$

$$y = \neg\,a \;\vee\; (b \vee \neg\,c) \wedge [\neg\,b \vee \underbrace{(c \wedge \neg\,c)}_{\emptyset}]$$

$$y = \neg\,a \;\vee\; [(b \vee \neg\,c) \wedge \neg\,b]$$

$$y = \neg\,a \;\vee\; [\underbrace{(b \wedge \neg\,b)}_{\emptyset} \vee (\neg\,c \wedge \neg\,b)]$$

$$y = \neg\,a \;\vee\; (\neg\,b \wedge \neg\,c)$$

Die entsprechende Schaltung ist

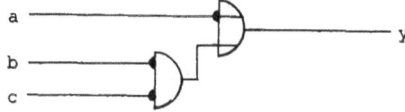

Wie aus der Wahrheitstabelle abgelesen werden kann, ist das
vereinfachte Ergebnis von der vierten Eingangsgröße d unabhängig.
Die Vereinfachungen sind auf Grund gewisser Regelmäßigkeiten
der Ø-L-Verteilung im Ergebnis im Bezug auf die Ø-L-Verteilung
der Eingangsvariablen möglich, die sich in der linearen Anordnung in der Wahrheitstabelle oft nur schwer erkennen lassen.
Zur besseren Erkennung solcher Regelmäßigkeiten dient eine
andere Anordnung der Ø-L-Verteilung des Ergebnisses.

S 3.2 GRAPHISCHE MINIMISIERUNG

Für vier Eingangsvariable können die 16 Spalten der Wahrheitstabelle im folgenden quadratischen Schema angeordnet werden:

a

12	14	6	4
13	15	7	5
9	11	3	1
8	10	2	0

b (left), d (right)

c

Für die linke Hälfte der Anordnung gilt a = L, für die rechte
Hälfte ist a = ∅. Ebenso gilt b = L in der oberen und b = ∅
in der unteren Hälfte. c = L gilt im mittleren vertikalen
Streifen und d = L im mittleren horizontalen Streifen. Dadurch
ist jede mögliche Eingangskombination genau einem Feld zuge-
ordnet. Benachbarte Felder unterscheiden sich in einer einzigen
Variablen. Die oben angegebene Numerierung entspricht den
Nummern der entsprechenden Spalte in der Wahrheitstabelle.
In eben dieser Reihenfolge wird der zugehörige Ausgangswert y
eingetragen (die Werte stammen vom letzten Beispiel).

a

∅	∅	L	L
∅	∅	L	L
L	∅	L	L
L	∅	L	L

b (left), d (right)

c

Ähnlich wie bei der Ableitung der Disjunktiven Normalform
werden jetzt alle Möglichkeiten, auf die das Ergebnis L wird,
disjunktiv verknüpft. Ganze Blöcke aus Einsen können dabei
gemeinsam betrachtet werden. Die gesamte rechte Hälfte des

Diagramms z.B. wird durch ¬ a beschrieben. Die verbleibenden
beiden Einsen links unten können durch a ∧ ¬ b ∧ ¬ c beschrie·
ben werden. Die Schaltfunktion lautet somit

$$y = ¬ a ∨ (a ∧ ¬ b ∧ ¬ c)$$

Die algebraische Darstellung ist umso einfacher, je größere
Blöcke aus Einsen gemeinsam beschrieben werden können. Dabei
kann die Anordnung als an den Rändern zyklisch fortgesetzt
betrachtet werden. Die beiden Zweier-Blöcke

$$a ∧ ¬ b ∧ ¬ c \quad \text{und} \quad ¬ a ∧ ¬ b ∧ ¬ c$$

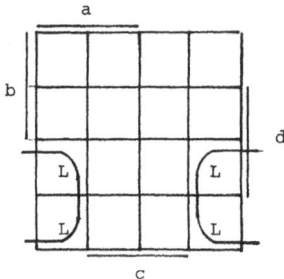

bilden z.B. gemeinsam einen Viererblock, der durch ¬ b ∧ ¬ c
beschrieben werden kann. Mit dem durch ¬ a beschriebenen
rechten Achterblock lautet die Schaltfunktion vereinfacht

$$y = ¬ a ∨ (¬ b ∧ ¬ c)$$

Diese Anordnung wird als VEITCH-Diagramm bezeichnet und
erlaubt eine einfache Minimisierung von Schaltfunktionen.

Für die Eingangsvariablen a, b und c wird die folgende Anordnung
verwendet:

	a	
b	6	2
	7	3
	5	1
	4	0

c

Beispiel: 9-er Komplement im Gray-Code

Man entwerfe eine Schaltung, die das 9-er Komplement einer im
Gray-Code dargestellten Dezimalziffer bildet.

Gray-Code

Ø	Ø Ø Ø Ø
1	Ø Ø Ø L
2	Ø Ø L L
3	Ø Ø L Ø
4	Ø L L Ø

5	Ø L L L
6	Ø L Ø L
7	Ø L Ø Ø
8	L L Ø Ø
9	L L Ø L

Der Gray-Code hat die Eigenschaft, daß sich benachbarte Dezimalziffern nur in einer Stelle der Verschlüsselung unterscheiden.
Die Wahrheitstabelle für die Schaltung lautet

	0	1	3	2	7	6	4	5					8	9		
a	Ø	Ø	Ø	Ø	Ø	Ø	Ø	Ø	L	L	L	L	L	L	L	L
b	Ø	Ø	Ø	Ø	L	L	L	L	Ø	Ø	Ø	Ø	L	L	L	L
c	Ø	Ø	L	L	Ø	Ø	L	L	Ø	Ø	L	L	Ø	Ø	L	L
d	Ø	L	Ø	L	Ø	L	Ø	L	Ø	L	Ø	L	Ø	L	Ø	L

	9	8	6	7	2	3	5	4					1	0		
ã	L	L	Ø	Ø	Ø	Ø	Ø	Ø	?	?	?	?	Ø	Ø	?	?
b̃	L	L	L	L	Ø	Ø	L	L	?	?	?	?	Ø	Ø	?	?
c̃	Ø	Ø	Ø	Ø	L	L	L	L	?	?	?	?	Ø	Ø	?	?
d̃	L	Ø	L	Ø	L	Ø	L	Ø	?	?	?	?	L	Ø	?	?

Die Fragezeichen symbolisieren jene Ausgangswerte, die aus einer ungültigen Verschlüsselung resultieren (keine gültige Dezimalziffer am Eingang). Da solche Werte nicht auftreten, ist es gleichgültig, was am Ausgang erscheint. Diese Freiheit kann dazu benutzt werden, um im Veitch-Diagramm möglichst große Blöcke und damit einfache Schaltfunktionen zu erzielen. Aus den Veitch-Diagramm ergeben sich für die vier Ausgänge $\tilde{a}$, $\tilde{b}$, $\tilde{c}$ und $\tilde{d}$ die folgenden Schaltfunktionen:

Ø	?	Ø	Ø
Ø	?´	Ø	Ø
?	?	Ø	L
?	?	Ø	L

$\tilde{a} = \neg b \wedge \neg c$

Ø	?	L	Ø
Ø	?	L	Ø
?	?	L	L
?	?	L	L

$\tilde{b} = \neg b \vee c$

Ø	?	L	L
Ø	?	L	L
?	?	Ø	Ø
?	?	Ø	Ø

$\tilde{c} = \neg a \wedge b$

L	?	L	L
Ø	?	Ø	Ø
?	?	Ø	Ø
?	?	L	L

$\tilde{d} = \neg d$

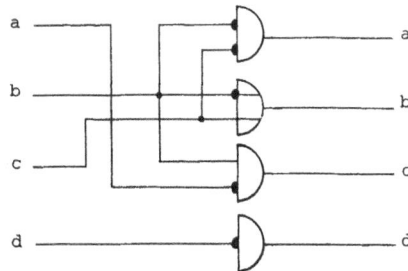

S 3.3 SCHALTFUNKTIONEN MIT ZWEI EINGANGSVARIABLEN

Insgesamt gibt es 16 Schaltfunktionen mit zwei Eingangsvariablen, die entsprechend der Ø-L-Verteilung in der zugehörigen Wahrheitstabelle (Ergebniszeile als Dualzahl interpretiert) durchnumeriert werden können.

a	Ø	Ø	L	L		
b	Ø	L	Ø	L		
$y0$	Ø	Ø	Ø	Ø	Ø	Konstante Ø
$y1$	Ø	Ø	Ø	L	$a \wedge b$	Konjunktion
$y2$	Ø	Ø	L	Ø	$a \wedge \neg b$	
$y3$	Ø	Ø	L	L	a	
$y4$	Ø	L	Ø	Ø	$\neg a \wedge b$	
$y5$	Ø	L	Ø	L	b	
$y6$	Ø	L	L	Ø	$(\neg a \wedge b) \vee (a \wedge \neg b), a \neq b$	Antivalenz (exkl. oder)
$y7$	Ø	L	L	L	$a \vee b$	Disjunktion
$y8$	L	Ø	Ø	Ø	$\neg(a \vee b), \neg a \wedge \neg b$	Nor (Peirce-Funktion)
$y9$	L	Ø	Ø	L	$(a \wedge b) \vee (\neg a \wedge \neg b), a \equiv b$	Äquivalenz
$y10$	L	Ø	L	Ø	$\neg b$	Negation
$y11$	L	Ø	L	L	$\neg b \vee a, b \supset a$	Implikation
$y12$	L	L	Ø	Ø	$\neg a$	Negation
$y13$	L	L	Ø	L	$\neg a \vee b, a \supset b$	Implikation
$y14$	L	L	L	Ø	$\neg(a \wedge b), \neg a \vee \neg b$	Nand (Sheffer-Funktion)
$y15$	L	L	L	L	L	Konstante L

Besonders interessant sind die Funktionen

$$y_8 = \neg (a \vee b)$$

und

$$y_{14} = \neg (a \wedge b)$$

NOR

NAND

Wie die Ergebniszeilen der Wahrheitstabelle erkennen lassen, sind die beiden Funktionen zueinander dual (die Ergebniszeilen können durch Spiegelung und Komplementbildung ineinander übergeführt werden).

NOR- und NAND-Gatter lassen sich durch je zwei p-n-p Transistoren realisieren.

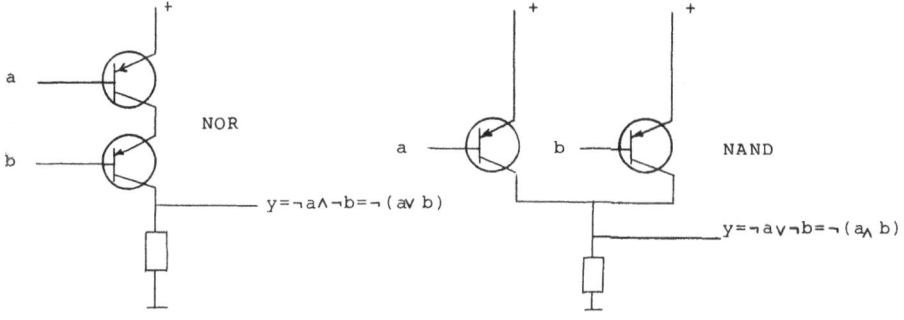

NOR- und NAND-Gatter haben die Eigenschaft, daß sich sämtliche Schaltfunktionen durch ausschließliche Verwendung einer dieser Gatterarten realisieren lassen.

z.B. Negation: $\neg a = \neg (a \vee a) = \neg (a \wedge a)$

__Konjunktion:__ $\qquad a \wedge b = \neg\ (\neg(a \wedge b)) = \neg(\neg a \vee \neg b)$

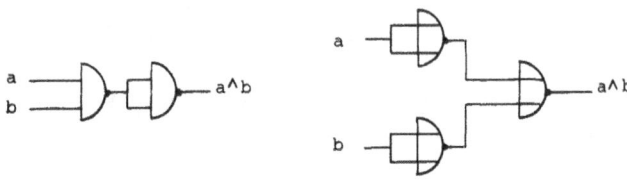

__Disjunktion:__ $\qquad a \vee b = \neg(\neg a \wedge \neg b) = \neg(\neg(a \vee b)$

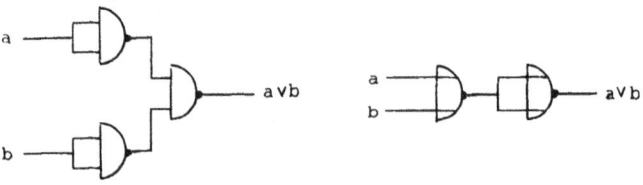

NAND und NOR sind __duale__ Schaltelemente.

__Beispiel:__ Realisierung eines Halbaddierwerkes mit NOR-Gattern.

$$s = a \neq b = \neg[(a \wedge b) \vee (\neg a \wedge \neg b)] =$$
$$= \neg[\neg(a \vee b) \vee \neg(\neg a \vee \neg b)]$$

$$\ddot{u} = a \wedge b = \neg(\neg a \vee \neg b)$$

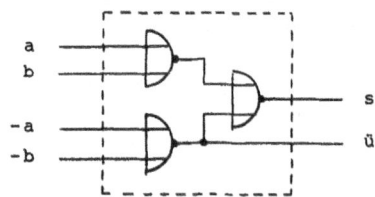

In dieser Schaltung wird angenommen, daß die verneinten
Eingänge ebenfalls zur Verfügung stehen.

Beispiel:

Es soll eine Schaltfunktion gefunden werden, die es gestattet,
eine Lampe y von vier Schaltern a, b, c und d ein- und auszu-
schalten. Sind alle Schalter ausgeschaltet (a = $\emptyset$, b = $\emptyset$,
c = $\emptyset$, d = $\emptyset$), so soll auch die Lampe nicht brennen (y = $\emptyset$).
Durch Änderung eines einzigen Schalters soll sich auch der
jeweilige Zustand der Lampe ändern.

Auf Grund der Aufgabenstellung kann das Veitch-Diagramm unmittelbar angeschrieben werden. Durch die Bedingung
y($\emptyset$,$\emptyset$,$\emptyset$,$\emptyset$) = $\emptyset$ wird das rechte untere Feld des Veitch-Diagramms
bestimmt. Da sich benachbarte Felder im Diagramm in genau
einer Eingangsvariablen unterscheiden und sich der Ausgang y
mit jeder Änderung einer Eingangsvariablen von $\emptyset$ auf L beziehungsweise von L auf $\emptyset$ ändern muß, ergibt sich eine schachbrettartige $\emptyset$-L-Verteilung:

	a			
b	$\emptyset$	L	$\emptyset$	L
	L	$\emptyset$	L	$\emptyset$
	$\emptyset$	L	$\emptyset$	L	d
	L	$\emptyset$	L	$\emptyset$

c

Da in dieser schachbrettartigen Verteilung keine Einserblöcke
gefunden werden können und die Ableitung der Disjunktiven oder
Konjunktiven Normalform ebenfalls sehr aufwendig ist, kann man
versuchen, die Symmetrie der Verteilung auf andere Weise zur
Vereinfachung der Schaltfunktion heranzuziehen.

Da die Verteilung der Nullen und Einsen bezüglich der Variablen
a komplementär ist (die linke Hälfte des Diagramms kann nach
Vertauschen von Nullen und Einsen in die rechte Hälfte gespiegelt werden),

y:

a			
$\emptyset$	L	$\emptyset$	L
L	$\emptyset$	L	$\emptyset$
$\emptyset$	L	$\emptyset$	L
L	$\emptyset$	L	$\emptyset$

genügt es, die rechte Hälfte des Diagramms zu beschreiben.Die
zugehörige Schaltfunktion y'(b,c,d)ist dann von a unabhängig,
und die linke Hälfte kann durch das Komplement $\neg$ y'(b,c,d)
beschrieben werden.

$$y = (a \wedge \neg\, y') \vee (\neg\, a \wedge y') = a \neq y'$$

Damit ist die Aufgabe auf das Aufsuchen der Schaltfunktion y'
mit nur drei Variablen b,c und d reduziert:

y':

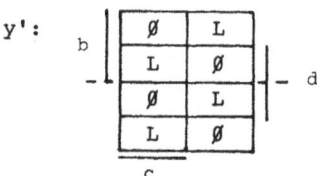

Es zeigt sich jedoch, daß die Schaltfunktion y' bezüglich
der Variablen b komplementär ist (die obere Hälfte des Diagramms kann durch Vertauschen von Nullen und Einsen in die
untere Hälfte gespiegelt werden), sodaß es genügt, die untere
Hälfte des Diagramms zu beschreiben. Die zugehörige Schaltfunktion y"(c,d) ist jetzt von b unabhängig und entspricht
genau dem Komplement der oberen Hälfte:

$$y' = (b \wedge \neg\, y'') \vee (\neg\, b \wedge y'') = b \neq y''$$

Für y" (c,d) gilt

$$y" = (c \wedge \neg d) \vee (\neg c \wedge d) = c \not\equiv d$$

Die gesamte Schaltfunktion lautet daher

$$y = a \not\equiv (b \not\equiv (c \not\equiv d))$$

und kann aus drei Antivalenzgliedern (Halbaddierwerken) aufgebaut werden:

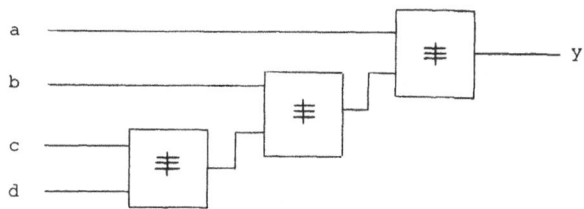

Da für die Antivalenz das assoziative Gesetz gilt, ist die Reihenfolge der Abarbeitung gleichgültig

$$y = a \not\equiv b \not\equiv c \not\equiv d$$

und die Schaltung kann ebensogut in der Form

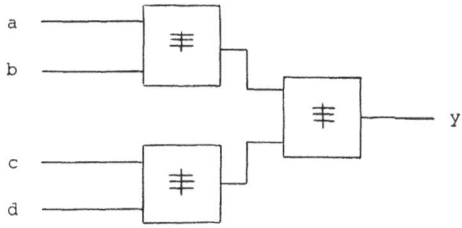

aufgebaut werden.

S 4   SEQUENTIELLE SCHALTALGEBRA

Bei den bisher beschriebenen Schaltungen ist der zeitliche
Ablauf unberücksichtigt geblieben. Es wurde angenommen, daß
die Ergebnisse an sämtlichen Gattern simultan auftreten und
solange erhalten bleiben, als die zugehörigen Eingangswerte
an die Schaltung angelegt sind. Man benötigt jedoch auch
Bauelemente, die es gestatten, Information auch dann zu
speichern, wenn die entsprechenden Eingangswerte nicht mehr
angelegt sind. Eine solche Speicherwirkung kann durch zwei
gegenseitig rückgekoppelte NOR-Gatter erzielt werden:

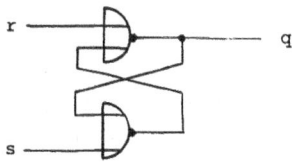

Wird an den s-Eingang (set-Eingang) kurzzeitig eine Eins
angelegt, so wird der Ausgang q = L. Auf Grund der Rück-
koppelung bleibt die L am Ausgang auch erhalten, wenn der
s-Eingang wieder Null wird.

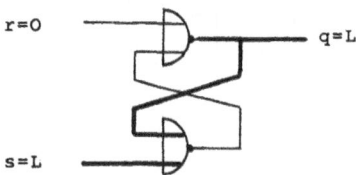

Erst wenn an den r-Eingang (reset-Eingang) eine L angelegt
wird, erscheint am Ausgang wieder ∅. Diese Null bleibt solange
erhalten, bis an den s-Eingang wieder Eins angelegt wird.

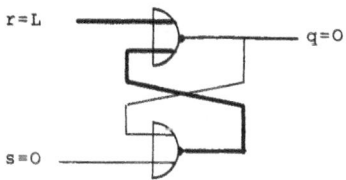

Auf diese Weise ist eine Speicherung einer Eins oder Null
möglich.

Eine solche Schaltung, die die beiden Zustände ∅ und L
annehmen kann, wird als RS-Flip-Flop bezeichnet und durch
ein eigenes Symbol symbolisiert:

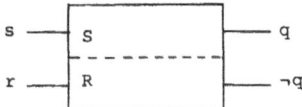

Meist steht der verneinte Ausgang, der ja am unteren NOR-Gatter
entsteht, ebenfalls zur Verfügung.

Der Ausgang q des RS-Flip-Flops ist nicht nur von den beiden
Eingangsgrößen r und s, sondern auch vom momentanen Zustand
$q = ∅$ oder $q = L$ des Flip-Flops abhängig. Um die zeitliche
Zustandsänderung beschreiben zu können, betrachten wir
diskrete, kurz aufeinanderfolgende Zeitpunkte, die wir uns
durchnumeriert denken. Werden zum Zeitpunkt n an den Eingang
die Werte r_n und s_n gelegt und befindet sich das Flip-Flop
im Zustand q_n, so ist damit der neue Zustand q_{n+1} zum kurz
darauffolgenden Zeitpunkt n+1 bestimmt.

Diese Zustandsänderung kann auch durch eine Wahrheitstabelle
beschrieben werden:

s_n	∅ ∅	∅ ∅	L L	L L	Falls an beide Eingänge
r_n	∅ ∅	L L	∅ ∅	L L	gleichzeitig L angelegt
					wird, ist der Folgezustand
q_n	∅ L	∅ L	∅ L	∅ L	nicht definiert.
q_{n+1}	∅ L	∅ ∅	L L	? ?	

Mittels des Veitch-Diagramms kann der neue Zustand q_{n+1}
algebraisch beschrieben werden.

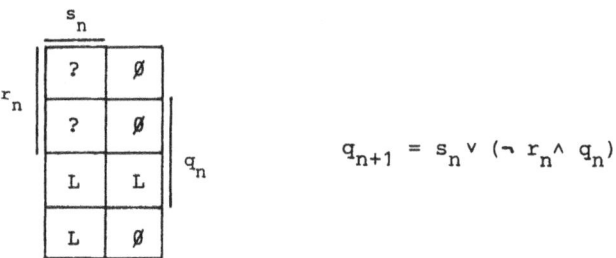

$$q_{n+1} = s_n \vee (\neg\, r_n \wedge q_n)$$

Diese Beziehung wird als <u>charakteristische Gleichung</u> des
RS-Flip-Flops bezeichnet. Sie gilt nur unter der Nebenbedingung, daß nicht beide Eingänge gleichzeitig L sind, also

$$r_n \wedge s_n = \varnothing$$

Mit Hilfe zweier UND-Gatter kann der Fall, daß beide Eingänge
gleichzeitig L sind, vermieden werden:

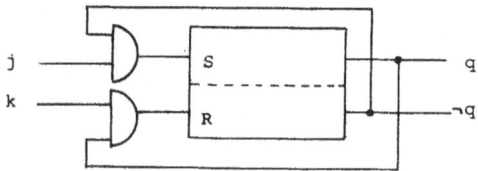

An den s-Eingang wird nur dann eine Eins angelegt, wenn
q_n = $\emptyset$ ist - in diesem Fall ändert das Flip-Flop seinen
Zustand.

Ebenso wird der r-Eingang nur dann Eins, wenn q_n = L ist -
auch in diesem Fall ändert das Flip-Flop seinen Zustand.

Eine solche erweiterte Flip-Flop-Schaltung wird als
JK-Flip-Flop bezeichnet.

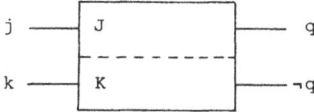

Der j-Eingang dient zum Setzen, der k-Eingang zum Löschen
des Flip-Flops. Liegt am j-Eingang eine Eins j_n = L, so wird
eine Eins gespeichert (q_{n+1} = L). Liegt am k-Eingang eine
Eins (k_n = L), so entsteht am Ausgang Null (q_{n+1} = $\emptyset$). Liegen
an beiden Eingängen Nullen, so bleibt der gespeicherte Wert
am Ausgang erhalten. Sind beide Eingänge gleichzeitig Eins,
so ändert das Flip-Flop seinen Zustand.

Die Wahrheitstabelle für das JK-Flip-Flop lautet somit

j_n	$\emptyset$ $\emptyset$	$\emptyset$ $\emptyset$	L L	L L
k_n	$\emptyset$ $\emptyset$	L L	$\emptyset$ $\emptyset$	L L
q_n	$\emptyset$ L	$\emptyset$ L	$\emptyset$ L	$\emptyset$ L
q_{n+1}	$\emptyset$ L	$\emptyset$ $\emptyset$	L L	L $\emptyset$

Die charakteristische Gleichung für das JK-Flip-Flop kann
ebenfalls mit Hilfe des Veitch-Diagramms abgeleitet werden.

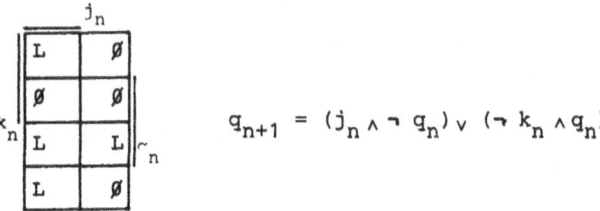

$$q_{n+1} = (j_n \wedge \neg q_n) \vee (\neg k_n \wedge q_n)$$

Die Eigenschaft, daß das JK-Flip-Flop seinen Zustand ändert,
wenn an beide Eingänge gleichzeitig eine Eins angelegt wird,
wird im sogenannten T-Flip-Flop ausgenützt:

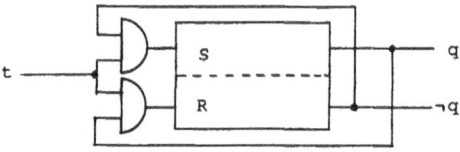

Das T-Flip-Flop ist eigentlich ein JK-Flip-Flop, dessen
beide Eingänge kurzgeschlossen sind. Mit jeder Eins am
t-Eingang ändert das T-Flip-Flop seinen Zustand (ähnlich wie
ein Drucktastenschalter).

Die charakteristische Gleichung für das T-Flip-Flop kann
unmittelbar aus der Wahrheitstabelle entnommen werden und
entspricht genau der charakteristischen Gleichung für das
JK-Flip-Flop, wenn für j_n und k_n t_n eingesetzt wird:

t_n	Ø Ø	L L
q_n	Ø L	Ø L
q_{n+1}	Ø L	L Ø

$$q_{n+1} = (t_n \wedge \neg q_n) \vee (\neg t_n \wedge q_n)$$

Um den zeitlichen Ablauf der Zustandsänderungen innerhalb

eines sequentiellen Netzwerkes beschreiben zu können, wird
der Zustand der Schaltung immer nur zu kurzen äquidistanten
diskreten Zeitpunkten betrachtet. Während dieser kurzen
Zeitpunkte sollen sich weder die Eingangssignale noch die
Zustände der Flip-Flops ändern. Sämtliche Zustandsänderungen
erfolgen zwischen den betrachteten Zeitpunkten.

Um dieses Verhalten zu realisieren, werden sämtliche Flip-Flops
mit einem gemeinsamen Taktimpuls gesteuert:

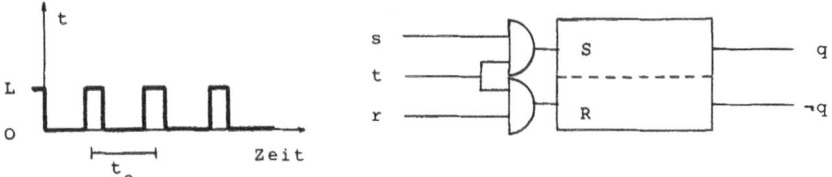

Nur während eines Taktimpulses gelangen die Eingangssignale an
das Flip-Flop. Wird der zeitliche Abstand zwischen den
Taktimpulsen mit t_o bezeichnet, so ist

$$f_o = 1/t_o$$

die Taktfrequenz. Ein Netzwerk, in dem sämtliche Flip-Flops
taktgesteuert sind, heißt synchrones Netzwerk.

Gelegentlich werden taktgesteuerte Flip-Flops auch als
RST-Flip-Flops bzw. JKT-Flip-Flops bezeichnet und durch ein
eigenes Schaltsymbol dargestellt.

Um die Schaltskizzen nicht unnötig kompliziert werden zu
lassen, wird in allen folgenden Beispielen angenommen, daß
sämtliche Flip-Flops taktgesteuert sind, ohne den Takt
einzuzeichnen.

Ein taktgesteuertes RS-Flip-Flop, an dessen r-Eingang der
verneinte s-Eingang liegt, gestattet es, das Eingangssignal
um den Abstand zweier Taktimpulse zu verzögern:

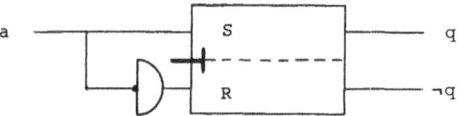

Setzt man in die charakteristische Gleichung

$$q_{n+1} = s_n \vee \neg\, r_n \wedge q_n$$

für $s_n = a_n$ und $r_n = \neg a_n$, so erhält man

$$q_{n+1} = a_n$$

das heißt, am Ausgang liegt der um das Taktintervall t_o
verzögerte Eingang.

Gelegentlich wird ein solches <u>Verzögerungselement</u> durch ein
eigenes Schaltsymbol dargestellt:

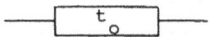

Schaltet man nun eine ganze Folge solcher Verzögerungselemente
hintereinander, so erhält man eine Verzögerungskette oder
ein sogenanntes <u>Schieberegister:</u>

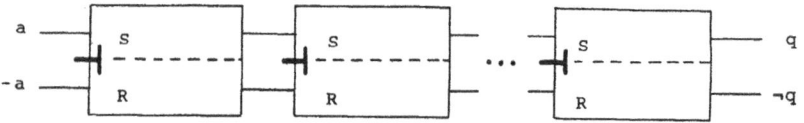

Da jedes Flip-Flop den negierten Ausgang zur Verfügung stellt,
erübrigt sich hier die Verwendung der Negationselemente.

Da jedes einzelne Flip-Flop in der Lage ist, eine Dualziffer
zu speichern, kann in einem aus p Flip-Flops bestehenden

Schieberegister eine p-stellige Dualzahl gespeichert werden.
Die einzelnen Dualziffern werden der Reihe nach an den
Eingang angelegt und mit jedem Taktimpuls um eine Stelle nach
rechts verschoben. Ebenso stehen die einzelnen Dualziffern
am Ausgang des Schieberegisters zur weiteren Verarbeitung
zur Verfügung. Schaltet man den Ausgang des Schieberegisters
an den Eingang zurück, so kann eine gespeicherte Dualzahl
innerhalb des Registers rotieren. Schieberegister werden
unter anderem häufig benutzt, um die Operanden und das
Resultat arithmetischer Operationen zu speichern.

Beispiel: Serienaddierwerk

Es soll eine Schaltung entworfen werden, die es gestattet,
zwei in Registern gespeicherte Dualzahlen ziffernweise zu
addieren:

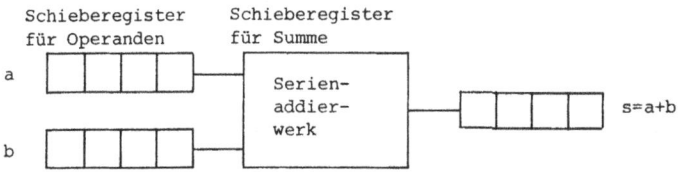

Mit jedem Taktimpuls sollen die nächsten beiden Ziffern a_n
und b_n addiert und die nächste Ziffer der Summe gebildet
werden.

Eine Schaltung zur Addition zweier Dualziffern wurde bereits
entworfen:

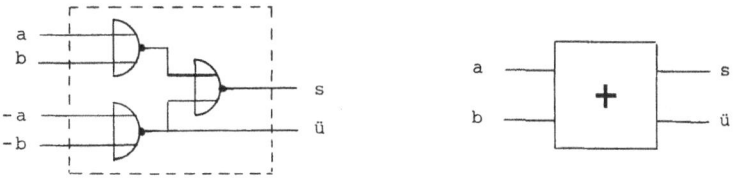

Eine solche Schaltung wird als Halbaddierwerk bezeichnet und
oft durch ein eigenes Symbol dargestellt.

Die dabei entstehende Summe s_{n+1} gleicht der Antivalenz der beiden Eingänge a_n und b_n, der Übertrag ist gleich der Konjunktion von a_n und b_n.

Im Serienaddierwerk müssen jedoch nicht nur die beiden Ziffern a_n und b_n addiert werden, sondern zu dieser Zwischensumme muß noch der Übertrag von der vorhergehenden Stelle $ü_n$ addiert werden:

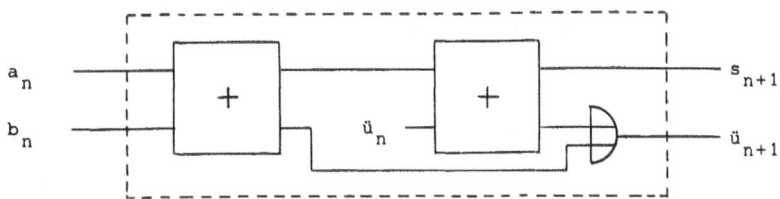

Da nie an beiden Halbaddierwerken ein Übertrag gleichzeitig auftreten kann, genügt es, die entstehenden Überträge durch ein ODER-Gatter zu verbinden.

Diese Schaltung, die die Addition von drei Dualziffern (a_n, b_n, und $ü_n$) ermöglicht, wird als <u>Volladdierwerk</u> bezeichnet.

Durch ein Verzögerungselement kann der berechnete Übertrag bis zum nächsten Additionstakt gespeichert werden, wodurch ein funktionsfähiges Serienaddierwerk entsteht.

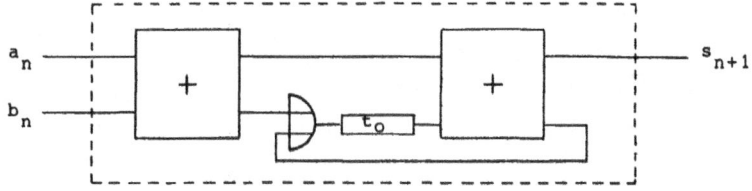

45

Eine andere Möglichkeit zum Entwurf eines Serienaddierwerkes
geht von der Wahrheitstabelle der gewünschten Schaltfunktion
aus:

a_n	Ø Ø	Ø Ø	L L	L L
b_n	Ø Ø	L L	Ø Ø	L L
$ü_n$	Ø L	Ø L	Ø L	Ø L
s_{n+1}	Ø L	L Ø	L Ø	Ø L
$ü_{n+1}$	Ø Ø	Ø L	Ø L	L L

Das Veitch-Diagramm für die Summe s_{n+1}

zeigt eine schachbrettartige Verteilung von Ø und L, die eine
Vereinfachung der Schaltfunktion unmöglich macht (eine solche
Verteilung tritt nur bei Äquivalenz- und Antivalenzschaltungen
auf!). Die Disjunktive Normalform für die Summe lautet

$$s_{n+1} = (\neg\, a_n \wedge b_n \wedge ü_n) \vee (\neg\, a_n \wedge b_n \wedge \neg\, ü_n) \vee$$

$$\vee\ (a_n \wedge \neg\, b_n \wedge \neg\, ü_n) \vee (a_n \wedge b_n \wedge ü_n)$$

Nach algebraischer Umformung ergibt sich

$$s_{n+1} = \underbrace{[(\neg a_n \wedge \neg b_n) \vee (a_n \wedge b_n)]}_{a_n \equiv b_n} \wedge \ddot{u}_n \vee$$

$$\vee \underbrace{[(\neg a_n \wedge b_n) \vee (a_n \wedge \neg b_n)]}_{a_n \not\equiv b_n} \wedge \neg \ddot{u}_n$$

$$s_{n+1} = [(a_n \equiv b_n) \wedge \ddot{u}_n] \vee [(a_n \not\equiv b_n) \wedge \neg \ddot{u}_n]$$

Mit der Substitution $a_n \not\equiv b_n = c_n$ erhält man

$$s_{n+1} = (\neg c_n \wedge \ddot{u}_n) \vee (c_n \wedge \neg \ddot{u}_n) = c_n \not\equiv \ddot{u}_n$$

also

$$s_{n+1} = (a_n \not\equiv b_n) \not\equiv \ddot{u}_n$$

Das ist dasselbe Resultat für die Summe wie oben!
(Vergleiche auch das Beispiel auf Seite 33).

Das Veitch-Diagramm für den Übertrag $\ddot{u}_{n+1}$

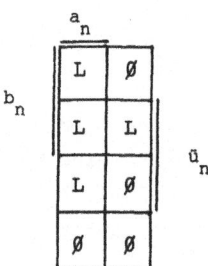

liefert die Schaltfunktion

$$\ddot{u}_{n+1} = (a_n \wedge b_n) \vee [(a_n \vee b_n) \wedge \ddot{u}_n]$$

Durch Koeffizientenvergleich mit der charakteristischen Gleichung
des RS-Flip-Flops

$$q_{n+1} = s_n \vee [\neg \, r_n \wedge q_n]$$

erhält man die Eingänge

$$s_n = a_n \wedge b_n \qquad\qquad r_n = \neg \, (a_n \vee b_n)$$

die an ein RS-Flip-Flop angelegt werden müssen, um an dessen
Auogang den Übertrag q_{n+1} zu erhalten.

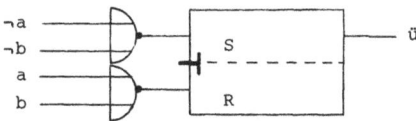

Wegen $(a_n \wedge b_n) \wedge \neg \, (a_n \vee b_n) = (a_n \wedge \neg \, a_n) \wedge (b_n \wedge \neg \, b_n) = \emptyset$
ist sichergestellt, daß die beiden Eingänge nicht gleichzeitig
Eins sein können $(r_n \wedge s_n = \emptyset)$.

Das vollständige Serienaddierwerk hat die Form

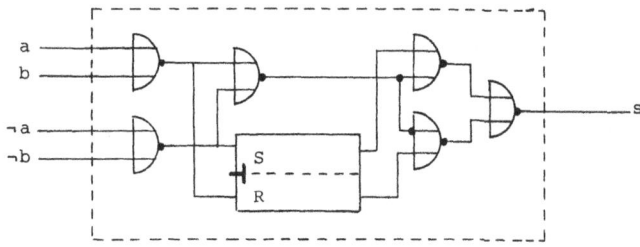

Gegenüber dem ersten Entwurf wurde ein Gatter eingespart. Die
richtige Berücksichtigung des Übertrages wird durch das

RS-Flip-Flop gewährleistet. Vor Beginn der Addition muß das
Flip-Flop gelöscht sein.

Als weiteres Beispiel soll nun ein Seriensubtrahierwerk entworfen werden.

Beispiel: Seriensubtrahierwerk

Es wird wieder angenommen, daß die Operanden a und b und die
Differenz d in Schieberegistern gespeichert sind.

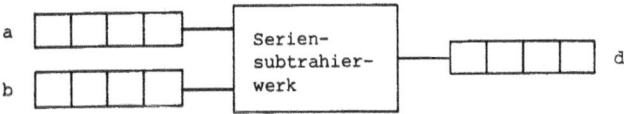

Ähnlich wie beim Serienaddierwerk, muß auch beim Seriensubtrahierwerk außer der Differenz d = a - b ein Übertrag ü berücksichtigt
werden.

Die Wahrheitstabelle für die Differenz und den Übertrag

a_n	Ø	Ø	Ø	Ø	L	L	L	L
b_n	Ø	Ø	L	L	Ø	Ø	L	L
$ü_n$	Ø	L	Ø	L	Ø	L	Ø	L
d_{n+1}	Ø	L	L	Ø	L	Ø	Ø	L
$ü_{n+1}$	Ø	L	L	L	Ø	Ø	Ø	L

zeigt, daß die Schaltfunktion für die Differenz dieselbe ist,
wie für die Summe, also

$$d_{n+1} = (a_n * b_n) * ü_n$$

Die Schaltfunktion für den Übertrag $\ddot{u}_{n+1}$ kann mittels des Veitch-Diagramms abgeleitet werden:

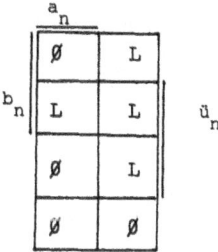

$$\ddot{u}_{n+1} = (\neg\, a_n \wedge b_n) \vee [(\neg\, a_n \vee b_n) \wedge \ddot{u}_n]$$

Durch Koeffizientenvergleich mit der charakteristischen Gleichung des RS-Flip-Flops erhält man

$$s_n = \neg\, a_n \wedge b_n \qquad r_n = \neg(\neg\, a_n \vee b_n)$$

Wegen

$$(\neg\, a_n \wedge b_n) \wedge \neg(\neg\, a_n \vee b_n) = (\neg\, a_n \wedge b_n) \wedge (a_n \wedge \neg\, b_n) =$$
$$= (a_n \wedge \neg\, a_n) \wedge (b_n \wedge \neg\, b_n) = \emptyset$$

ist sichergestellt, daß die Nebenbedingung $r_n \wedge s_n = \emptyset$ immer erfüllt ist.

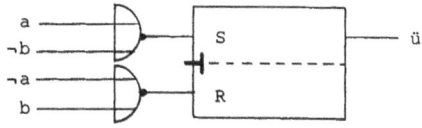

Um die Eingänge für das RS-Flip-Flop ohne Verwendung zusätzlicher Gatter aus der Schaltung für die Differenz zu erhalten, wird diese umgeformt.

$$d_{n+1} = (a_n \neq b_n) \neq \ddot{u}_n = \neg\, [\neg\, (a_n \equiv b_n) \equiv \ddot{u}_n] = (a_n \equiv b_n) \equiv \ddot{u}_n$$

Die Äquivalenz $a \equiv b$ kann wegen

$$a \equiv b = (a \lor \lnot b) \land (\lnot a \lor b) = \lnot[\lnot(a \lor \lnot b) \lor \lnot(\lnot a \lor b)]$$

ebenfalls durch drei NOR-Gatter realisiert werden:

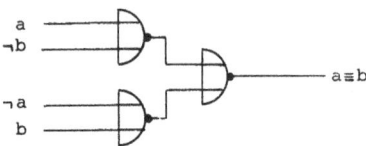

Diese Schaltung liefert jedoch gleichzeitig am oberen NOR-Gatter

$$s_n = \lnot(a_n \lor \lnot b_n) = \lnot a_n \land b_n$$

und am unteren NOR-Gatter

$$r_n = \lnot(\lnot a_n \lor b_n) = a_n \land \lnot b_n$$

Das vollständige Seriensubtrahierwerk hat daher die Form

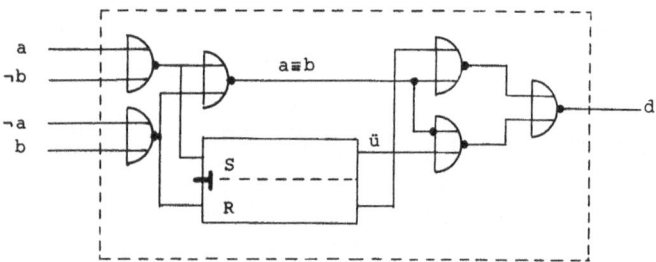

Vergleicht man diese Schaltung mit dem Serienaddierwerk, so findet man eine weitgehende Übereinstimmung. Wird an den Eingang eines Serienaddierwerkes anstelle von b das Komplement $\lnot$ b angelegt und werden die Eingänge und die Ausgänge des Flip-Flops vertauscht, so entsteht aus dem Addierwerk ein Subtrahierwerk!

Auf Grund des symmetrischen Aufbaues des Flip-Flops braucht
die Vertauschung der Eingänge und Ausgänge nicht durchgeführt
zu werden. Allerdings ändert sich dann die Bedeutung von Setzen
und Löschen, das heißt, vor jeder Subtraktion muß das Flip-Flop
Eins gesetzt werden, während es vor jeder Addition gelöscht
werden muß. Die Komplementbildung von b und das Setzen des Flip-
Flops bewirken somit, daß mit dem Serienaddierwerk subtrahiert
werden kann.

Bemerkung:

Tatsächlich kann jede Subtraktion durch eine Addition des Komplementes
ersetzt werden, wenn zum Ergebnis 1 addiert wird. Diese Addition von 1
wird durch das Setzen des Flip-Flops erreicht (wirkt wie ein Übertrag auf
die erste Stelle !).

Mit Hilfe von Flip-Flops können auch Zähler aufgebaut werden.
Die folgende Anordnung von T-Flip-Flops zum Beispiel gestattet
es, eine Dualzahl zu speichern und mit jedem Eingang $a = L$
um 1 zu erhöhen.

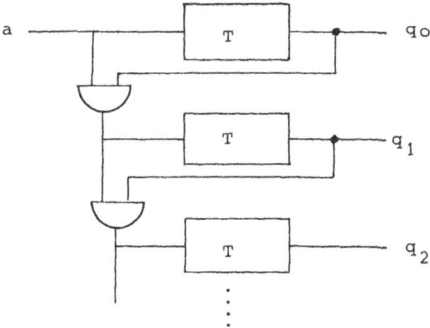

Die Ausgänge q_0, q_1, q_2, ... der einzelnen T-Flip-Flops
repräsentieren die Ziffern des Zählerstandes. Die letzte Ziffer
q_0 ändert sich nach jedem Zählschritt ($a = L$). Die vorletzte
Ziffer q_1 ändert sich nur, wenn sich die letzte Ziffer q_0
von Eins auf Null ändert. Allgemein ändert jedes Flip-Flop
mit Ausnahme des Ersten seinen Zustand genau dann, wenn sich
das vorhergehende Flip-Flop von Eins auf Null ändert.

S 5 Automaten

Ein Apparat, der in Abhängigkeit von Eingangsgrößen und seinem
momentanen Zustand in einen anderen Zustand übergeht, heißt ein
Automat. Die wesentlichen Eigenschaften und Beschreibungs-
möglichkeiten eines Automaten sollen am Beispiel der elektrischen
Klingel erläutert werden.

<u>Beispiel:</u> <u>Elektrische Klingel als Automat</u>

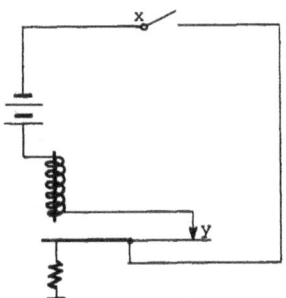

Wird der Schalter x geschlossen (x = L), so fließt Strom, der
Magnet zieht den Anker an (es läutet), und der Schalter y wird
geöffnet (y = $\emptyset$). Dadurch fällt der Anker wieder ab (y = L).
Ist der Schalter x noch immer geschlossen, so zieht der Magnet
wieder an (es läutet), und y wird wieder geöffnet (y = $\emptyset$)
und so fort.

Die Wahrheitstabelle für die Stellung des Schalters y läßt sich
leicht finden:

x_n	$\emptyset$ $\emptyset$	L L
y_n	$\emptyset$ L	$\emptyset$ L
y_{n+1}	L L	L $\emptyset$

Die Schaltfunktion lautet

$$y_{n+1} = (\neg x_n \wedge y_n) \vee \neg y_n$$

das Verhalten der elektrischen Klingel kann daher mit einem JK-Flip-Flop simuliert werden, an dessen j-Eingang konstant eine Eins liegt.

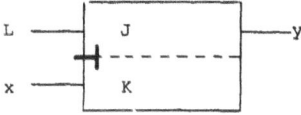

Liegt am k-Eingang eine Eins (x = L), so ändert das Flip-Flop mit jedem Takt seinen Zustand. Liegt am k-Eingang Null (x = $\emptyset$), so ist der Ausgang y = L.

Entsprechend der Stellung des Ankers hat die elektrische Klingel zwei Zustände. Ist der Anker abgefallen (y = L) so befindet sich die Klingel im Zustand z_1, ist der Anker angezogen (y = $\emptyset$), im Zustand z_2.

Jede Zustandsänderung ist durch den momentanen Zustand und die Eingangsgröße x eindeutig bestimmt. Welcher neue Zustand angenommen wird, kann in der <u>Flußtabelle</u> abgelesen werden:

	x = $\emptyset$	x = L
z_1	z_1	z_2
z_2	z_1	z_1

Jede Spalte der Flußtabelle entspricht einem Eingangswert und jede Zeile dem momentanen Zustand.

Eine andere Darstellung des Übergangsverhaltens ist das
Übergangsdiagramm

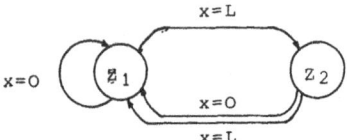

Ein Zustand, der in sich selbst übergeführt wird, heißt stabil
(z_1). Gibt es einen Eingang, der alle Zustände in sich über-
führt, so heißt der Automat multistabil

z.B. Übergangsdiagramm des T-Flip-Flops

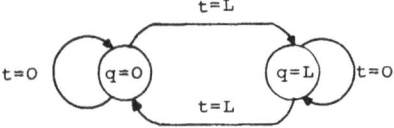

Das T-Flip-Flop ist ein multistabiler Automat. Multistabile
Automaten sind allgemein als Speicher geeignet.

Ein Automat heißt endlich, wenn er endlich viele Zustände annehmen kann, und deterministisch, wenn jeder Zustand durch den
vorhergehenden Zustand und die Eingangsgrößen bestimmt ist.
Sämtliche besprochenen Flip-Flop-Schaltungen sind in diesem Sinn
endliche deterministische Automaten.

Beispiel: Verkehrsampel

Es soll ein Automat entworfen werden, der die vier Zustände
(rot), (rot-gelb), (grün), (gelb) entsprechend dem Übergangsdiagramm annimmt.

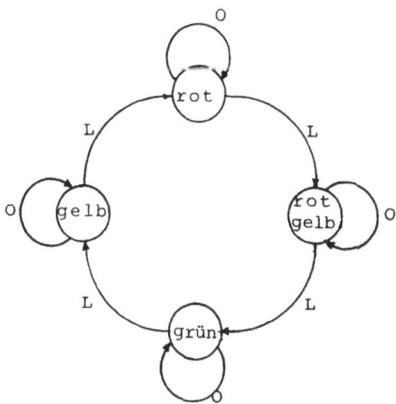

Der Automat soll mit drei JK-Flip-Flops, die den einzelnen
Farben zugeordnet sind, realisiert werden.

Die vier Zustände entsprechen somit den folgenden Flip-Flop-
Ausgängen.

(rot)	(rot-gelb)	(grün)	(gelb)
L	L	Ø	Ø
Ø	L	Ø	L
Ø	Ø	L	Ø

Auf Grund des Übergangsdiagramms kann die Wahrheitstabelle für
die Zustandsänderung der einzelnen Flip-Flops angegeben werden
(die Zustandsänderung soll mit jedem Takt erfolgen).

a_n	Ø	Ø	Ø	Ø	L	L	L	L
b_n	Ø	Ø	L	L	Ø	Ø	L	L
c_n	Ø	L	Ø	L	Ø	L	Ø	L
a_{n+1}	?	Ø	L	?	L	?	Ø	?
b_{n+1}	?	L	Ø	?	L	?	Ø	?
c_{n+1}	?	Ø	Ø	?	Ø	?	L	?

Die Fragezeichen symbolisieren jene Zustände der Flip-Flops,
die auf eine unerlaubte Zustandskombination folgen. Da solche
Zustände nicht auftreten, ist es gleichgültig, welche Folge-
zustände daraus resultieren. Diese Freiheit kann dazu benutzt
werden, um im Veitch-Diagramm möglichst große Blöcke und damit
einfache Schaltfunktionen zu erzielen. Durch Vergleich der
algebraischen Schaltfunktion mit der charakteristischen Gleichung
des JK-Flip-Flops ergeben sich die Eingangsgrößen der einzelnen
Flip-Flops.

a_{n+1}:

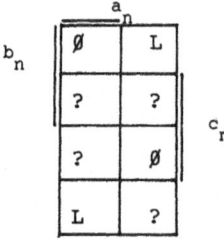

$$a_{n+1} = (b_n \wedge \neg\, a_n) \vee (\neg\, b_n \wedge a_n)$$

$$j_a = b \qquad k_a = b$$

Da j_a gleich k_a ist, genügt ein
T-Flip-Flop.
Das Flip-Flop A (rot) ändert seinen
Zustand immer dann, wenn das Flip-
Flop-B (gelb) eingeschaltet war.

$b_{n+1}:$ $\qquad\qquad$ $b_{n+1} = \neg\, b_n = (L \wedge \neg\, b_n) \vee (\emptyset \wedge b_n)$

$$j_b = L \qquad\qquad k_b = L$$

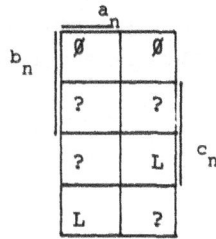

Auch hier genügt ein T-Flip-Flop.
Das Flip-Flop B (gelb) ändert seinen
Zustand mit jedem Takt.

$c_{n+1}:$ $\qquad\qquad$ $c_{n+1} = [(a_n \wedge b_n) \wedge \neg\, c_n] \vee (\emptyset \wedge c_n)$

$$j_c = a \wedge b \qquad k_c = L$$

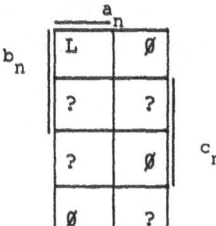

Das Flip-Flop C (grün) ändert seinen
Zustand immer dann, wenn A (rot) und
B (gelb) gleichzeitig eingeschaltet
war, ansonsten wird es immer gelöscht.

Die gesamte Schaltung hat die Form:

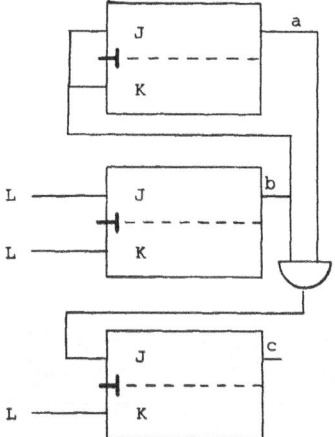

Beispiel: Entwurf eines Serienvergleichswerkes

Ähnlich wie bei einem Serienaddierwerk werden zwei zu vergleichende Dualzahlen in Schieberegistern gespeichert und die einzelnen Stellen nacheinander an das Vergleichswerk angelegt.

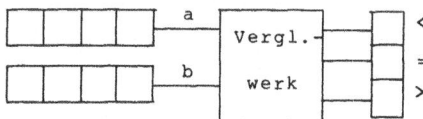

Das Vergleichswerk soll die drei Zustände ($<$, $=$,$>$) annehmen können, die durch drei JK-Flip-Flops realisiert werden können. Nachdem sämtliche Stellen der Dualzahlen verarbeitet wurden, soll der Endzustand dem Ergebnis $a < b$, $a = b$ bzw. $a > b$ entsprechen.

Vom Anfangszustand $=$ ausgehend, können die Zustandsänderungen nach jedem Dualziffernpaar nach der folgenden Flußtabelle beschrieben werden:

	$a = \emptyset$ $b = \emptyset$	$a = \emptyset$ $b = L$	$a = L$ $b = \emptyset$	$a = L$ $b = L$
$<$	$<$	$<$	$>$	$<$
$=$	$=$	$<$	$>$	$=$
$>$	$>$	$<$	$>$	$>$

Das Übergangsdiagramm des Automaten lautet:

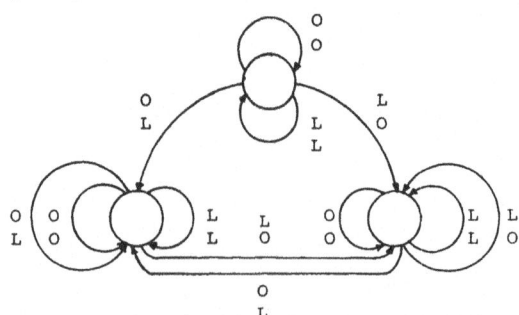

Zum Entwurf der Schaltung werden die Zustände $<, =, >$
den Flip-Flops A, B und C auf die folgende Weise zugeordnet:

Zustand	A	B	C
$<$	L	$\emptyset$	$\emptyset$
$=$	$\emptyset$	L	$\emptyset$
$>$	$\emptyset$	$\emptyset$	L

Auf Grund der Flußtabelle kann für das Flip-Flop B unmittelbar
die Gleichung

$$q_{B^{n+1}} = [(a_n \wedge b_n) \vee (\neg a_n \wedge \neg b_n)] \wedge q_{B^n}$$

$$j_b = \emptyset \quad k_b = \neg [(a \wedge b) \vee (\neg a \wedge \neg b)]$$

angegeben werden. Die Beziehungen für die beiden anderen Flip-
Flops ergeben sich aus der Wahrheitstabelle:

a_n	$\emptyset$ $\emptyset$	$\emptyset$ $\emptyset$	$\emptyset$ $\emptyset$	$\emptyset$ $\emptyset$	L L	L L	L L	L L
b_n	$\emptyset$ $\emptyset$	$\emptyset$ $\emptyset$	L L	L L	$\emptyset$ $\emptyset$	$\emptyset$ $\emptyset$	L L	L L
q_{A^n}	$\emptyset$ $\emptyset$	L L	$\emptyset$ $\emptyset$	L L	$\emptyset$ $\emptyset$	L L	$\emptyset$ $\emptyset$	L L
q_{C^n}	$\emptyset$ L	$\emptyset$ L	$\emptyset$ L	$\emptyset$ L	$\emptyset$ L	$\emptyset$ L	$\emptyset$ L	$\emptyset$ L
$q_{A^{n+1}}$	$\emptyset$ $\emptyset$	L ?	L L	L ?	$\emptyset$ $\emptyset$	$\emptyset$?	$\emptyset$ $\emptyset$	L ?
$q_{C^{n+1}}$	$\emptyset$ L	$\emptyset$?	$\emptyset$ $\emptyset$	$\emptyset$?	L L	L ?	$\emptyset$ L	$\emptyset$?

q_A:

	a_n			
b_n	$\emptyset$	L	L	L
	$\emptyset$	?	?	L
	$\emptyset$	?	?	$\emptyset$
	$\emptyset$	$\emptyset$	L	$\emptyset$
		q_{A_n}		

q_{C_n}

$$q_{A^{n+1}} = ((\neg a_n \wedge b_n) \wedge \neg q_{A^n})$$

$$\vee ((\neg a_n \vee b_n) \wedge q_{A^n})$$

$$j_a = \neg a \wedge b \quad k_a = a \wedge \neg b$$

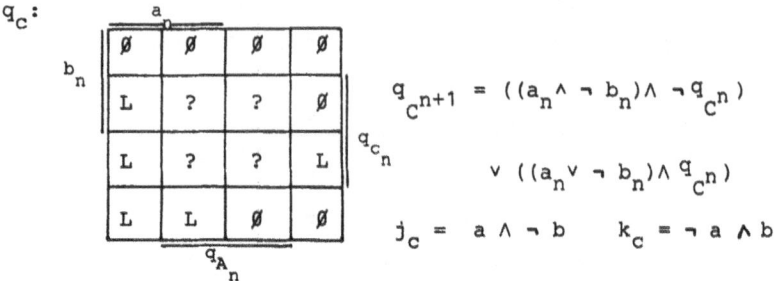

Das Serienvergleichwerk kann somit durch die folgende Schaltung realisiert werden:

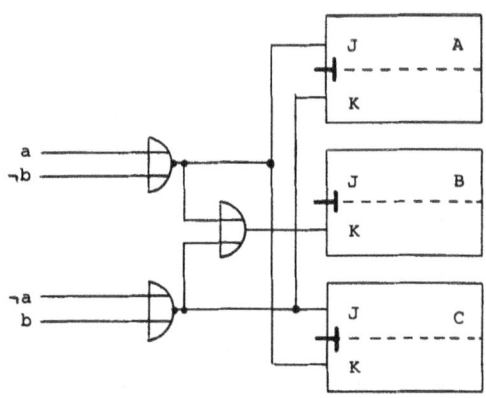

Beispiel: **Zweier-Komplement einer Dualzahl**

Unter Verwendung eines RS-Flip-Flops entwerfe man eine Schaltung zur ziffernweisen Bildung des Zweierkomplements einer Dualzahl.

Das Zweierkomplement einer p-stelligen Dualzahl ist die Ergänzung der Zahl auf 2^P. Es kann gebildet werden, indem die Dualziffer der Zahl von rechts nach links bis zur ersten Ziffer ungleich Null (einschließlich) kopiert und alle weiteren Ziffern durch ihr Komplement ersetzt werden.

Der zugehörige Automat muß die beiden Zustände Z_1 = "rechter
Teil" (bis zur ersten Ziffer ungleich Null) und Z_2 = "linker
Teil" unterscheiden können. Z_1 ist gleichzeitig der Anfangszustand. Die Zustandsänderungen erfolgen daher in Abhängigkeit
von der nächsten eingegebenen Ziffer nach dem folgenden Übergangsdiagramm:

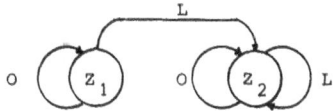

Werden die Zustände durch ein Flip-Flop gespeichert - Z_1 entspricht $q = \emptyset$ und Z_2 entspricht $q = L$ - und bezeichnet man
die nächste Ziffer der Dualzahl mit a, so erhält man die
folgende Wahrheitstabelle:

a_n	$\emptyset$	$\emptyset$	L	L
q_n	$\emptyset$	L	$\emptyset$	L
q_{n+1}	$\emptyset$	L	L	L
y_{n+1}	$\emptyset$	L	L	$\emptyset$

Die Wahrheitstabelle enthält gleichzeitig die Werte des Ausgangs
y in Abhängigkeit vom Eingangssignal a und dem momentanen
Zustand.
Mit der algebraischen Schaltfunktion

$$q_{n+1} = a_n \vee q_n \qquad s = a \qquad r = \emptyset \qquad s \wedge r = \emptyset$$

$$y_{n+1} = a_n \neq q_n$$

erhält man die Schaltung

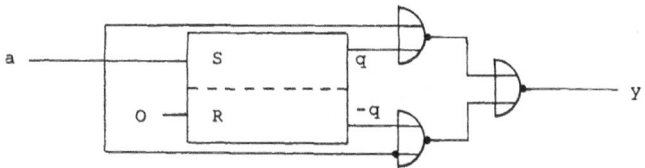

S 6 GRENZEN DER TECHNOLOGIE

Gatter und Flip-Flop-Schaltungen werden heute als integrierte
Schaltkreise (integrated circuits)in großer Anzahl hergestellt.
Auf einem Halbleiterplättchen von nur wenigen mm^2 Ausdehnung
können dadurch über 1000 Flip-Flops untergebracht werden. Durch
diese geringen Abmessungen gelingt es, Schaltgeschwindigkeiten
in der Größenordnung von Nanosekunden (10^{-9} sec) zu erreichen,
das entspricht einer Taktfrequenz im Megaherzbereich (UKW).
Bei 100 m/µs Ausbreitungsgeschwindigkeit (1/3 Lichtgeschwindig-
keit) legt das Signal innerhalb einer Nanosekunde einen Weg
von 10 cm zurück. Es müssen daher nicht nur die Gatter selbst,
sondern auch die Verbindungen zwischen den Bauelementen extrem
kurz gehalten werden, um hohe Rechengeschwindigkeiten erreichen
zu können. Durch die notwendige Verkleinerung der Bauteile aber
wieder steigt die Wärmeerzeugung je Flächeneinheit. Da der
Wärmeableitung aber physikalische Grenzen gesetzt sind, sind
weitere Erhöhungen der Rechengeschwindigkeit nur schwer möglich.

A   AUFBAU DIGITALER RECHENANLAGEN

A 1 Einführung

Ziel dieses Abschnittes soll es sein, aus den im vorangegangenen
Abschnitt über Schaltalgebra erarbeiteten Bauelementen wie
Addier- und Subtrahierwerken, Schieberegistern, Zählern etc.,
ein einfaches hypothetisches Modell eines Computers zu
konstruieren. Zuvor sollen die funktionellen Eigenschaften der
vorhandenen Grundbausteine nochmals kurz zusammengestellt und
einige Begriffe erläutert werden.

A 1.1 REGISTER

Ein Schieberegister - oder allgemein Register - soll in der Lage
sein, eine p-stellige Dualzahl zu speichern. (Das Register kann
daher aus p Flip-Flops aufgebaut werden.)

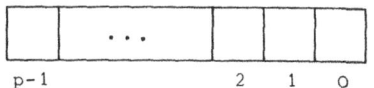

Da in Registern nicht nur Zahlenwerte, sondern auch nicht-
numerische Information gespeichert werden kann, bezeichnet man
einen Registerinhalt allgemein als Wort und die Anzahl p der
binären Stellen dieses Wortes als Wortlänge. Eine binäre
Stelle selbst wird als Bit (Abkürzung für binary digit) bezeichnet. Innerhalb eines Bits kann somit genau eine Dualziffer
oder irgendeine andere durch zwei (binäre) Werte verschlüssel-
bare Information dargestellt werden. Innerhalb eines aus p Bits
bestehenden Wortes können somit 2^p unterschiedliche Werte dargestellt werden (z.B. positive ganze Zahlen im Bereich

von 0 bis $2^{p}-1$). Die einzelnen Bits eines Wortes werden von
rechts nach links (entsprechend dem Stellenwert einer gespeicherten Dualzahl) von Null beginnend durchnumeriert.

Ein Register soll nicht nur zur Speicherung eines Wortes dienen,
es soll auch möglich sein, ein gespeichertes Wort um ein Bit
nach links oder rechts zu verschieben (das überlaufende Bit
geht verloren oder wird anderweitig weiterverarbeitet, das
freigewordene Bit wird Ø gesetzt) oder zu rotieren (das überlaufende Bit wird auf die freigewordene Stelle zurückgeführt).
Mit Hilfe solcher Verschiebetakte kann ein in einem Register
gespeichertes Wort bitweise einer weiteren Verarbeitung zuge-
führt werden.

A 1.2 ADDIERWERK

Aus zwei in Registern gespeicherten Dualzahlen kann mit Hilfe
eines Addierwerkes die Summe gebildet und ebenfalls in einem
Register gespeichert werden. Sämtliche verwendeten Register
sollen dieselbe feste Wortlänge von p Bits haben. Handelt es
sich um ein Serienaddierwerk,

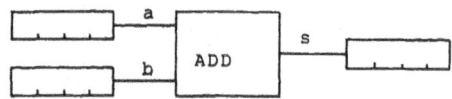

so wird die Summe in p einzelnen Additionstakten berechnet.
Mit jedem Takt werden dabei sämtliche Registerinhalte um ein
Bit nach rechts verschoben. Bleibt nach p Takten im Addierwerk ein Übertrag gespeichert, so ist die gebildete Summe zu
groß (größer als p Stellen), und man spricht von einem Überlauf
(engl. overflow).

Legt man den Ausgang des Serienaddierwerkes an eines der beiden
Eingangsregister,

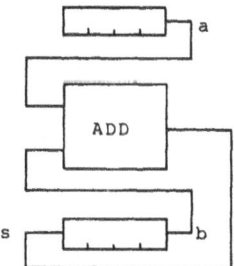

so kann ein Register eingespart werden. Vor Beginn der Addition
müssen die Summanden a und b in die beiden Register gebracht
werden. Nach p Takten enthält das untere Register die Summe
$s = a + b$. Läßt man den Inhalt des oberen Registers rotieren,
so steht der eine Summand (a) nach der Addition weiter zur
Verfügung.

Möchte man mit dieser Anordnung mehrere Zahlen addieren, so
brauchen die einzelnen Summanden nur der Reihe nach in das
obere Register gebracht und zum Inhalt des unteren Registers
(bisherige Zwischensumme) addiert zu werden. Weil auf diese
Weise die Zwischensummen aufakkumuliert werden, wird das
untere Register als Akkumulator (engl. accumulator, AC) bezeichnet. Vor Beginn der Addition muß der Akkumulator gelöscht
(Null gesetzt) werden.

Mit entsprechend größerem schaltungstechnischen Aufwand können
die einzelnen Stellen zweier Dualzahlen auch gleichzeitig
(simultan) addiert werden. Für ein solches Paralleladdierwerk
benötigt man ein Halbaddierwerk und p - 1 Volladdierwerke:

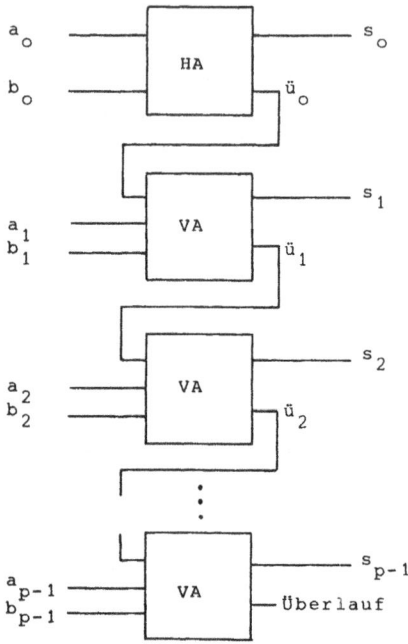

Tatsächlich kann auch bei diesem Paralleladdierwerk die Addition
der einzelnen Stellen nicht völlig gleichzeitig erfolgen, da ja
zur Addition der Übertrag der vorhergehenden Stelle berücksichtigt
werden muß, der um die Laufzeit der Gatter verzögert wird.
Da sich ein Übertrag im Extremfall von der ersten bis zur letzten
Stelle fortpflanzen kann, können auch hier Zeitverzögerungen
auftreten, die jedoch durch noch aufwendigere Kunstschaltungen
für momentanen Übertrag vermieden werden können.

Allgemein läßt sich sagen, daß eine <u>parallele</u> Verarbeitung
rascher, dafür aber meist wesentlich aufwendiger ist als eine
<u>serielle</u> Verarbeitung, Dasselbe gilt auch für die <u>Übertragung</u>

(Transfer) eines Wortes von einem Register zu einem anderen.
Erfolgt die Übertragung seriell über eine einzige Leitung,

so sind p Verschiebetakte nötig. Stellt man dagegen für jedes
Bit eine eigene Leitung zur Verfügung,

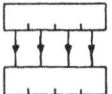

so kann die Übertragung <u>parallel</u> in einem einzigen Takt
erfolgen.

Da der Unterschied zwischen serieller und paralleler Verarbeitung
für die prinzipielle Funktionsweise der Bauelemente nur von
untergeordneter Bedeutung ist, soll im folgenden nicht weiter
zwischen serieller und paralleler Verarbeitung unterschieden
werden. Der Informationsfluß zwischen den einzelnen Bauteilen
soll einfach durch eine einzige Verbindungslinie charakterisiert
werden, egal ob die Übertragung durch eine einzige Leitung
oder ein ganzes "Leitungsbündel" erfolgt.

z.B.

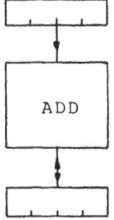

Wie bereits an Hand eines Beispiels gezeigt wurde, bietet die
Subtraktion zweier Dualzahlen keine prinzipiellen Schwierig-
keiten. (Die Subtraktion kann z.B. durch die Addition des
Komplements durchgeführt werden). Ähnlich wie bei manuellen
Berechnungen können Multiplikation und Division auf Additionen
und Subtraktionen zurückgeführt werden.

A 1.3   MULTIPLIKATION

Ebenso wie bei der Multiplikation zweier Dezimalzahlen wird
auch bei der Multiplikation zweier Dualzahlen der Multiplikand
mit den einzelnen Stellen des Multiplikators multipliziert.
Dadurch wird die Multiplikation zweier Zahlen auf die
Multiplikation einer Zahl mit einer Ziffer zurückgeführt.
Da diese Ziffer im Dualsystem nur den Wert Null oder Eins
haben kann, ist das Ergebnis dieser Teilmultiplikation entweder
Null oder gleich dem Multiplikanden. Durch Verschiebung der
Teilergebnisse vor deren Addition wird der Stellenwert berück-
sichtigt.

z.B.   Ø L Ø L * Ø Ø L L   5 * 3
        _____

        Ø Ø Ø Ø

          Ø Ø Ø Ø

            Ø L Ø L

              Ø L Ø L
        _____

        Ø Ø Ø L L L L

Üblicherweise wird bei der Multiplikation mit der führenden
(linken) Stelle des Multiplikators begonnen. Um die Stellen des
Multiplikators jedoch - ähnlich der seriellen Addition - von
rechts nach links verarbeiten zu können, braucht nur die
Reihenfolge abgeändert zu werden.

z.B.

```
Ø L Ø L  *  Ø Ø L L
─────────────────────
Ø L Ø L

  Ø L Ø L

    Ø Ø Ø Ø

  Ø Ø Ø Ø
─────────────────────
Ø Ø Ø L L L L
```

Die Multiplikation zweier p-stelliger Dualzahlen kann somit
durch p Additionen ersetzt werden. Da das Ergebnis unter
Umständen 2p Stellen haben kann (doppelte Wortlänge), benötigt
man für die Speicherung des Ergebnisses zwei Register (Akkumulator
und "Erweiterung"). Da die Addition jedes Teilergebnisses immer
sofort stellenrichtig zum Inhalt des Akkumulators erfolgen soll,
muß dieser nach jeder Addition um eine Stelle nach rechts verschoben werden (anstatt die Summanden nach links zu verschieben).
Ein weiteres Register dient zur Speicherung des Multiplikators.

y = a * b

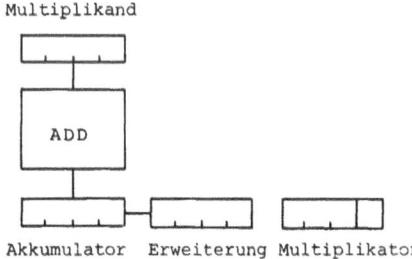

Mittels der skizzierten Anordnung kann die Multiplikation in
folgenden Schritten ablaufen:

1) Multiplikand und Multiplikator in die
   entsprechenden Register laden, Akkumulator löschen

2) 0. Stelle des Multiplikators betrachten. Ist diese
   L, so wird der Multiplikand zum Inhalt des
   Akkumulators addiert.

3) Akkumulator und Erweiterung um eine Stelle nach
   rechts verschieben.

4) 1. Stelle des Multiplikators betrachten. Ist diese
   L, so wird der Multiplikand zum Inhalt des
   Akkumulators addiert.

5) Akkumulator und Erweiterung um eine Stelle nach
   rechts verschieben.

6) 2. Stelle ...

   ...

Nach p-maligem Rechtsverschieben ist das Ergebnis der Multiplikation in Akkumulator und Erweiterung gespeichert. Anstatt
immer die "nächste" Stelle des Multiplikators zu betrachten,
kann der Multiplikator selbst in jedem Schritt um eine Stelle
nach rechts verschoben werden, sodaß immer dasselbe (letzte)
Bit des Registers auf L geprüft wird. Für das obige Beispiel
ergibt sich somit der folgende Rechenablauf:

Multiplikand

Ø	L	Ø	L

Akkumulator	Erweiterung	Multiplikator	
Ø Ø Ø Ø	Ø Ø Ø Ø	Ø Ø L L	Addition
Ø L Ø L	Ø Ø Ø Ø	Ø Ø L L	Verschieben
Ø Ø L Ø	L Ø Ø Ø	Ø Ø Ø L	Addition
Ø L L L	L Ø Ø Ø	Ø Ø Ø L	Verschieben
Ø Ø L L	L L Ø Ø	Ø Ø Ø Ø	Verschieben
Ø Ø Ø L	L L L Ø	Ø Ø Ø Ø	Verschieben
Ø Ø Ø Ø	L L L L	Ø Ø Ø Ø	

Mit jedem Verschiebetakt rückt das Ergebnis in demselben Maße
weiter in die Erweiterung wie der Multiplikator nach rechts
verschwindet. Es liegt daher nahe, den Multiplikator in die

Erweiterung zu laden und dadurch ein Register zu sparen. Die
Erweiterung selbst wird als MQ-Register (Multiplikator-Quotient)
bezeichnet:

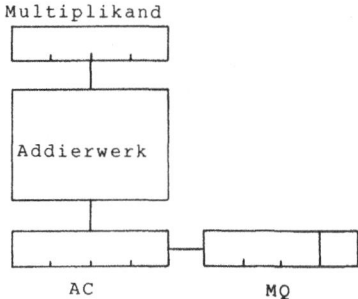

Der Ablauf einer Multiplikation erfolgt somit in folgenden
Schritten:

1) Multiplikand und Multiplikator in die
   entsprechenden Register laden, Akkumulator löschen.

2) 0. Stelle des MQ-Registers betrachten. Ist diese
   L, so wird der Multiplikand zum Inhalt des Akkumulators
   addiert.

p-mal

3) Akkumulator und MQ-Register um eine Stelle nach rechts
   verschieben.

Der gesamte Ablauf der Multiplikation läßt sich einfach
automatisieren.

A 1.4 DIVISION

Hier soll nur die ganzzahlige Division mit ganzzahligem
Quotienten und Rest betrachtet werden. Für die ganzzahlige
Division ist ein eigenes Divisionszeichen (a ÷ b) eingebürgert.
Der verbleibende Rest wird auch als a modulo b bezeichnet.

Die Division kann (auch im Dezimalsystem) in die folgenden
Einzelschritte zerlegt werden:

1) Man betrachte die erste (führende)Stelle des
   Dividenden, prüfe, wie oft der Divisor darin enthalten
   ist, und bilde den verbleibenden Rest. Diese Anzahl
   liefert die erste Stelle des Ergebnisses.

2) Der Rest wird um die nächste Stelle des Dividenden
   erweitert und abermals überprüft, wie oft der Divisor
   darin enthalten ist. Diese Anzahl liefert die nächste
   Stelle des Ergebnisses,
   usw.

z.B. 14 ÷ 3

L L L Ø ÷ Ø Ø L L

L   Der Divisor ist Ø mal enthalten,Rest L

L L   Der Divisor ist L mal enthalten,Rest Ø

        L   Der Divisor ist Ø mal enthalten,Rest L

        L Ø   Der Divisor ist Ø mal enthalten,Rest L Ø

L L L Ø ÷ Ø Ø L L = Ø L Ø Ø , Rest L Ø

Im Dualsystem ist eine Reihe von Vereinfachungen möglich:
Der Divisor kann im betrachteten Teil des Dividenden nur Null-mal
oder Ein-mal enthalten sein;wie oft der Divisor enthalten ist,
kann daher durch einen einfachen Vergleich Zahl ≥ Divisor
entschieden werden. Ist das Ergebnis dieses Vergleiches "ja",
so ist der Divisor Ein-mal enthalten und der Rest kann durch
Subtraktion des Divisors ermittelt werden.

Zum Aufbau eines Dividierwerkes benötigt man somit folgende
Bauelemente:

    Register für den Dividenden und Quotienten
    Register für den Divisor
    Register für den betrachteten Teil des Dividenden
    Subtrahierwerk
    Vergleichswerk

Der betrachtete Teil des Dividenden wird am besten im Akkumulator
gespeichert, da er hier einem Vergleich und einer Subtraktion
zugänglich ist. Dividend und Quotient können gemeinsam im
MQ-Register gespeichert werden, falls nach jedem Schritt die
nächste Stelle des Dividenden nach links in den Akkumulator
nachrückt und damit rechts im MQ-Register eine weitere Stelle
für den Quotienten frei wird.

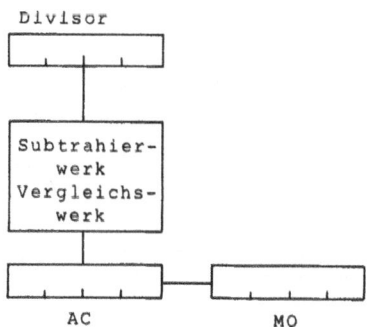

Die Division kann in der skizzierten Anordnung in folgenden
Schritten durchgeführt werden:

1) Dividend und Divisor in die entsprechenden Register
   laden, Akkumulator löschen.

2) Akkumulator und MQ-Register um eine Stelle nach
   links verschieben

p-mal

3) Falls Inhalt des Akkumulators ≥ Divisor, dann
   0. Stelle im MQ-Register Eins setzen und Divisor
   vom Akkumulator subtrahieren, anderenfalls 0. Stelle
   im MQ-Register Null setzen.

Nach p-maliger Wiederholung der letzten beiden Schritte
enthält das MQ-Register den ganzzahligen Quotienten und der
Akkumulator den Rest der Division.

z.B. Divisor   14 ÷ 3

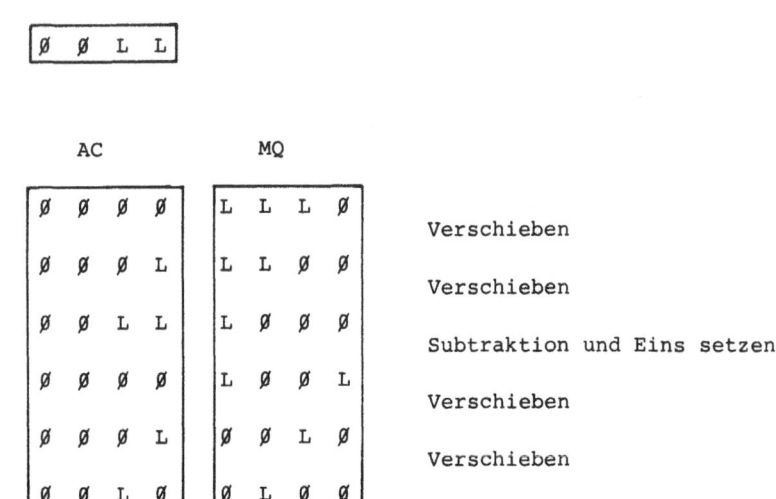

Auch die Division kann automatisiert werden.

A 1.5 EINFACHES RECHNERMODELL

Nachdem sich die vier Grundrechnungsarten im dualen Zahlensystem
mit vorhandenen Bauelementen leicht automatisch durchführen
lassen, steht dem Entwurf eines einfachen Tischrechnermodells
nichts im Wege. Prinzipiell genügen drei Register, ein Rechenwerk - welches Addier- und Subtrahierwerk und die notwendige
Steuerung für Multiplikation und Division in sich vereinigt -
und eine entsprechende Eingabe- und Anzeigevorrichtung.

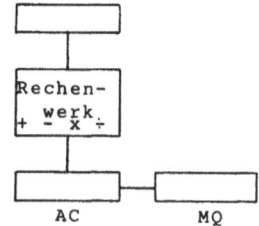

Zur Durchführung umfangreicherer Berechnungen müssen allerdings
Zwischenresultate vom menschlichen Bediener (z.B. auf einem
Notizblock) notiert und später wieder eingegeben werden (man
denke etwa an eine Berechnung der Form a*b + c ÷ d). Um diesem
Mißstand abzuhelfen, kann das Tischrechnermodell um einen
Speicher erweitert werden.

Ein solcher Speicher kann etwa aus einer Anzahl von Registern
aufgebaut werden, die anstelle des oberen Registers wahlweise
an das Rechenwerk angeschlossen werden können:

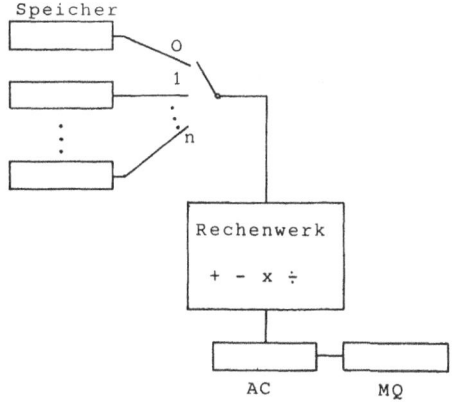

Jede dieser Speicherzellen (Register) soll in der Lage sein,
ein Wort zu speichern. Weiters erhält jede Speicherzelle eine
Nummer - die sogenannte Adresse - auf Grund derer die richtige
Verbindung mit dem Rechenwerk hergestellt werden kann.

Zu jeder arithmetischen Operation muß jetzt die Adresse (Nummer)
jener Speicherzelle angegeben werden, in der der Operand gespeichert ist. Weiters muß das Rechnermodell in der Lage sein,
außer den arithmetischen Operationen auch noch den Datentransfer
zwischen den Arbeitsregistern (AC und MQ) und den Speicherzellen durchzuführen. Auch dazu ist die Angabe der Adresse der
jeweiligen Speicherzelle notwendig.

Zur Bedienung des Rechnermodells muß somit ein komplizierter
Rechenvorgang in Einzelschritte - sogenannte Befehle oder
Instruktionen - zerlegt werden, wobei in jedem Befehl die Art
der Operation und die Adresse des Operanden angegeben wird.
Typische Befehle sind etwa

"Addiere zum Inhalt des Akkumulators den Inhalt der
Speicherzelle a"

oder

"Übertrage den Inhalt des MQ-Registers auf die Speicherzelle y"

Da sich manche Operationen auf den Akkumulator, andere auf das
MQ-Register beziehen, ist es vorteilhaft, das verwendete
Arbeitsregister (AC oder MQ) aus der Operation auszuklammern
und im Befehl - sozusagen als zweiten Operanden - getrennt
anzugeben. Gleichzeitig soll die Anzahl der Arbeitsregister
auf 7 erhöht werden. Die Arbeitsregister sollen mit Großbuchstaben (A, B, C, ..., G) bezeichnet und untereinander gleich-
berechtigt sein, das heißt, daß in jedem Arbeitsregister
addiert und subtrahiert werden kann. Bei Multiplikationen und
Divisionen ist immer ein benachbartes Paar von Arbeitsregistern
beteiligt, von denen das linke als Akkumulator und das rechte
als MQ-Register dient;im Befehl wird nur das linke Register angegeben.

A 1.5.1 MASCHINENBEFEHLE

Da alle Befehle einheitlich aus Angaben über die Art der
Operation, das verwendete Register und die Adresse der Speicherzelle aufgebaut sind, lassen sich die einzelnen Befehle in einer
einfachen symbolischen Kurzform anschreiben. Dabei dient eine
aus drei Buchstaben gebildete Abkürzung als Bezeichnung der
Operation (Operationscode), ein Buchstabe als Bezeichnung des
Arbeitsregisters (allgemein R), und ein symbolischer Variablen-
name als Bezeichnung der Adresse des Operanden (allgemein a).
Das Rechnermodell soll in der Lage sein, folgende Befehle auszuführen:

Befehl	Bedeutung	Kommentar
ADD R a	R := R + a	Der Inhalt des Registers R wird um den Inhalt der Speicherzelle a erhöht.
SUB R a	R := R - a	Der Inhalt des Registers R wird um den Inhalt der Speicherzelle a erniedrigt.
MPY R a	$\overset{\frown}{R\,R+1}$:= R+1*a	Der Inhalt des Registers R + 1 wird mit dem Inhalt der Speicherzelle a multipliziert. Ergebnis in Register R und R+1 gemeinsam.
DIV R a	R+1 := R+1 $\div$ a R := R+1 mod a	Der Inhalt des Registers R+1 wird durch den Inhalt der Speicherzelle a dividiert. Register R+1 enthält den Quotienten, Register R den Rest der Division.
CLA R a	R := a	Der Inhalt der Speicherzelle a wird in das Register R übertragen (clear and add)
STO R a	a := R	Der Inhalt des Registers R wird auf die Speicherzelle a übertragen (store)

Anmerkung:

In der Spalte "Bedeutung" wird die Wirkung des Befehls auf symbolische Weise beschrieben. Das Zeichnen := (Ergibtzeichen) soll dabei eine Wertzuweisung symbolisieren, das heißt, der rechts stehende Formelausdruck wird berechnet und auf das links angegebene Register oder Speicherzelle abgespeichert. Das Ergibtzeichnen (:=) unterscheidet sich ganz wesentlich vom Gleichheitszeichnen (=) der Mathematik und zwar in den folgenden Punkten:

    a) Während das Gleichheitszeichen eine statische Beziehung (nämlich die Gleichheit) zweier Formelausdrücke widerspiegelt, gibt das Ergibtzeichen eine dynamische Aktion an (die der Wertzuweisung).

    b) Während das Gleichheitszeichen symmetrisch bezüglich seiner beiden Operanden ist; (a = b bedeutet dasselbe wie b = a); ist das Ergibtzeichen extrem unsymmetrisch.

Zur Berechnung einer einfachen Formel durch das Rechnermodell muß eine ganze Folge von Einzelbefehlen - ein sogenanntes Programm - durchgeführt werden.

z.B. Berechnung von y = a*b + c ÷ d

Es wird angenommen, daß die Zahlenwerte für a, b, c und d
bereits vor Durchführung des Programms in entsprechenden
Speicherzellen gespeichert sind. Ebenso soll das Ergebnis y
in eine Speicherzelle übertragen werden. Die Variablennamen
a, b, c, d und y sollen dabei symbolisch für die Adressen
(Nummern) der einzelnen Speicherzellen stehen.

```
CLA  B  a      B := a

MPY  A  b      B := a*b      (Register A dient als Akkumulator)

STO  B  y      y := a*b

CLA  B  c      B := c

DIV  A  d      B := c ÷ d    (Register A dient als Akkumulator)

ADD  B  y      B := c ÷ d + a*b

STO  B  y      y := c ÷ d + a*b
```

Zur Erläuterung der Wirkungsweise des Programms ist rechts
neben jedem Befehl ein kurzer Kommentar in symbolischer Schreibweise angegeben. Die Speicherzelle y wird zur Speicherung des
Zwischenresultates a*b verwendet. Es wird weiters angenommen,
daß das Ergebnis der Multiplikation in einem einzigen Register
(B) Platz findet.

Man beachte, daß das angegebene Programm völlig unabhängig von
den speziellen Zahlenwerten ist, mit denen der Rechenvorgang
tatsächlich ausgeführt wird.

Damit das nunmehr verbesserte Rechnermodell in der Lage ist, ein
solches Programm durchzuführen, muß für jede unterschiedliche
Operation eine getrennte Ansteuerung an das Rechenwerk erfolgen.
Weiters müssen die Adresse der Speicherzelle und die Nummer
(Buchstabe) des verwendeten Registers eingestellt werden
können. Das verbesserte Rechnermodell hat somit die folgende
Struktur:

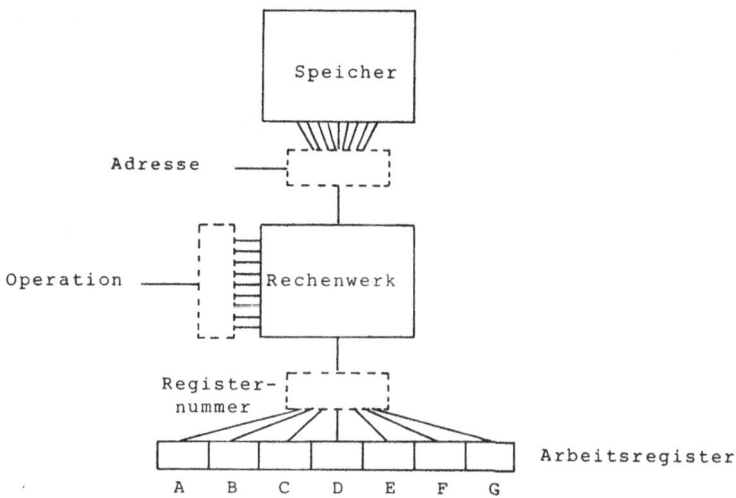

An den Eingängen der gestrichelt gezeichneten Bauelemente soll
es möglich sein, die Operation, das verwendete Arbeitsregister
bzw. die Adresse der Speicherzelle einzustellen. Soll diese
Einstellung elektronisch (d.h. ohne bewegte Bauteile) erfolgen,
so kann eine sogenannte Decodierschaltung zur Auswahl der
richtigen Verbindung verwendet werden.

z.B. Decodierschaltung zur Auswertung einer Adresse

Die Adresse soll als dreistellige Dualzahl in einem
Register gespeichert sein.

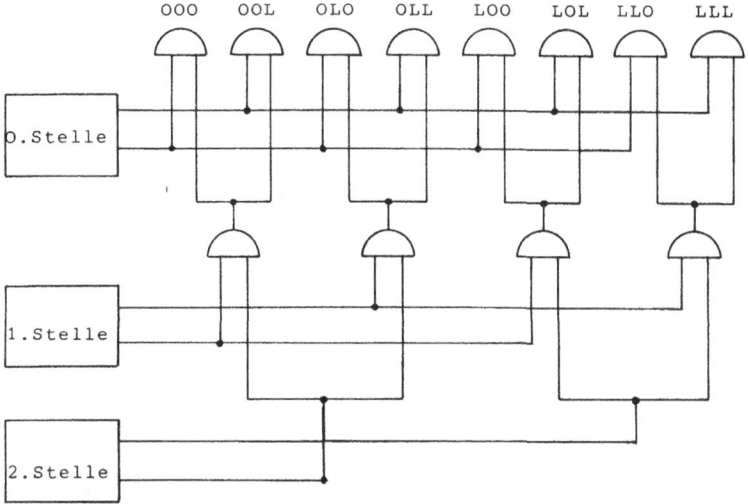

Mittels einer Decodierschaltung kann eine als Dualzahl gespeicherte Adresse zur Ansteuerung der entsprechenden Verbindung
verwendet werden. Verschlüsselt man die Operation und das verwendete Arbeitsregister ebenfalls als Dualzahl und speichert
diese Verschlüsselungen in Registern, so kann ein solcherart
verschlüsselt gespeicherter Befehl auf einfache Weise automatisch ausgeführt werden. Möchte man ein ganzes Programm
automatisch ausführen, so müssen sämtliche Befehle - ähnlich
wie die Daten des Programms - gespeichert werden.

Zu diesem Zweck kann ein eigener Programmspeicher dienen.
Innerhalb eines Programmspeicherwortes sind Operation, Registernummer und Adresse als Dualzahlen gespeichert.

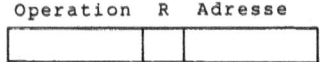

Weiters muß das Rechnermodell zur Steuerung des Programmablaufs
um ein sogenanntes <u>Steuerwerk</u> (Leitwerk, engl. control unit)
erweitert werden.

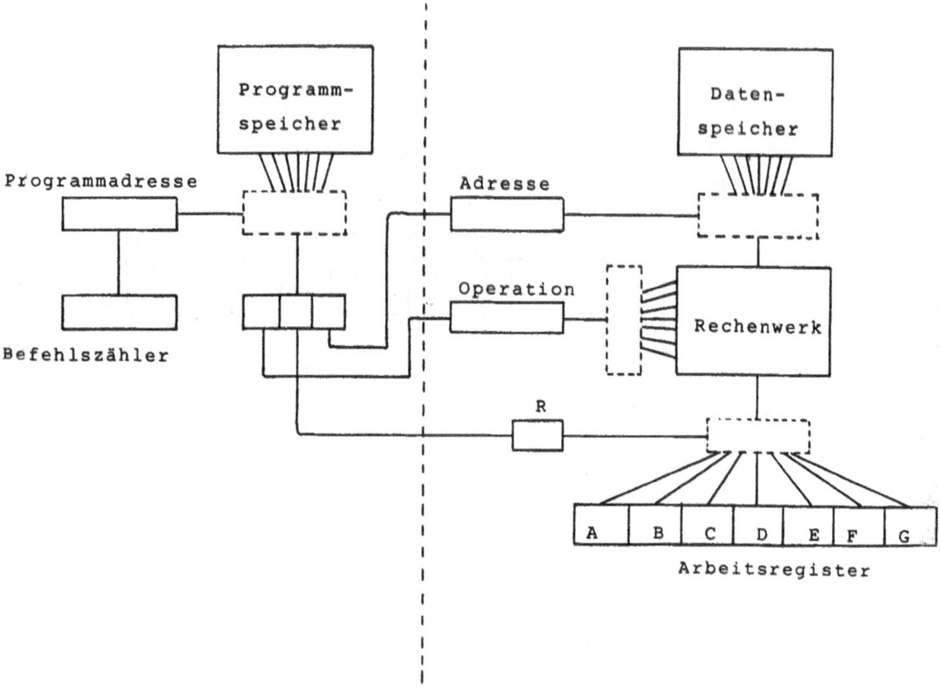

Aufgabe des Steuerwerkes ist es, den jeweils nächsten verschlüsselten Befehl aus dem Programmspeicher zu lesen, in
Operationsteil, Registernummer und Adressteil zu trennen und
an die entsprechenden Decodierschaltungen weiterzuleiten. Sind
die einzelnen Befehle eines Programms in aufeinanderfolgenden
Speicherzellen des Programmspeichers gespeichert, so kann die
Adresse des jeweils nächsten Befehls einfach aus einem Zähler
entnommen werden, der mit jedem Befehl um 1 erhöht wird.
Dieser Zähler wird als Befehlszähler (engl. instruction
counter) bezeichnet.

Die automatische Abwicklung eines Befehls erfolgt somit in
zwei Phasen. In der ersten Phase - der Instruktionsphase
(engl. instruction cycle) - wird der Befehl aus dem Programmspeicher gelesen, und decodiert.
Weiters wird der Befehlszähler erhöht. In der zweiten Phase -
der Ausführungsphase (engl. execution cycle) - wird der
decodierte Befehl ausgeführt.

Bei der automatischen Abwicklung eines ganzen gespeicherten
Programms wechseln Instruktions- und Ausführungsphase in un-
unterbrochener Reihenfolge. Da während der Instruktionsphase
nur das Steuerwerk mit dem Programmspeicher und während der
Ausführungsphase nur das Rechenwerk mit dem Datenspeicher
benötigt werden, können Bauelemente, die in Steuer- und
Rechenwerk doppelt vorhanden sind, eingespart werden. Eine
wesentliche Vereinfachung besteht darin, daß Programm und Daten
in ein und demselben Speicher gespeichert werden, der dann auch
nur eine einzige Adressiereinrichtung benötigt. Dieselbe
Adressiereinrichtung kann dann während der Instruktionsphase
zur Auswertung der Befehlsadresse und während der Ausführungsphase zur Ansteuerung des jeweiligen Operanden dienen. Das
Rechnermodell hat damit die folgende Struktur:

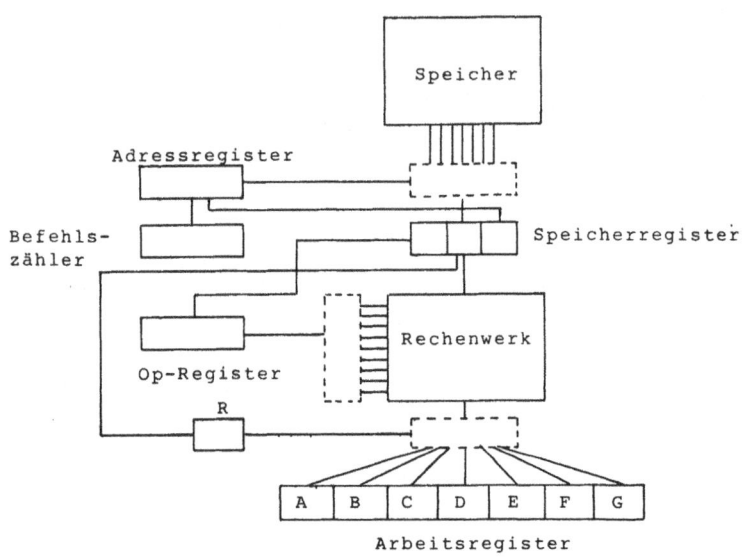

Arbeitsregister

Während der <u>Instruktionsphase</u> wird der Inhalt des Befehlszählers in das Adressregister übertragen und zur Adressierung
des nächsten im Speicher gespeicherten Befehls verwendet. Der
nächste Befehl wird vom Speicher in das Speicherregister übertragen (gelesen) und geteilt. Gleichzeitig wird der Befehlszähler um 1 erhöht. Der Operationsteil wird in das Operations-
Register übertragen und dient zur Auswahl der gewünschten
Operation. Der Registerteil wird zur Ansteuerung des Arbeitsregisters weitergeleitet, und der Adressteil wird in das
Adressregister geladen.

In der Ausführungsphase wird der decodierte Befehl mit jenem Operanden, dessen Adresse im Adressregister steht, durchgeführt.

Vor Durchführung des Programms müssen die binär verschlüsselten Programmbefehle und die Daten in den Speicher gebracht werden. Dabei ist wichtig, daß die Programmbefehle in aufeinanderfolgende Speicherzellen gespeichert werden - die Daten können in beliebigen Speicherzellen stehen. Weiters muß die Anfangsadresse des Programms in den Befehlszähler geladen werden. Dann kann das Programm vollautomatisch, d.h. ohne manuelle Eingriffe, durchgeführt werden. Um den automatischen Programmablauf am Ende des Programms abzubrechen, kann ein eigener Stop-Befehl (STP) verwendet werden.

Eine solche programmgesteuerte Rechenanlage bietet den Vorteil, daß ein und dasselbe Gerät - die Hardware - für die Durchführung unterschiedlichster Aufgaben verwendet werden kann, wenn nur das geeignete Programm - die Software - in den Speicher geladen wird.

Selbstverständlich hat das entworfene Modell einer programmgesteuerten Rechenanlage noch eine Reihe von Mängeln. Offen ist vor allem noch die Frage, wie das Programm und die Daten in den Speicher gelangen und wie die berechneten Ergebnisse sichtbar gemacht werden. Auch das Verschlüsseln der Programmbefehle und der zugehörigen Adressen in die binäre Form ist eine eher mühsame Angelegenheit. Auf diese Schwierigkeiten soll jedoch erst später eingegangen werden. Aus Gründen der besseren Übersicht werden die Programme hier ausschließlich in symbolischer Form angegeben, das heißt, die Operationen durch eine mnemotechnische Abkürzung (z.B. ADD, STO), die Register durch Buchstaben und die Adressen durch Variablennamen (symbolische Adressen).

A 1.5.2   DIREKTE UND INDIREKTE OPERANDEN

Durch die gewählte Form des Befehlsaufbaues wurde erreicht, daß sämtliche Zahlenwerte (Variable), mit denen eine Berechnung durchgeführt wird, in Speicherzellen gespeichert sind. Dadurch ist es möglich, ein Programm unabhängig von den speziellen Werten der Daten zu erstellen. Es muß jedoch in Kauf genommen

werden, daß auch sämtliche Konstanten - das sind jene Zahlenwerte, die bei jeder Durchführung des Programms gleich sind -
wie die Variablen in Speicherzellen gespeichert werden müssen.

z.B. Programm zur Berechnung von y := a ÷ 2 + b

```
CLA B   a      B := a
                                        a  [          ]
DIV A   zwei   B := B ÷ zwei            b  [          ]
ADD B   b      B := B + b            zwei  [        2 ]
STO B   y      y := B                   y  [          ]
```

In dem Programm wird außer den Speicherzellen für die Variablen
a, b und y eine Speicherzelle mit dem symbolischen Namen zwei
verwendet, deren Inhalt die Konstante 2 ist.

Für die Verwendung von konstanten Zahlenwerten als Operanden
wäre zweifellos eine Befehlsform günstiger, bei der anstelle
der Adresse des Operanden unmittelbar der Wert des Operanden
- also die Konstante selbst - im Operandenteil (Adressteil)
des Befehls angegeben wird. Um beide Befehlsvarianten verwenden zu können, muß in jedem Befehl gekennzeichnet werden,
welche Form der Adressierung des Operanden verwendet wird.
Im symbolischen Befehlscode wird zu diesem Zweck vor jeden
Operanden der Buchstabe D gesetzt, falls der Operand direkt
im Befehl enthalten ist. Der Buchstabe I soll hingegen bedeuten,
daß der Operand indirekt durch einen Speicherzugriff erreicht
wird und im Befehl (wie bisher) die Adresse des Operanden steht.

Das obige Programmbeispiel würde mit diesen Erweiterungen die
Form

```
CLA B   I   a
                               a  [          ]
DIV A   D   2
                               b  [          ]
ADD B   I   b
                               y  [          ]
STO B   I   y
```

annehmen. Die Verwendung der Speicherzelle zwei hat sich
dadurch erübrigt.

Die Möglichkeit, den Operanden direkt im Befehl anzugeben
kann für jede Instruktion mit Ausnahme eines STO-Befehls verwendet werden. Da sich bei direkten Operanden ein Speicherzugriff erübrigt, werden solche Instruktionen in der Regel
auch schneller ausgeführt.

Selbstverständlich muß auch im binärverschlüsselten Befehl
durch Setzen eines Bits angegeben werden, ob der Operand direkt
oder indirekt angegeben ist. Der verschlüsselte Befehl hat
somit die Form

$$\text{Op-Code} \quad R \quad ^{D/I} \quad \text{Adresse}$$

Jener Teil des Befehls, in dem der Operand beziehungsweise die
Adresse des Operanden gespeichert ist, wird als Adressteil
bezeichnet. Man beachte, daß dieser Adressteil meist nur halb
so lang ist wie eine ganze Speicherzelle und daher nur Konstante
mit einer geringeren Stellenanzahl aufnehmen kann.

A 1.5.3 PROGRAMMWIEDERHOLUNGEN

Soll ein und dasselbe Programm - eventuell mit anderen Daten -
ein zweites Mal ausgeführt werden, so genügt es, die Anfangsadresse des Programms erneut in den Befehlszähler zu laden
und die Anlage wieder zu starten. Auch dieser Vorgang läßt
sich leicht automatisieren. Man benötigt nur einen weiteren
Befehl, dessen Wirkung darin besteht, den Befehlszähler neu
zu laden. Ein solcher Befehl wird als Sprungbefehl bezeichnet
und kann in der Form

        JMP R a   BZ := a

angeschrieben werden. Da das Sprungziel meist eine konstante
Befehlsadresse ist, kann der Operand des Sprungbefehls meist
direkt im Befehl angegeben werden.

Da die Angabe eines Registers R für den Sprungbefehl im
Moment sinnlos zu sein scheint, eine einheitliche Struktur
sämtlicher Instruktionen jedoch wünschenswert ist, wird in den
Befehl der Buchstabe L anstelle einer Registerbezeichnung eingetragen

z.B.   JMP   L D   a

Während die Register A bis G intern von 1 bis 7 numeriert sind,
bedeutet L die Verwendung keines Registers, was durch die
Nummer 0 verschlüsselt wird. Der Registerteil einer binärverschlüsselten Instruktion kann somit innerhalb von drei Bits
die Dualzahlen von 0 bis 7 zum Inhalt haben.

Wird das nicht existierende Register L in anderen Instruktionen
verwendet, so soll damit der folgende Effekt verbunden sein:

- Jede in das Register L abgespeicherte Information
  geht verloren.

- Der Inhalt des Registers L wird immer als Null
  angenommen.

Ein Befehl

    CLA   L I   a

ist somit wirkungslos, während der Befehl

    STO   L I   a

den Inhalt der Speicherzelle a Null setzt. Eine Rechenoperation
der Form

    ADD   L I   a
.oder

    MPY   L I   a

ist sinnlos.

Mit Hilfe eines Sprunges zu einem weiter   unten im Programm
befindlichen Befehl kann ein Programmteil übersprungen werden
(Vorwärtssprung), während durch einen Sprung zu einem bereits
durchgeführten weiter oben liegenden Befehl ein Programmteil -

oder auch das gesamte Programm - wiederholt werden kann (Rück-
wärtssprung, Schleife). In beiden Fällen ist jedoch die Verwendung
des Sprungbefehls nur dann sinnvoll, wenn die Durchführung des
Sprungbefehles von einer Bedingung abhängig gemacht werden kann
(bedingter Sprung). Zum Beispiel wäre es oft wünschenswert,
einen Sprung nur dann auszuführen, wenn ein Ergebnis gleich Null
ist, oder allgemein, ein Registerinhalt kleiner, gleich oder
größer irgendeinem Vergleichswert ist.

Der Vergleich zweier Zahlenwerte kann mittels eines Vergleichs-
werkes leicht durchgeführt werden. Das Ergebnis eines solchen
Vergleiches - kleiner, gleich oder größer - wird in einem
dreistelligen Register, dem sogenannten <u>Anzeigeregister</u>
(engl. condition register) angezeigt.

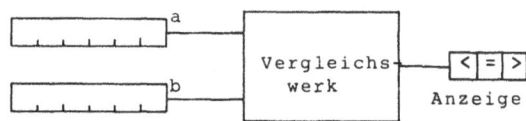

Um den Vergleich auszulösen, muß eine weitere Instruktion
definiert werden:

    CMP R I a

Die Wirkung dieses Befehls ist das Setzen des Anzeigeregisters
entsprechend dem Vergleich des Registerinhaltes R mit dem
Inhalt der Speicherzelle a

R < a	L	Ø	Ø
R = a	Ø	L	Ø
R > a	Ø	Ø	L

Um nun einen Sprungbefehl von einer bestimmten Stellung des
Anzeigeregisters abhängig zu machen, wird zu dem Sprungbefehl

eine dreistellige Maske in einem __Maskenregister__ gespeichert
und bitweise mit dem Anzeigeregister konjunktiv verknüpft.

z.B.

Anzeige

L	Ø	Ø

Maske

L	L	Ø

Anzeige ∧ Maske

L	Ø	Ø

Enthält das Ergebnis der Konjunktion eine L, so wird der
Sprung durchgeführt, besteht die Konjunktion ausschließlich
aus Nullen, so wird der Sprung nicht durchgeführt. Im obigen
Beispiel wird der Sprung dann durchgeführt, wenn das Anzeigeregister kleiner oder gleich gesetzt ist.

Da das dreistellige Maskenregister prinzipiell mit acht unterschiedlichen Bitmustern belegt werden kann, sind acht Sprung-
befehle möglich:

Maske	Code	Der Sprungbefehl wird ausgeführt	Bedeutung
Ø Ø Ø	NOP	nie	No Operation
Ø Ø L	JGT	falls die Anzeige größer gesetzt ist	Jump on Greater Than
Ø L Ø	JEQ	falls die Anzeige gleich gesetzt ist	Jump on Equal
Ø L L	JGE	falls die Anzeige größer oder gleich gesetzt ist	Jump on Greater or Equal
L Ø Ø	JLT	falls die Anzeige kleiner gesetzt ist	Jump on Less Than
L Ø L	JNE	falls die Anzeige nicht gleich gesetzt ist	Jump on Not Equal
L L Ø	JLE	falls die Anzeige kleiner oder gleich gesetzt ist	Jump on Less or Equal
L L L	JMP	immer	Jump

Der Befehl NOP (No Operation) scheint sinnlos zu sein, leistet
jedoch gute Dienste, falls eine Lücke im gespeicherten Programm
durch eine gültige, aber wirkungslose Instruktion gefüllt
werden soll. Bei einer günstigen Wahl der internen binären

Verschlüsselung des Befehls können die letzten drei Bits des
Operationscodes zum Setzen des Maskenregisters verwendet werden.

Beispiel: Programm zur Berechnung von n!

Es soll ein Programm geschrieben werden, welches die Faktoriellen
einer positiven ganzen Zahl n innerhalb einer Schleife berechnet.

$$n! = 1*2*3*...*(n-1)*n$$

Die Multiplikationen werden in den beiden Registern A und B
durchgeführt. Im Register C werden der Reihe nach die ganzen
Zahlen 2, 3, ..., n-1, n gebildet, damit in jedem Schleifendurchlauf der neue Multiplikand zur Verfügung steht.

Die zu wiederholenden Befehle müssen daher die folgende Wirkung
haben:

        B := B * C
        C := C + 1

Da der Multiplikator aber nicht in einem Register (C), sondern
in einer Speicherzelle enthalten sein muß, ist eine Abspeicherung
des Inhaltes von Register C auf eine Speicherzelle (help) vor
der Multiplikation unumgänglich. Der Programmteil, der in der
Schleife wiederholt wird, lautet somit:

STO C I help	help := C		
MPY A I help	B := B*help	help	
ADD C D 1	C := C + 1		

Dieser Programmteil soll für die Werte 2, 3, ..., n-1, n
in Register C wiederholt werden - also so lange wiederholt
werden, als der Inhalt von Register C kleiner oder gleich n
ist. Durch Vergleich des Inhaltes von Register C mit dem
Inhalt der Speicherzelle n und anschließendem bedingten
Rücksprung kann dies bewerkstelligt werden:

```
again  STO  C  I  help        again: help := C
       MPY  A  I  help               B := B * help
       ADD  C  D  1                  C := C + 1
       CMP  C  I  n                  if C ≤ n
       JLE  L  D  again              then goto again
       STO  B  I  y                  y := B
```

Falls nach Durchlaufen der Schleife der Inhalt von Register C
kleiner oder gleich n ist, erfolgt ein Rücksprung zum Schleifen-
anfang (again) - andernfalls wird das Programm mit dem nächsten
Befehl fortgesetzt, der das Ergebnis auf die Speicherzelle y
abspeichert.

Ebenso, wie für die Adressen der Daten-Speicherzellen im
Programm symbolische Namen eingesetzt werden (z.B. n, y, help),
können auch die Adressen der Programmbefehle (Sprungziele)
symbolisch benannt werden (z.B. again). Damit klar ist, welche
Programmadresse gemeint ist, wird der symbolische Name links
neben den Befehl geschrieben. Bei der binären Verschlüsselung
des Programms müssen sämtliche symbolische Adressen durch die
dualen Speicheradressen ersetzt werden.

Der rechts neben dem Programm stehende Kommentar gibt die
Wirkung der einzelnen Befehle in einer übersichtlichen
symbolischen Schreibweise wieder. Die exakte Bedeutung dieser
Schreibweise soll an dieser Stelle der Intuition des Lesers
überlassen bleiben und wird erst in einem späteren Kapitel
genau definiert. Um den prinzipiellen Programmablauf für
den menschlichen Leser noch übersichtlicher zu gestalten, wird
für Schleifen eine eigene Symbolik der folgenden Form verwendet,

    while Bedingung
    do begin

         :   Schleifenbefehle
         :
    end

Diese Symbolik soll bedeuten, daß die Schleifenbefehle solange
wiederholt werden, als die Bedingung erfüllt ist. Die Symbole

begin und end kennzeichnen den Anfang und das Ende der zu
wiederholenden Befehle.

z.B. while C ≤ n
   do begin
     help := C
     B := B * help
     C := C + 1
   end

Zur Vervollständigung des Programms müssen die Register B und
C noch vor dem Schleifenbeginn Anfangswerte erhalten:

```
          CLA  B D   1              B := 1
          CLA  C D   2              C := 2
again     STO  C I   help     again: help := C
          MPY  A I   help           B := B*help
          ADD  C D   1              C := C + 1
          CMP  C I   n              if C ≤ n
          JLE  L D   again          then goto again
          STO  B I   y              y := B
          STP
```

Unterzieht man das Programm einer nochmaligen Überprüfung,
so findet man, daß die Faktoriellen für alle Werte von
$n \geq 2$ richtig berechnet werden. Im Fall n = 1 wird allerdings
das falsche Resultat 2 geliefert! Der Grund dafür liegt darin,
daß die Schleife in allen Fällen mindestens einmal durchlaufen
wird. Um diesen Fehler zu beseitigen, muß die Überprüfung, ob
die Schleife wiederholt werden soll, vor dem ersten Schleifendurchlauf erfolgen. Die einfachste Möglichkeit dazu besteht
darin, durch einen weiteren Sprungbefehl die Schleife mit dem
Vergleich zu beginnen:

```
      CLA  B D  1           B := 1              B := 1
      CLA  C D  2           C := 2              C := 2
      JMP  L D  test        goto test           while C ≤ n
again STO  C I  help  again: help := C          do begin
      MPY  A I  help        B := B*help           help := C
      ADD  C D  1           C := C + 1            B := B*help
test  CMP  C I  n     test: if C ≤ n              C := C + 1
      JLE  L D  again .     then goto again     end
      STO  B I  y           y := B              y := B
      STP
```

Der gekennzeichnete Programmteil dient zur Schleifenorganisation
und kann als Modell für ähnliche Schleifen verwendet werden. Er
enthält Anfangswertzuweisung an eine Zählgröße (Register C),
Sprung zur Abfrage (test), Erhöhung der Zählgröße, Vergleich
der Zählgröße und bedingten Rücksprung. Es empfiehlt sich zum
Zweck der übersichtlichen Programmgestaltung sämtliche Schleifen
in dieser oder ähnlicher einheitlicher Form zu programmieren.

Das Beispiel zeigt unter anderem, daß mit der Verwendung von
Sprungbefehlen der Anwendungsbereich der Rechenanlage enorm
erweitert werden kann - andererseits aber auch die Komplexität
der Programme erheblich vergrößert wird. Die Hauptschwierigkeit
für den Programmierer liegt darin, daß die dynamische Reihenfolge
der Befehlsausführungen nicht mehr der statischen Aufeinander-
folge der Befehle im Programm entspricht. Falsch programmierte
Rücksprünge bergen außerdem die Gefahr von endlosen Schleifen-
wiederholungen.

Beispiel: Berechnung des größten gemeinsamen
Teilers zweier Zahlen a und b

Der größte gemeinsame Teiler zweier positiver ganzer Zahlen
a und b kann nach dem EUKLID-Algorithmus auf folgende Weise
berechnet werden:

Man dividiere die beiden Zahlen ganzzahlig und
betrachte den Rest.
Ist dieser Null, so ist der Divisor der größte
gemeinsame Teiler.
Andernfalls wird der Divisor zum Dividenden und
der Rest zum Divisor und der gesamte Vorgang wird
wiederholt.

z.B. a = 24, b = 18   24 : 18 = 1   Rest = 6

18 : 6 = 3   Rest = 0

Der größte gemeinsame

Teiler von 24 und 18 ist 6.

Das zugehörige Programm lautet

```
      CLA  B I  a              B := a
again DIV  A I  b       again: B := B ÷ b,   A := Rest
      CLA  B I  b              B := b
      STO  A I  b              b := A
      CMP  A D  0              if A ≠ 0
      JNE  L D  again          then goto again
      STO  B I  y              y := B
      STP
```

Nach Durchführung des Programms enthält die Speicherzelle y
den größten gemeinsamen Teiler, der Inhalt der Speicherzelle b
ist zerstört. Diese Schleife muß - auf Grund der Problemstellung -
mindestens einmal durchlaufen werden. Schleifen, die mindestens
einmal durchlaufen werden, können symbolisch in der Form

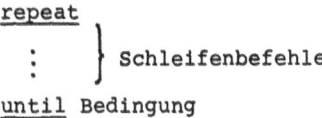

repeat
:   } Schleifenbefehle
until Bedingung

angeschrieben werden. Die Schleife wird solange - mindestens
jedoch einmal - durchlaufen, bis die Bedingung erfüllt ist.

Der EUKLID-Algorithmus kann symbolisch auf folgende Weise festgelegt werden:

    B := a
    repeat B := B ÷ b,   A := Rest
           B := b
           b := A
    until A = 0
    y := B

A 1.5.4 PROGRAMMVERZWEIGUNGEN

Mit Hilfe von bedingten Vorwärtssprüngen können Programmteile in Abhängigkeit von Bedingungen alternativ ausgeführt werden. Dies soll an einem weiteren Beispiel gezeigt werden.

Beispiel: Berechnung des Maximums von drei Zahlen a, b und c

Die Berechnung kann anhand des folgenden Programmablaufplans (Flußdiagramm, engl. flow-chart) vorgenommen werden:

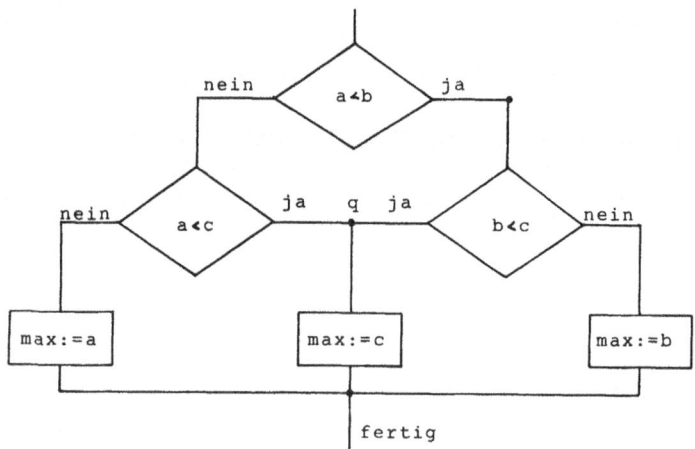

Das zugehörige Programm lautet unter Verwendung von Register A
für den Vergleich

```
      CLA   A  I   a              A := a
      CMP   A  I   b              if A < b
      JLT   L  D   p              then goto p
   │  CMP   A  I   c              if A < c
   │  JLT   L  D   q              then goto q
   │  STO   A  I   max            max := A
   │  JMP   L  D   fertig         goto fertig
 p    CLA   A  I   b            p: A := b
   │  CMP   A  I   c              if A < c
   │  JLT   L  D   q              then goto q
   │  STO   A  I   max            max := A
   │  JMP   L  D   fertig         goto fertig
 q    CLA   A  I   c            q: A := C
      STO   A  I   max            max := A
 fertig STP                    fertig:
```

Sämtliche Programmverzweigungen sind so programmiert, daß der
Nein-Zweig zuerst behandelt wird und zum Ja-Zweig über einen
bedingten Sprungbefehl gesprungen wird. Das Programm kann
vereinfacht werden, indem einer der gekennzeichneten doppelt
vorhandenen Programmteile durch einen Sprungbefehl zum anderen
Programmteil ersetzt wird. Weiters braucht die Abspeicherung
des Ergebnisses auf die Speicherzelle max nur ein einziges
Mal am Ende des Programms durchgeführt zu werden.

Ein wesentlich einfacheres Programm erhält man jedoch, wenn
man einen anderen Algorithmus verwendet. Der verbesserte
Algorithmus löst dieses Problem durch stufenweise Zurückführung
auf einfachere Aufgaben. So wird die Bestimmung des Maximums
von drei Zahlen auf die Bestimmung des Maximums von zwei Zahlen
und dieses auf die Bestimmung des Maximums einer einzigen Zahl
zurückgeführt. Das Maximum einer einzigen Zahl a kann jedoch
nur die Zahl selbst sein.

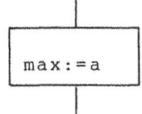

Vergleicht man dieses triviale Ergebnis mit der zweiten Zahl b,
so erhält man das Maximum von zwei Zahlen a und b.

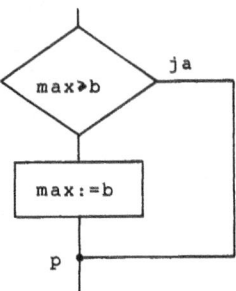

Vergleicht man dieses Maximum mit der dritten Zahl c, so
erhält man das Maximum von drei Zahlen:

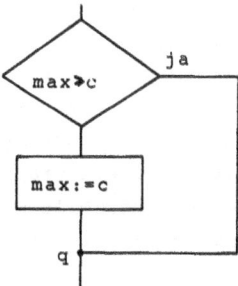

Dieser Algorithmus hat nicht nur den Vorteil leichter
Programmierbarkeit (es wird immer nur _ein_ Programmteil übersprungen, sondern kann auch leicht auf beliebig viele Zahlen
erweitert werden. Das zugehörige Programm verwendet wieder
das Register A für das Zwischenresultat:

```
    CLA  A I   a                A := a
    CMP  A I   b                if A ≥ b
    JGE  L D   p                then goto p
    CLA  A I   b                A := b
p   CMP  A I   c             p: if A ≥ c
    JGE  L D   q                then goto q
    CLA  A I   c                A := c
q   STO  A I   max           q: max :- A
    STP                         STP
```

Das Beispiel zeigt unter anderem, daß für die Güte eines
Programms die Wahl des geeigneten Algorithmus wesentlich
größeren Einfluß hat als der Versuch lokaler Optimierung
einzelner Befehle.

A 1.5.5 INDIZIERUNG

Wie bereits erwähnt, kann der im vorigen Beispiel verwendete
Algorithmus leicht zur Bestimmung des Maximums einer beliebig
langen Zahlenfolge erweitert werden.für jede weitere Zahl wird
das Programm einfach um die stereotype Befehlsfolge

```
        CMP  A I   zahl              if A ≥ zahl
        JGE  L D   marke             then goto marke
        CLA  A I   zahl              A := zahl
marke      .                   marke:    .
           .                             .
```

erweitert, in die immer nur die jeweilige Adresse der nächsten
Zahl und des Sprungziels eingesetzt werden müssen. Insbesonders,
wenn die Werte der Zahlenfolge auf aufeinanderfolgenden
Speicherzellen gespeichert sind, drängt sich der Wunsch auf,
diese immerwiederkehrende Befehlsfolge im Programm nur ein
einziges Mal anzugeben und in Form einer Schleife zu wiederholen.
In jedem Schleifendurchlauf muß allerdings die Adresse der
jeweiligen Zahl berechnet werden. Numeriert (indiziert) man die
einzelnen Zahlen

$$a_0, \; a_1, \; a_2, \; \ldots, \; a_n$$

so ist die Adresse einer beliebigen Zahl a_i gleich der Adresse
der ersten Zahl a_0 plus dem Index i. Da solche Zahlenfolgen -
sogenannte <u>Felder</u> (engl. array) - häufig verarbeitet werden,
ist es gerechtfertigt, die Hardware unseres Rechnermodells um
die Möglichkeit der Indizierung (Adressmodifikation) zu erweitern.
Am zweckmäßigsten ist es, den Index in einem der Arbeitsregister (Indexregister) zu speichern und vor der Adressauswertung zur im Befehl angegebenen Adresse zu addieren. Jenes
Register, welches als Indexregister benutzt wird, wird im Befehl
hinter dem Operanden in Klammern angegeben,

z.B.   CMP   A   I   a (B)

Verzichtet man auf die Indizierung, so kann das Register L
als Indexregister angegeben werden - oder einfach der Operand
allein angeschrieben werden. In der binären Verschlüsselung
der Befehle muß ein weiterer Teil für die Nummer des Indexregisters (x) vorgesehen werden:

Op-Code	R	D/I	x	Adresse

Im Falle einer <u>indirekten Adressierung</u> wird die angegebene
Adresse des Operanden um den Inhalt des Indexregisters erhöht.
Wendet man diese Modifikation des Adressteiles konsequent auch
für <u>direkte Adressierung</u> an, so würde das bedeuten, daß der
Operand selbst um den Inhalt des Indexregisters erhöht wird.
Dadurch wird es aber gleichzeitig möglich, den Operand selbst
im Indexregister zu halten falls der Adressteil Null enthält.
Der Befehl

        MPY   A   D   0 (C)

zum Beispiel bewirkt die Multiplikation B := B*C
(siehe Beispiel n!), während

        CLA   A   D   (B)

den Inhalt von Register B in das Register A überträgt (die
Null kann im symbolischen Befehlscode weggelassen werden).

Unter Verwendung eines Indexregisters (B) kann die Berechnung
des Maximums einer Zahlenfolge auf folgende Weise programmiert
werden:

	CLA	A I	a	A := a_0
	CLA	B D	1	B := 1
	JMP	L D	test	goto test
again	CMP	A I	a(B)	again: if A $\geq$ a_B
	JGE	L D	p	then goto p
	CLA	A I	a(B)	A := a_B
p	ADD	B D	1	p: B := B + 1
test	CMP	B I	n	test: if B $\leq$ n
	JLE	L D	again	then goto again
	STO	A I	max	max := A
	STP			

In diesem Programm wird vorausgesetzt, daß die Zahlenfolge
a_0, a_1, ..., a_n in n+1 aufeinanderfolgenden Speicherzellen
gespeichert ist, deren erste die symbolische Adresse a hat.

Weiters wird angenommen, daß der Wert des größten Index n
ebenfalls in einer Speicherzelle mit der symbolischen Adresse
n gespeichert ist.

A 1.5.6 ASSEMBLERANWEISUNGEN

Bevor ein solches Programm in den Speicher geladen wird, muß
es - vorerst händisch vom sogenannten Assembler - von der
symbolischen in die binärverschlüsselte Form gebracht werden.
Die symbolische Form wird als Assemblerprogramm, die binärverschlüsselte als Maschinenprogramm bezeichnet. Bei diesem
Vorgang der Assemblierung müssen die folgenden Schritte
durchgeführt werden:

* Umwandlung des symbolischen (mnemotechnischen)·
  Operationscodes in die Binärverschlüsselung.

* Umwandlung der Registerbezeichnungen in die
  entsprechenden Registernummern (dual).

* Setzen des D/I - Bits.

* Umwandlung von dezimalen Konstanten in das Dualsystem.

* Zuweisung der Variablen an bestimmte Speicherzellen
  (Adressen).

* Umwandlung der symbolischen Adressen in die Adressen
  (dual) jener Speicherzellen, in die die entsprechenden
  Programmbefehle oder Daten (Variable) geladen werden.

Insbesonders die beiden letzten Punkte verdienen genauere
Betrachtung. Während symbolische Programmadressen (Sprungziele)
am linken Rand des Assemblerprogramms definiert sind, ist es
bei den Daten vorderhand dem Assembler überlassen, welche
Adressen zugeordnet werden. Um dem Assembler nun genaue Anweisungen zu geben, wie diese Speicherzuordnung erfolgen soll,
können zusätzlich zu den Instruktionen in das Programm sogenannte Assembleranweisungen eingefügt werden. Diese werden nicht
in das Maschinenprogramm übersetzt sondern dienen ausschließlich
zur Steuerung der Assemblierung. Aus Gründen der Einheitlichkeit
haben Assembleranweisungen eine ähnliche Form wie die Instruktionen.

Zur Reservierung eines ganzen Blockes von k aufeinanderfolgenden Speicherzellen dient eine Assembleranweisung der Form

       a   BSS   k

Diese Anweisung hat ebenso wie eine Assemblerinstruktion einen aus drei Buchstaben gebildeten mnemotechnischen Code (BSS = Block Starting Symbol). Links daneben kann - ebenso wie vor Instruktionen - ein symbolischer Adressname a stehen. Der Operand k ist eine dezimale Konstante, die angibt, wieviele aufeinanderfolgende Speicherzellen reserviert werden sollen. Der ersten Adresse wird der angegebene symbolische Name zugeordnet.

z.B.   feld   BSS   5

reserviert 5 aufeinanderfolgende Speicherzellen.

         feld   ┌─────────┐
                 ├─────────┤
                 ├─────────┤
                 ├─────────┤
                 └─────────┘

Mit Hilfe von BSS 1 können auch einzelne Speicherzellen reserviert werden. Häufig wünscht man jedoch eine zusätzliche Anfangswertzuweisung (Initialisierung) dieser Speicherzelle, so daß zu diesem Zweck eine weitere Assembleranweisung eingeführt wird:

       a   DEC   k

Durch diese Anweisung (DEC = Define Constant) wird eine einzige Speicherzelle mit der symbolischen Adresse a reserviert und mit der dezimalen Konstanten k initialisiert.

Das vorige Programm kann somit durch die folgenden Assembleranweisungen ergänzt werden (die Zahlenfolge soll aus n = 16

Elementen bestehen):

a	BSS	16
n	DEC	15
max	BSS	1

Diese Anweisungen zur Speicherzuordnung werden am günstigsten
nach dem STP-Befehl an das Assemblerprogramm angefügt.
Dadurch wird bewirkt, daß zuerst das Programm und im Anschluß
daran die Daten in den Speicher geladen werden. Der STP-Befehl
stellt sicher, daß der Inhalt der Datenspeicherzellen bei der
Ausführung des Programms nicht irrtümlich als Instruktionen
interpretiert wird.

Um das Ende eines Assemblerprogramms klar zu kennzeichnen,
wird eine weitere Assembleranweisung

> END

eingeführt. Diese END-Anweisung hat gänzlich andere Bedeutung
als der STP-Befehl. Während der STP-Befehl eine Instruktion
darstellt, die den dynamischen Programmablauf beendet, kenn-
zeichnet die END-Anweisung dem Assembler das statische Ende
des Programms.

Beispiel: **Berechnung des Polynomwertes** $y = \sum_{i=0}^{n} a_i x^i$

Um zur Auswertung des Polynoms

$$\sum_{i=0}^{n} a_i x^i = a_o + a_1 x + a_2 x^2 + \ldots + a_n x^n$$

die Berechnung der Potenzen von x zu vermeiden, kann das Polynom
in der Form

$$\sum_{i=0}^{n} a_i x^i = (\ldots (a_n x + a_{n-1}) x + \ldots + a_1) x + a_0$$

berechnet werden. Der Algorithmus zur Auswertung (HORNER-Schema)
lautet in symbolischer Form

```
        C := n
        B := a
             c
        while C > 0
        do begin
            B := B * x
            C := C - 1
            B := B + a
                     c
            end
        y   := B
```

Dabei werden die Register A und B für die Multiplikation mit x
und das Register C für den Index verwendet. Das zugehörige
Programm (für n = 20) lautet

```
        CLA  C  I  n              C := n
        CLA  B  I  a(c)           B := a
                                       c
        JMP  L  D  test           goto test
again   MPY  A  I  x       again: B := B * x
        SUB  C  D  1              C := C - 1
        ADD  B  I  a(c)           B := B + a
                                           c
test    CMP  C  D  0       test: if C > 0
        JGT  L  D  again          then goto again
        STO  B  I  y              y := B
        STP
    a   BSS     21
    n   DEC     20
    x   BSS     1
    y   BSS     1
        END
```

Anmerkung: In diesem Beispiel wurde die symbolische Schreib-
            weise des Algorithmus nicht nur zur Erklärung,
            sondern auch zur Entwicklung des Assemblerprogramms
            benutzt - eine Vorgangsweise, die besonders bei
            umfangreichen Programmen empfehlenswert ist. Liegt
            der prinzipielle Programmablauf einmal fest, so
            erfordert die Umformung in das Assemblerprogramm
            sowie die nachfolgende Assemblierung keinen nennens-
            werten intellektuellen Aufwand mehr.

A 1.5.7 UNTERPROGRAMME

Beim Entwurf des Rechnermodells wurden die vier arithmetischen
Grundrechenoperationen in Form elektronischer Schaltungen
(Hardware) implementiert. Diese Vorgangsweise ist deswegen
gerechtfertigt, weil diese Operationen bei fast allen Anwendungen des Rechners benötigt werden. Für spezielle Anwendungen
werden jedoch oft weitere mathematische Funktionen - wie Quadratwurzel, Logarithmen, Winkelfunktionen, etc. - benötigt. Da für
unterschiedliche Anwendungen des Rechners jedoch nur spezielle
Funktionen benötigt werden, die Hardware des Rechners aber
universell konzipiert sein soll, werden diese Funktionen durch
Programme (Software) berechnet.

Beispiel: Berechnung von $\sqrt{a}$

Die Quadratwurzel einer Zahl kann nach dem NEWTON-Iterations-
verfahren auf folgende Weise berechnet werden. Aus einem
beliebigen positiven Näherungswert x (z.B. x = 1) wird ein
verbesserter Näherungswert $\bar{x}$ nach der Vorschrift

$$\bar{x} := (a \div x + x) \div 2$$

berechnet. Das Verfahren wird für x := $\bar{x}$ solange wiederholt
(iteriert), bis zweimal hintereinander dasselbe Ergebnis
berechnet wird. Der letzte Wert von x ist dann der ganzzahlige
Anteil von $\sqrt{a}$.

Der prinzipielle Programmablauf hat die Form

```
    x̄ := 1
    repeat x := x̄
           x̄ := (a ÷ x + x) ÷ 2
    until  x = x̄
```

Verwendet man die Register A und B für die Berechnung der
verbesserten Näherung $\bar{x}$, so erhält man das folgende
Assemblerprogrammstück:

```
        CLA  B  D  1              B := 1
again   STO  B  I  x      again: x := B
        CLA  B  I  a              B := a
        DIV  A  I  x              B := B ÷ x
        ADD  B  I  x              B := B + x
        DIV  A  D  2              B := B ÷ 2
        CMP  B  I  x              if B ≠ x
        JNE  L  D  again          then goto again
```

Das Programm kann verbessert werden, wenn der Wert von x
statt in einer Speicherzelle in einem Register (z.B.
Register C) gespeichert wird. Das Programm hat dann die Form

```
        CLA  B  D  1              B := 1
again   CLA  C  D  (B)    again: C := B
        CLA  B  I  a              B := a
        DIV  A  D  (C)            B := B ÷ C
        ADD  B  D  (C)            B := B + C
        DIV  A  D  2              B := B ÷ 2
        CMP  B  D  (C)            if B ≠ C
        JNE  L  D  again          then goto again
```

Das Ergebnis der Berechnung ist in Register B gespeichert.

Soll innerhalb eines Programms die Quadratwurzel einer Zahl
berechnet werden, so genügt es, den soeben beschriebenen
Programmteil an die entsprechende Stelle des Programms einzu-
fügen. Falls die Quadratwurzel einer Zahl an mehreren Stellen
des Programms benötigt wird, so wäre eine mehrmalige Kopierung
dieses Programmteiles nötig. Wesentlich günstiger wäre es, den
Programmteil für die Quadratwurzel nur ein einziges Mal im
Speicher zu speichern und durch einen Sprungbefehl immer dann
anzuspringen, wenn die Quadratwurzel benötigt wird.

Einen solchen abgeschlossenen Programmteil bezeichnet man im
Gegensatz zum normalen Programm (Hauptprogramm) als Unterprogramm (engl. subroutine). Der Sprung zum Unterprogramm
wird als Unterprogrammaufruf (engl. subroutine-call), der
erste Befehl des Unterprogramms als Eingangsstelle (engl. entry)
der Sprungbefehl in das Hauptprogramm zurück, als Rücksprung
(engl. return) bezeichnet.

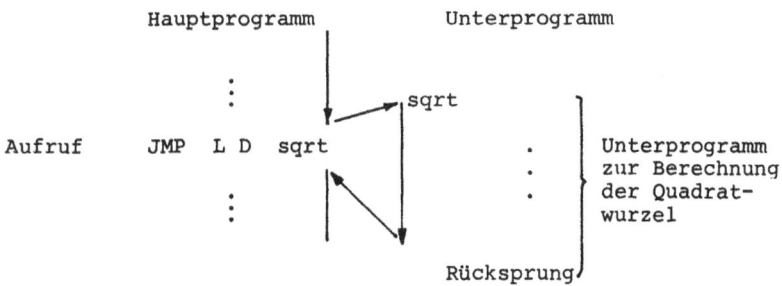

Eine Schwierigkeit besteht darin, daß nach Durchführung des
Unterprogramms das Hauptprogramm mit dem auf den Aufruf folgenden Befehl fortgesetzt werden soll. Erfolgt der Unterprogrammaufruf von mehreren Stellen des Hauptprogramms, so muß auch der
Rücksprung zu unterschiedlichen Stellen erfolgen.

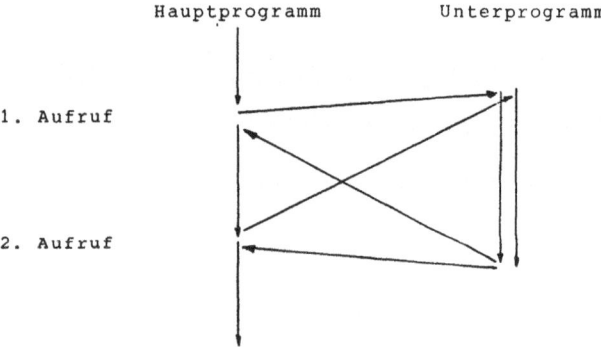

Damit im Unterprogramm das Rücksprungziel bekannt ist, muß dieses vor jedem Unterprogrammaufruf abgespeichert werden. Die Rücksprungadresse, das ist die Adresse des auf den Aufruf folgenden Befehls, ist gleich dem Inhalt des Befehlszählers vor dem Sprung in das Unterprogramm. Um die Abspeicherung des Befehlszählers vor dem Sprung zu ermöglichen, wird die Wirkung eines Sprungbefehls dahingehend erweitert, daß der Inhalt des Befehlszählers, nachdem dieser um 1 erhöht wurde und bevor er durch das Sprungziel überschrieben wird, auf jenes Register übertragen wird, welches im Sprungbefehl angegeben ist. Wird auf die Abspeicherung des Befehlszählers verzichtet, so kann - wie bisher - das Register L angegeben werden.

Ein Unterprogrammaufruf zur Berechnung der Quadratwurzel kann somit durch den Sprungbefehl

JMP   G   D   sqrt

erfolgen. Der Name des Unterprogramms sqrt ist gleichzeitig die symbolische Adresse des ersten Befehls im Unterprogramm. Wird der Inhalt von Register G während der Durchführung des Unterprogramms nicht verändert, so kann der Rücksprung zum nächsten Befehl des Hauptprogramms durch

JMP   L   D   (G)

erfolgen. (Eine Abspeicherung des Befehlszählers ist beim Rücksprung aus einem Unterprogramm nicht erforderlich.)

Die Daten (Parameter), aus denen im Unterprogramm Ergebnisse berechnet werden, sowie diese Ergebnisse selbst, können in Registern enthalten sein, um das Unterprogramm möglichst universell verwendbar zu machen.

Beispiel: Unterprogramm zur Berechnung von x^n

Die Berechnung von x^n kann im einfachsten Fall durch n-maliges
Multiplizieren mit x durchgeführt werden. Werden die Register A
und B für die Multiplikation, D für den Wert von x und F
für den Wert von n verwendet, so kann der Algorithmus folgendermaßen formuliert werden:

B := 1	power CLA	B	D	1	power: B := 1
while F > 0	JMP	L	D	test	goto test
do begin	again MPY	A	D	(D)	again: B := B*D
B := B*D	SUB	F	D	1	F := F-1
F := F-1	test CMP	F	D	0	test: if F > 0
end	JGT	L	D	again	then goto again
	JMP	L	D	(G)	return

Für große Werte von n kann die Berechnung von x^n mit wesentlich
weniger als n Multiplikationen durchgeführt werden. Betrachtet
man zum Beispiel n = 6, so kann die Berechnung von x^6 durch

$$x^6 = x^4 * x^2$$
$$x^4 = x^2 * x^2$$
$$x^2 = x*x$$

durchgeführt werden. Es werden somit nur drei (anstelle von
sechs) Multiplikationen benötigt.

Allgemein kann dieser Algorithmus auf folgende Weise formuliert
werden:

  Man berechne der Reihe nach die Potenzen x, x^2, x^4, x^8, ...
  und multipliziere jene Potenzen auf, für die die Summe
  der Exponenten n ergibt.

Es muß also n in die Potenzen von 2 zerlegt werden, was - ebenso
wie die Umwandlung von n in das duale Zahlensystem - durch fortlaufende Division durch zwei und Betrachtung der Reste durchgeführt werden kann. Ist der Rest 1, so ist die entsprechende
Potenz von 2 enthalten (Dualziffer L), ist der Rest 0, so ist
die Potenz nicht enthalten (Dualziffer $\emptyset$). Verwendet man wieder
die Register A und B für die Multiplikation, C und D für die
Berechnung der Potenzen von x und E und F für die Zerlegung von
n, so erhält man das folgende Programm:

```
B := 1              power CLA B D 1      power: B := 1
while F > 0               JMP L D test          goto test
do begin            again DIV E D 2      again: F:=F÷2,E:= rest
   F :=F÷2, E:=Rest       CMP E D 0             if E = 0
   if E ≠ 0               JEQ L D p             then goto p
   then B := B*D          MPY A D (D)           B := B*D
   D := D * D          p  MPY C D (D)        p: D := D*D
   end              test  CMP F D 0        test: if F > 0
                          JGT L D again          then goto again
                          JMP L D (G)            return
```

Wie das Beispiel zeigt, stellen Unterprogramme ein wertvolles
Hilfsmittel bei der schrittweisen Programmentwicklung dar
- sie gestatten es, die Details in einem komplexen Algorithmus
von der groben Struktur zu lösen, indem diese in Unterprogrammen
vom Gesamtproblem (Hauptprogramm) getrennt, programmiert werden.
Immer wiederkehrende Aufgaben - wie etwa die Berechnung
mathematischer Funktionen - brauchen nur einmal als Unterprogramm programmiert zu werden und können in unterschiedlichen
Hauptprogrammen verwendet werden. Eine Sammlung solcher
Standard-Unterprogramme wird als Programmbibliothek bezeichnet.

Wird ein Unterprogramm von mehreren Stellen eines Hauptprogramms
aufgerufen, so ermöglicht die Unterprogrammtechnik in den
meisten Fällen eine Verringerung des Programmtextes und damit
des Speicherbedarfes für das Programm (das Unterprogramm
braucht nur einmal gespeichert zu werden). Die Rechenzeit wird
durch die Verwendung von Unterprogrammen nur unwesentlich
erhöht.

Soll von einem Unterprogramm up1 ein weiteres Unterprogramm up2 aufgerufen werden, so muß die Rücksprungadresse in das Hauptprogramm gerettet werden, bevor sie durch einen neuerlichen Unterprogrammaufruf überschrieben wird. Dadurch sind beliebig tiefe Schachtelungen von Unterprogrammen möglich.

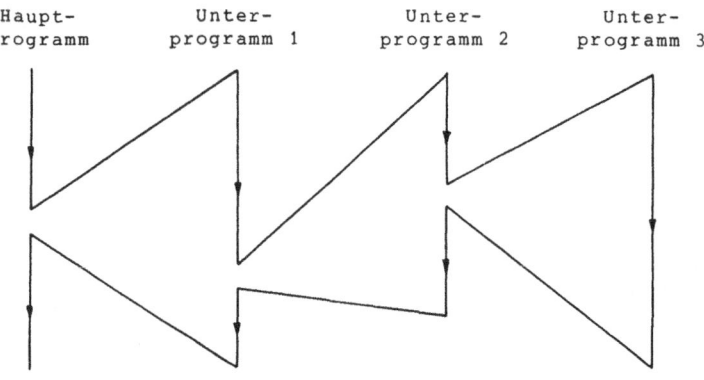

Interessant ist der Sonderfall, daß sich ein Unterprogramm selbst aufruft:

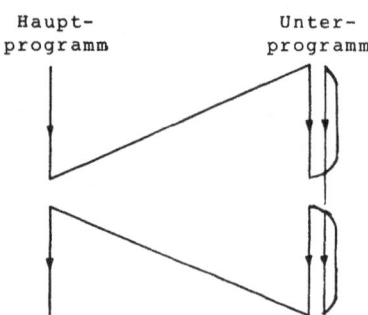

Solche sogenannten rekursiven Unterprogramme erlauben in bestimmten Fällen die Berechnung komplizierter Algorithmen

durch verblüffend einfache Programme. Selbstverständlich muß
bei der Programmierung rekursiver Unterprogramme streng darauf
geachtet werden, daß die rekursiven Aufrufe nicht endlos fort-
geführt werden, sondern abbrechen.
Eine Rekursion kann auch dadurch zustande kommen, daß sich
mehrere Unterprogramme zyklisch aufrufen:

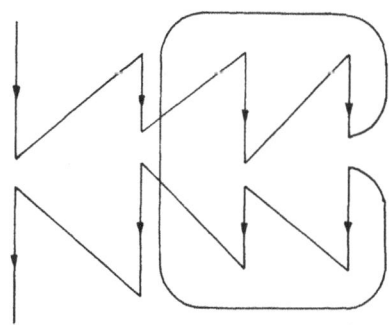

Mit Hilfe eines Sprungbefehls unter Abspeicherung des Befehlszählers können auch gleichberechtigte Programmteile- sogenannte
Co-Routinen - abwechselnd durchgeführt werden.

z.B.

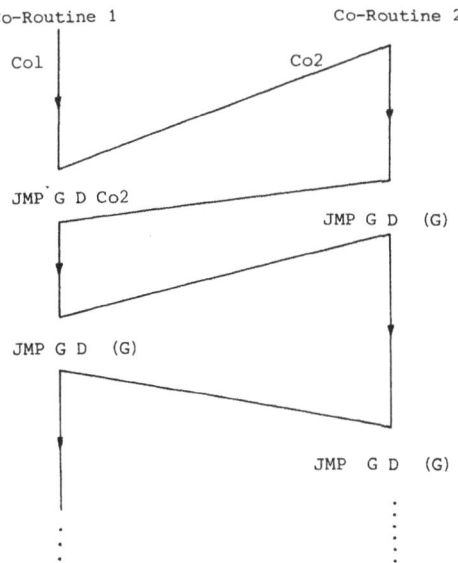

A 1.5.8 PROGRAMMUNTERBRECHUNGEN

Während des automatischen Programmablaufes können gewisse
Sonderfälle auftreten, die eine Fortsetzung des Programms in
Frage stellen und eine Unterbrechung des Programmablaufes
(engl. interrupt) notwendig machen. Solche Sonderfälle sind
zum Beispiel

* Überlauf nach arithmetischen Rechenoperationen
  (das Ergebnis kann innerhalb eines Wortes nicht
  dargestellt werden) oder Division durch Null.

* Ungültige Adresse (insbesonders durch Verwendung
  eines Indexregisters kann die Adresse eines Operanden
  außerhalb des Speicherbereiches liegen).

* Ungültige Operationsschlüssel (besonders,falls Daten
  fälschlich als Programmbefehle interpretiert werden,
  kann es zu völlig sinnlosen Befehlen kommen).

Auch Hardwarefehler oder Störungen in angeschlossenen Geräten
können Programmunterbrechungen verursachen.

In vielen Fällen ist es notwendig, das Programm abzubrechen,
manchmal kann es aber auch wünschenswert sein, das Programm
nach Behandlung des Sonderfalles wieder fortzusetzen. Nach
einem Überlauf kann das Ergebnis etwa gleich der größten
darstellbaren Zahl gesetzt werden, eine ungültige Adresse kann
durch Ignorieren der führenden Bits (modulo Speicherkapazität)
abgeschnitten werden, etc. Gleichzeitig können Meldungen über
die Art des Fehlers ausgegeben werden.

In jedem Fall macht eine Programmunterbrechung die Durchführung
bestimmter Aktionen erforderlich, die am besten durch ein
eigenes Programmstück festgelegt werden, welches - ähnlich wie
ein Unterprogramm - beim Auftreten einer Unterbrechungsursache
ausgeführt wird. Der Aufruf dieses Programmstückes erfolgt
allerdings nicht durch einen programmierten Sprungbefehl, sondern
durch die Hardware, die die Programmunterbrechung einleitet.
Nach Behandlung der Programmunterbrechung soll es möglich sein,
das Programm mit dem nächsten Befehl fortzusetzen. Dazu ist es
notwendig, den Programmstatus - das sind die Inhalte sämtlicher

Arbeitsregister, Anzeigeregister, Befehlszähler, etc. - in
derselben Form wiederherzustellen, in der er vor Auftreten der
Unterbrechungsursache war.

Bei Eintritt einer Unterbrechungsursache muß daher der Programmstatus abgespeichert werden und zu einem Programmteil gesprungen
werden, der die weitere Behandlung der Programmunterbrechung
übernimmt. Soll danach das Programm wieder fortgesetzt werden,
so kann der ursprüngliche Programmstatus wiederhergestellt
werden. Während der Behandlung einer Programmunterbrechung
kann es notwendig sein, die Einleitung weiterer Programmunterbrechungen zu unterbinden, um rekursive Programmunterbrechungen
zu vermeiden.

Die Programmteile zur Behandlung von Programmunterbrechungen
müssen - unabhängig von den speziellen Benützerprogrammen -
ständig an einer bestimmten Stelle des Arbeitsspeichers geladen
sein. Sie dienen - sozusagen als Erweiterung der Hardware -
der internen Organisation des Computers und bilden einen
Bestandteil des sogenannten Betriebssystems. Das Betriebssystem umfaßt organisatorische Programme, die die Benutzung des
Computers vereinfachen. Es wird meist von der Herstellerfirma
gemeinsam mit der Computerhardware entwickelt und vertrieben.

A 2 HARDWARE

Prinzipiell zeigen fast alle Großcomputer den folgenden Aufbau:

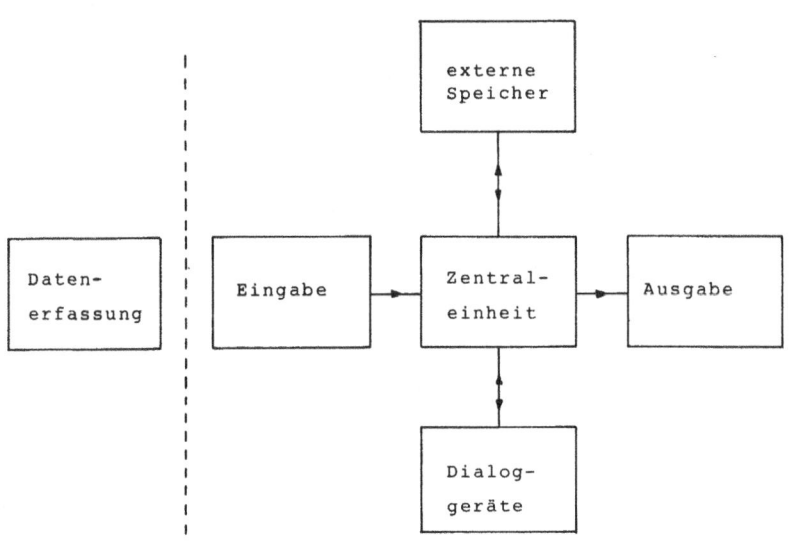

Die Zentraleinheit (engl. central processing unit, CPU) umfaßt
Arbeitsspeicher, Steuerwerk und Rechenwerk und bildet den
Computerkern. Steuerwerk und Rechenwerk werden oft gemeinsam
als Prozessor bezeichnet. Zur Kommunikation mit der Umwelt sind
Eingabe-, Ausgabe- und Dialoggeräte direkt mit der Zentraleinheit verbunden. Zur Zwischenspeicherung großer Datenmengen sind
externe Speicher - ebenfalls direkt - an die Zentraleinheit
angeschlossen. Diese peripheren Geräte sind unmittelbar (über
Kabelverbindungen) mit der Zentraleinheit verbunden und werden
daher als On-Line-Geräte bezeichnet. Da die Eingabegeräte nur
maschinell lesbare Information verarbeiten können, dienen
Datenerfassungsgeräte zur Aufbereitung der Daten auf maschinell
lesbaren Datenträger. Da diese Geräte (z.B. Kartenlocher) nicht
mit der Zentraleinheit verbunden sind, werden sie als Off-Line-
Geräte bezeichnet.

A 2.1. ZENTRALEINHEIT

A 2.1.1 ARBEITSSPEICHER

Der Arbeitsspeicher (engl. storage, memory) dient zur Aufnahme von Programm und Daten und soll daher große Kapazität haben. Gleichzeitig fordert man eine hohe Zugriffsgeschwindigkeit zu den einzelnen Speicherzellen. Eine Speicherzelle ist jene adressierbare Einheit, die durch Angabe einer Adresse als ganzes übertragen werden kann. Die Übertragung des Inhalts einer Speicherzelle in den Prozessor wird als Lesen, die Übertragung in umgekehrter Richtung als Schreiben bezeichnet. Der Inhalt einer Speicherzelle wird nur beim Schreiben verändert, bei einem Lesevorgang soll der Inhalt der gelesenen Speicherzelle unverändert bleiben.

Die Auswahl einer bestimmten Speicherzelle auf Grund ihrer Adresse heißt Zugriff (engl. access). Eine Speicherzelle hat meist dieselbe Anzahl von Bits wie ein Maschinenwort. (Typische Wortlängen sind 16, 24, 32, 48, 60 Bit). Für numerische Berechnungen ist eine große Wortlänge wegen der damit verbundenen höheren Genauigkeit der dargestellten Zahlen wünschenswert. Um ein Zeichen (Buchstabe oder Ziffer, etc.) darzustellen, genügen 6 bis 8 Bit. Um eine ökonomische Speicherung von Zeichen zu ermöglichen, wird ein Wort häufig in mehrere kleinere Teile unterteilt, die als Byte bezeichnet werden und die Speicherung eines Zeichens ermöglichen.

z.B.

Byte 0	Byte 1	Byte 2	Byte 3

Um ein einzelnes Byte zu verarbeiten, erfolgt meist ein Speicherzugriff zum gesamten Wort, aus dem das gewünschte Byte unter
Angabe seiner Nummer herausgegriffen wird. Häufig werden die
einzelnen Bytes des Speichers getrennt adressiert, so daß die
letzten Bits einer Adresse die Nummer des Bytes und die führenden Bits die Nummer des Wortes angeben.

z.B.

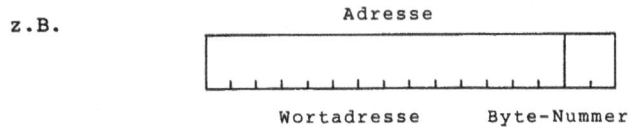

Adresse

Wortadresse   Byte-Nummer

Die Kapazität des Arbeitsspeichers, das ist die Anzahl der
Speicherzellen, wird in Worten oder Bytes angegeben und ist
aus Gründen des technischen Aufbaus und der leichteren
Adressierbarkeit meist eine Zweierpotenz. Als Abkürzung wird
häufig der Buchstabe k (Kilo) für den Faktor 1000 beziehungsweise K für den Faktor 1024 = 2^{10} verwendet.

z.B.
16 384 Bytes	=	16 KB	~ 16 kB
32 768 Bytes	=	32 KB	~ 32 kB
65 536 Bytes	=	64 KB	~ 65 kB
131 072 Bytes	=	128 KB	~ 131 kB
262 144 Bytes	=	256 KB	~ 262 kB

Die folgenden Angaben erlauben einen groben Vergleich der
Speicherkapazität

Schreibmaschinenseite	$2*10^3$	Zeichen
Buch (300 Seiten)	10^6	Zeichen
Wiener Telefonbuch (Namensverzeichnis)	$20*10^6$	Zeichen
Großcomputer (CDC Cyber 74 Arbeitsspeicher)	10^6	Zeichen

Große Speicherkapazitäten bringen den Nachteil langer Adressen
mit sich, wodurch jeder einzelne Befehl und damit das ganze
Programm wieder mehr Speicherplatz benötigt (zur Adressierung
von 64 KB sind bereits 16 Bit-Adressen nötig). Um den Adressteil im Befehl möglichst kurz zu halten, kann man sich eines
zusätzlichen Registers - des Basisadressregisters - bedienen,
dessen Inhalt - ähnlich dem Inhalt eines Indexregisters - vor
Auswertung einer Adresse zur angegebenen Adresse addiert wird.

In einzelnen Programmsegmenten können die Adressen dann relativ
(z.B. bezüglich des Anfangs des jeweiligen Segmentes) angegeben
werden. Vor Durchführung dieses Programmsegmentes wird die
Basisadresse (Anfangsadresse) in das Basisadressregister geladen. Bei jedem Speicherzugriff wird die tatsächliche (absolute)
Adresse als Summe der relativen Adresse plus Basisadresse berechnet. (Ein weiterer Vorteil dieser Methode liegt darin, daß
zum Zeitpunkt der Assemblierung noch nicht festgelegt werden
muß, auf welchen Bereich des Speichers das Programmsegment mit
den Daten tatsächlich geladen wird).

Um die Absicherung gegen Hardwarefehler zu erreichen, wird pro
Speicherzelle (Wort oder Byte) ein zusätzliches Prüfbit
(Paritybit) gespeichert. Dieses Prüfbit wird bei jedem Schreibvorgang automatisch so gesetzt, daß die Anzahl der gespeicherten
Einsen ungerade wird (ungerade Parität), dadurch wird erreicht,
daß mindestens ein Bit Eins gesetzt ist. Bei jedem Lesevorgang
wird durch die Hardware überprüft, ob das Prüfbit richtig gesetzt war. Ist das nicht der Fall, so liegt ein Paritätsfehler
vor, der z.B. eine Programmunterbrechung einleiten kann.

Anmerkung:

Das Prüfbit wird so gesetzt, daß eine Störung eines einzelnen Bits erkannt
werden kann. Die Überprüfung der Antivalenz der einzelnen Bits gewährleistet
die Erkennung eines solchen Fehlers, da das Ergebnis der Antivalenz mit jeder
Änderung eines einzelnen Bits seinen Wert ändert. Die Antivalenz aller Bits
kann auch als Ziffernsumme der dargestellten Dualzahl modulo 2 interpretiert
werden. Liefert die Antivalenz als Ergebnis L, so ist auch die Anzahl der
verknüpften Einsen ungerade.

Um Teile des Speichers gegen unbefugtes Lesen oder Schreiben
abzusichern, können diese geschützten Teile mit einer Lese-
und/oder Schreibsperre versehen werden. Ein unbefugter Zugriff
zu solchen Speicherbereichen kann ebenfalls eine Programmunterbrechung auslösen.

Der technologische Aufbau des Arbeitsspeichers kann nach
unterschiedlichen Prinzipien erfolgen, am weitesten sind zurzeit
sogenannte Magnetkernspeicher verbreitet.

Beim Magnetkernspeicher beruht die Speicherwirkung auf der
Magnetisierung kleiner ferromagnetischer Ringe (Kerne) in
die eine (Ø) oder andere (L) Richtung. Pro Kern kann daher
genau ein Bit gespeichert werden.

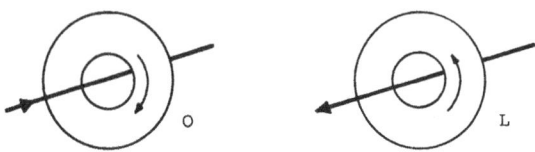

Fließt durch eine Leitung, auf die der Kern aufgefädelt ist, Strom bestimmter
Stromstärke, so wird der Kern in eine Richtung magnetisiert. Diese Magnetisierung bleibt auch dann erhalten (Remanenz), wenn kein·Strom fließt. Durch
Strom in umgekehrter Richtung kann der Kern in die andere Richtung ummagnetisiert werden.

Um die Kerne einfacher ansteuern (adressieren) zu können, ordnet
man die einzelnen Kerne matrizenförmig an und führt durch jeden
Kern einen Zeilen- und einen Spaltendraht.

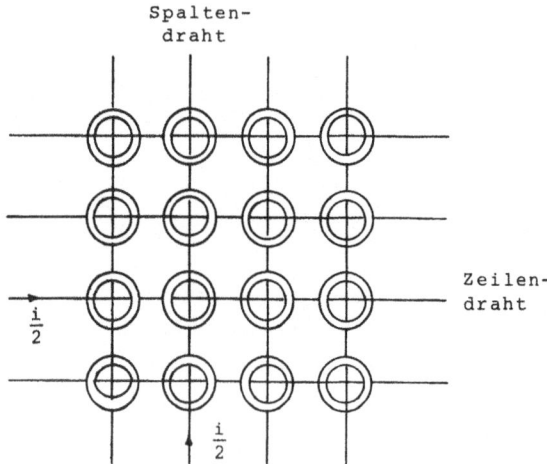

Fließt durch einen bestimmten Zeilendraht und einen bestimmten
Spaltendraht Strom der halben zur Magnetisierung benötigten
Stromstärke, so wird genau jener Kern magnetisiert, der am
Kreuzungspunkt von Zeilen- und Spaltendraht positioniert ist

- die anderen Kerne bleiben unbeeinflußt. Durch dieses
Koinzidenzstromprinzip wird die Adressierung von 2^n Speicherzellen auf die Ansteuerung von $2^{n/2}$ Zeilen- und $2^{n/2}$ Spalten-
drähten reduziert, d.h. die halbe Adresse kann für die Zeilen-
auswahl und die zweite Hälfte der Adresse für die Spaltenauswahl
verwendet werden.

Mittels der gezeigten Anordnung ist es zwar möglich, ein be-
stimmtes Bit zu setzen, nicht aber, es wieder zu lesen. Zum
Lesen eines gespeicherten Bits wird die Tatsache verwendet, daß
bei der Ummagnetisierung eines Kernes in einem zusätzlichen
Lesedraht Spannung induziert wird. Diese induzierte Spannung
kann - nach Verstärkung durch einen Leseverstärker - zur Ansteuerung eines Flip-Flop verwendet werden. Wird der betreffende
Kern z.B. in '∅' - Richtung magnetisiert, so wird im Lesedraht
nur dann Spannung induziert, falls der Kern ummagnetisiert
wurde, d.h. wenn es zuvor in 'L'-Richtung magnetisiert war. In
diesem Fall wird das Flip-Flop ebenfalls auf 'L' gesetzt.

Der Lesedraht kann durch sämtliche Kerne einer Matrix gemeinsam
geführt werden.

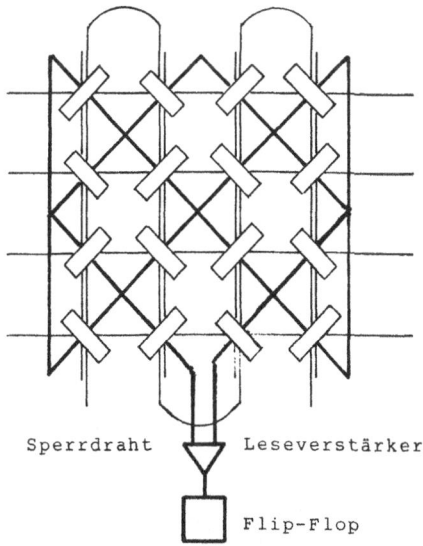

Sperrdraht   Leseverstärker

Flip-Flop

Um Störungen zwischen den Drähten und Kernen zu vermeiden,
werden die Kerne einer Matrix versetzt angeordnet.

Durch den Lesevorgang wird zwar die gespeicherte Information
gelöscht (Destructive Read-Out), diese kann jedoch durch einen
anschließenden Schreibvorgang sofort wiederhergestellt werden.
Bei diesem Schreibvorgang wird der zuvor auf 'Ø' gelöschte
Kern in 'L'-Richtung magnetisiert. Durch einen vierten Draht,
den Sperrdraht (Inhibit-Draht), der parallel zu den Spalten-
drähten verläuft, wird eine Magnetisierung dann durch einen
Halbstrom in entgegengesetzter Richtung verhindert, wenn im
Flip-Flop eine Null gespeichert ist. Pro Speichermatrix wird
ein Sperrdraht verwendet.

Durch jeden Kern sind somit vier Drähte gezogen: Zeilen- und
Spaltendraht zur Ansteuerung des Kerns, Lesedraht zum Lesen
und Sperrdraht zum Schreiben. Pro Speichermatrix genügt ein
einziger Lesedraht und ein einziger Inhibitdraht. Um die
Adressierung einer Speicherzelle zu vereinfachen, werden soviele
Matrizen hintereinander angeordnet, als der Wortlänge (plus
Prüfbit) einer Speicherzelle entspricht. Die zu einem Wort
gehörigen Kerne liegen dann in derselben Zeile und Spalte jeder
Matrix und können durch ein und denselben Zeilen- bzw. Spalten-
draht gemeinsam adressiert werden:

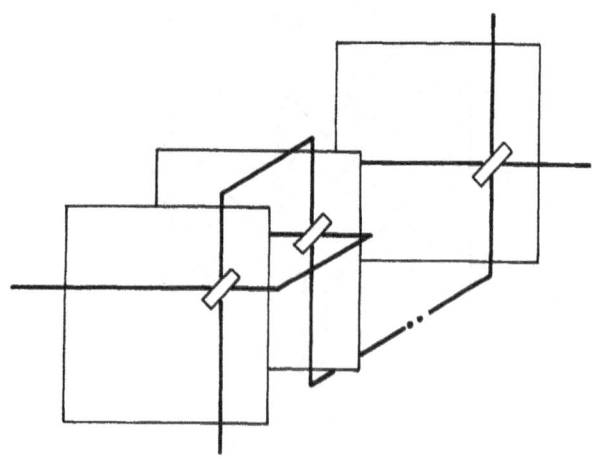

Nach Ansteuerung des richtigen Zeilen- bzw. Spaltendrahtes
können somit alle Bits eines Wortes gleichzeitig gelesen bzw.
geschrieben werden. Pro Speichermatrix (also pro Bit) wird ein
Lesedraht, ein Sperrdraht und ein Flip-Flop benötigt. Sämtliche
Flip-Flops bilden gemeinsam das Speicherregister. Bei jedem
Lesevorgang wird der Inhalt der adressierten Speicherzelle in
das Speicherregister übertragen (und anschließend im Speicher
wiederhergestellt). Bei einem Schreibvorgang wird der Inhalt des
Speicherregisters in die adressierte Speicherzelle übertragen.

Die Zeit, die für die Ansteuerung (Adressierung) und Übertragung
des Speicherinhaltes benötigt wird, wird als Zugriffszeit bezeichnet. Die minimale Zeitdifferenz zwischen zwei aufeinanderfolgenden Speicherzugriffen heißt Zykluszeit. (Die Zykluszeit
ist meist um jene Zeit länger als die Zugriffszeit, die für das
an das zerstörende Lesen anschließende Wiedereinschreiben benötigt wird).

Als Maß für die Betriebssicherheit eines Arbeitsspeichers dient
die mittlere fehlerfreie Zeit (engl. mean time between failure
MTBF). Die Fehler im Arbeitsspeicher werden nur zu einem
geringen Teil durch die Kerne selbst, zum Großteil durch die
verwendete Speicherelektronik verursacht.

Anschließend die Kennwerte eines typischen Magnetkernspeichers:

4096 Kerne pro Matrix (5*5 cm)
0.5 mm Außendurchmesser eines Kernes
0.6 µs Zykluszeit
8000 Stunden MTBF

Die Zeit, die zur Ummagnetisierung eines Kernes benötigt wird,
kann durch Verkleinerung der Kerne und Vergrößerung der verwendeten Ansteuerströme verringert werden. Mit kleiner werdenden
Kernen müssen jedoch auch die Drähte dünner werden (z.B. bei
0.3 mm Kernen 40 µm Drahtdurchmesser), wodurch die Wärmeent-
wicklung problematisch wird.

Um das magnetisierte Volumen pro Bit möglichst klein zu halten,
verwendet man auch magnetisierbare Schichten mit einer Dicke
von weniger als 1 µm. Die Ansteuerung erfolgt wie beim Kern-
speicher durch getrennte Drähte, die sich über den durch Ätzung
getrennten Flächenelementen kreuzen. Durch solche Magnetfilm-

speicher lassen sich Speicherdichten von 400 bit/mm^2 und
Zykluszeiten bis 50 ns erreichen. Mit fortschreitender Entwicklung der MOS-Technik (Schichtfolge Metall-Oxyd-Semiconductor)
gewinnen Halbleiterspeicher an Bedeutung. Auf einem Speicher-
baustein (Chip) von 12 mm^2 lassen sich 1024 bit samt zugehöriger
Ansteuerung (Decodierung) unterbringen. Halbleiterspeicher
bieten den Vorteil eines nicht zerstörenden Lesens, so daß die
Zykluszeit gleich der Zugriffszeit ist. Mit bipolaren Halb-
leiterspeichern lassen sich Zykluszeiten unter 30 ns erreichen.

A 2.1.2 PROZESSOR

Rechenwerk (engl. arithmetic unit) und Steuerwerk (engl.control
unit) werden gemeinsam als Prozessor bezeichnet. Während das
Steuerwerk zur Steuerung des Instruktionsablaufes dient, werden
die Instruktionen selbst im Rechenwerk ausgeführt. Da beide
Funktionen jedoch sehr verflochten sind, sollen Rechen- und
Steuerwerk hier gemeinsam besprochen werden.

Die Durchführung jeder Instruktion kann in eine Folge von
Einzelschritten zerlegt werden, die - ähnlich einem ganzen
Programm - aufeinanderfolgend durchgeführt werden (man denke
etwa an eine Multiplikation oder Division). Ein solcher Einzelschritt wird als Mikrobefehl, die zu einer Instruktion gehörige Mikrobefehlsfolge als Mikroprogramm bezeichnet. Um den
Hardwareaufbau zu vereinfachen, können die zu den einzelnen
Instruktionen gehörigen Mikroprogramme in einem schnellen
Festspeicher (Read-Only-Memory, ROM) gespeichert werden. Bei
der Durchführung einer Instruktion werden dann die entsprechenden Mikrobefehle aus dem Festspeicher gelesen und ausgeführt.
Festspeicher für Mikroprogramme haben eine Kapazität von 10^3
bis 10^5 bit und Zykluszeiten unter 30 ns.

Die Steuerung des Instruktionsablaufes durch ein Mikroprogramm
bietet den Vorteil, daß durch ein- und dieselbe Hardware ein
anwendungsspezifisch unterschiedlicher Instruktionssatz
implementiert werden kann, wenn nur das richtige Mikroprogramm
"eingeschaltet" ist. Tatsächlich werden die Mikroprogrammspeicher
oft auswechselbar ausgeführt. Dadurch besteht unter anderem
die Möglichkeit, auf einer Rechenanlage eine andere Hardware

zu simulieren (z.B. bei Umstellung von einer Anlage auf eine andere).

Da eine Steigerung der Rechengeschwindigkeit - die Zeitdauer der Ausführung eines Befehls liegt im Mikrosekundenbereich - technologisch nur schwer möglich ist, versucht man möglichst viele Einzelschritte zeitlich zu überlappen. Auf unterster Ebene ist ein solches Überlappen (engl. interleave) zwischen Instruktions- und Ausführungszyklus der Instruktionen möglich. Anstatt Instruktion- und Ausführungszyklus zeitlich aufeinanderfolgen zu lassen, kann der Instruktionszyklus der nächsten Instruktion bereits begonnen werden, während die vorhergehende Instruktion ausgeführt wird.

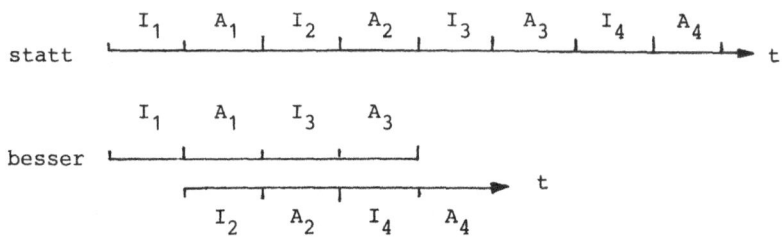

Da für jeden Instruktionszyklus und für viele Ausführungszyklen ein Speicherzugriff nötig ist, bildet die Zykluszeit des Arbeitsspeichers eine Grenze für eine weitere Erhöhung der Rechengeschwindigkeit. Durch Aufteilung des Arbeitsspeichers in mehrere Speicherbänke mit getrennter Adressiereinrichtung können auch die Speicherzugriffe überlappt werden. Verwendet man zum Beispiel eine Speicherbank für gerade und eine für ungerade Adressen, so ist die Wahrscheinlichkeit groß, daß aufeinanderfolgende Speicherzugriffe zu unterschiedlichen Speicherblöcken erfolgen.

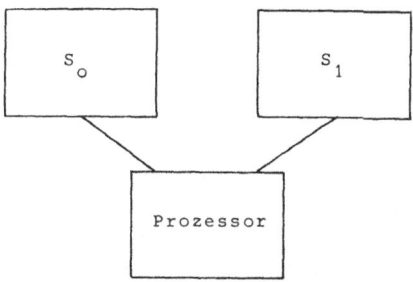

Man nennt diese Art der Speicheraufteilung <u>verschränkter</u> <u>Speicher</u>.
Die Ansteuerung der Speicherbank kann auf Grund des letzten Bits
der Wortadresse erfolgen.

Da hohe Speicherkapazität und kurze Zykluszeit antinomische
Zielsetzungen sind, besteht eine andere Möglichkeit zur Erhöhung
der Rechengeschwindigkeit in der Verwendung von <u>Speicherhierarch-</u>
<u>ien</u>. (Eine rudimentäre Form einer Speicherhierarchie besteht
bereits in der Verwendung weniger schneller Register und eines
großen - vergleichsweise langsamen - Arbeitsspeichers). Man kann
nun eine zusätzliche Speicherebene - das sogenannte <u>Cache-Register</u>
- einführen, die eine Kopie jenes Teils des Arbeitsspeichers
enthält, der gerade benötigt wird. Da sowohl die Zugriffe für
Instruktionen (engl. instruction fetch) als auch die Zugriffe
zu Daten innerhalb einer kurzen Zeitspanne meist nur einen
kleinen Bereich des Arbeitsspeichers betreffen, ist es gerechtfertigt, eine Kopie dieses Speicherbereiches in das schnelle
Cache-Register zu laden und alle weiteren Zugriffe nur in
diesem Cache-Register durchzuführen. Wird ein Zugriff zu einer
Speicherzelle außerhalb des Cache-Registers benötigt, so muß
dieses neu geladen werden. Da das Cache-Register nur wesentlich
geringere Kapazität hat als der gesamte Arbeitsspeicher, erfolgt
der Zugriff zum Cache-Register wesentlich rascher. Die Übertragung des gesamten Cache-Register-Inhaltes vom und zum
Arbeitsspeicher erfolgt in einem Zug und daher ebenfalls rasch.

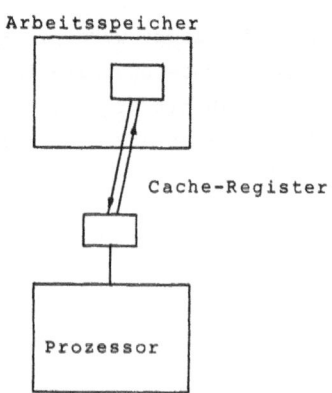

Anmerkung:

Ein ähnliches Prinzip der Speicherhierarchie verwendet das menschliche Gehirn.
Ein Kurzzeitgedächtnis mit einer Kapazität von $10^2 - 10^3$ bit gestattet die
kurzfristige Speicherung der gerade aktuellen Information. Nach wiederholter
Speicherung im Kurzzeitgedächtnis kann Information ins Langzeitgedächtnis
übertragen werden. Dieses hat eine wesentlich höhere Kapazität (10^{12} bit)
und dafür langsamere Zugriffszeit (10^{-1}s). Die Zugriffszeit hängt stark von
der Häufigkeit eines Zugriffs ab. Der Zugriff erfolgt assozitativ durch
Vergleich mit dem Inhalt des Kurzzeitgedächtnisses. Die Speicherdichte im
Langzeitgedächtnis beträgt 10^6 bit/mm^3, die hohe Lesegeschwindigkeit von
10^7 bit/s wird hauptsächlich zur Regelung der Körperfunktion benötigt.

Falls die Zykluszeit des Arbeitsspeichers durch solche organisatorische Maßnahmen keinen Engpaß für die Rechengeschwindigkeit
darstellt, können an einen Arbeitsspeicher mehrere Prozessoren
angeschlossen werden. Dadurch können mehrere Programme oder
Teile ein und desselben Programms gleichzeitig ausgeführt
werden (Multiprocessing).

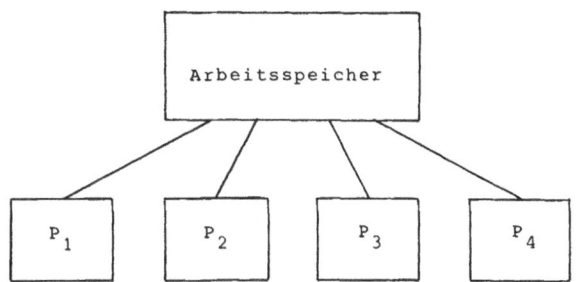

A 2.2 EXTERNE SPEICHER

Da eine Vergrößerung der Kapazität des Arbeitsspeichers nur
auf Kosten der Zugriffsgeschwindigkeit möglich ist, verwendet
man für die langfristige Speicherung größerer Datenmengen
externe Speicher. Diese bilden eine weitere Stufe in der

Speicherhierarchie und umfassen Kapazitäten von 10^6 bis 10^9 Byte
bei Zugriffszeiten von 1 ms bis 100 s.

Meist sind zum Zugriff zu einem bestimmten Datenelement mechanische Bewegungen des Datenträgers erforderlich. Als Datenträger kommen vorwiegend magnetisierbare Schichten in Frage.

A 2.2.1 MAGNETBANDSPEICHER

Als Datenträger wird ein Kunststoffband (38 μm stark) mit
magnetisierbarer Schicht (15 μm stark) mit einer Breite von
1/2 Zoll (12,7 mm) verwendet, das auf Spulen zu 2400 Fuß (730 m),
1200 Fuß (365 m) bzw. 300 Fuß (91 m) gewickelt ist. Zum Aufzeichnen und Lesen der Information wird das Band in Längs-
richtung an 9 nebeneinanderliegenden Schreib- bzw. Leseköpfen
vorbeigeführt.

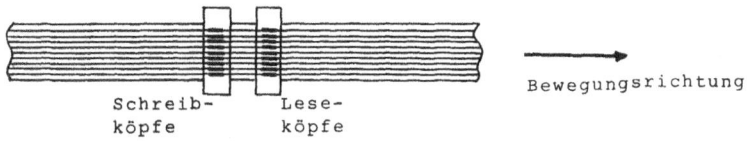

Schreib-   Lese-   Bewegungsrichtung
köpfe   köpfe

Entsprechend den 9 Schreibköpfen wird das Band (engl. tape)
in 9 Spuren (engl. track) beschrieben, wodurch jeweils ein Byte
(8 Bit + 1 Prüfbit) gleichzeitig aufgezeichnet wird. Die Aufzeichnung erfolgt blockweise im Start-Stop-Prinzip, das heißt
das stillstehende Band wird vor der Aufzeichnung auf die
konstante Lese/ Schreibgeschwindigkeit von 200 Zoll/s (5 m/s)
beschleunigt, dann erfolgt die Aufzeichnung einer zusammenge-
hörigen Datenmenge (Block), und danach wird das Band wieder
abgebremst.

Durch das Beschleunigen und Abbremsen am Beginn und am Ende
jedes Blockes entstehen informationslose Blockzwischenräume
(engl. gap) zwischen den Blöcken.

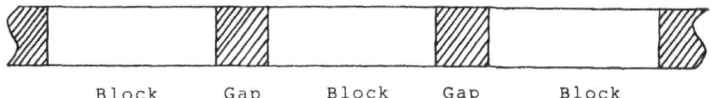

Block   Gap   Block   Gap   Block

Ein Block besteht aus 9 bis 2400 Zeichen. Mit den üblichen
Zeichendichten von 800 Byte/Zoll (800 bpi entspricht
32 Zeichen/mm) beziehungsweise 1600 Byte/Zoll (64 Zeichen/mm)
ist die maximale Blocklänge 3 bis 1,5 Zoll. Der Blockzwischenraum beträgt 15 mm, die Start-Stop-Zeit 10 ms.

Innerhalb einer Spur wird die Information durch Wechsel der
Magnetisierungsrichtung aufgezeichnet. Bei der Wechselschrift
(Nonreturn to Zero, NRZ) wird jede binäre Eins durch einen
Magnetisierungswechsel dargestellt.

z.B.

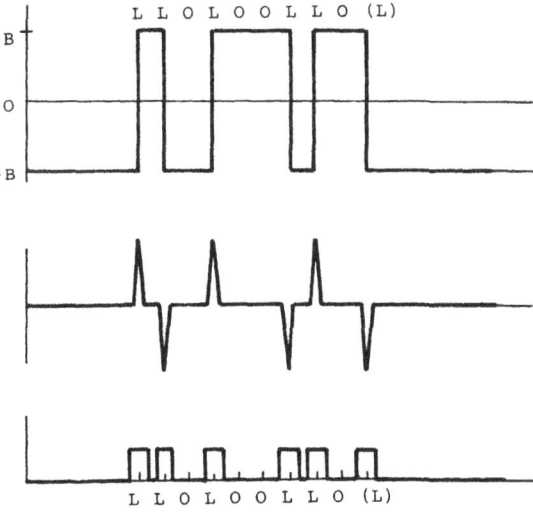

Wird das Band beim Lesen am Lesekopf vorbeibewegt, so wird
in diesem bei jedem Magnetisierungswechsel ein Spannungsimpuls
induziert, der nach Gleichrichtung und Regenerierung weiterverarbeitet werden kann. Da bei der Wechselschrift eine binäre

Null durch einen fehlenden Magnetisierungswechsel dargestellt
ist, muß die Position der einzelnen Zeichen durch einen Takt
festgelegt werden. Um eine eigene Taktspur zu vermeiden, wird
gefordert, daß pro Zeichen mindestens ein Magnetisierungswechsel
(d.h. mindestens eine binäre Eins) auftritt, der den Takt aus-
löst. Diese Forderung wird durch die ungerade Parität (Anzahl der
Einsen ungerade) des Prüfbits pro Zeichen erfüllt. Dieses Prüfbit wird bei Bandaufzeichnungen auch als Querparität (engl.
vertical redundancy check) bezeichnet. Um am Ende eines Blockes
die gleiche Magnetisierungspolarität wie am Anfang zu erreichen,
muß die Anzahl der Magnetisierungswechsel pro Spur durch ein
zusätzliches Zeichen am Ende des Blockes geradzahlig gemacht
werden. Dieses Zeichen wird als Längsparität (engl.longitudial
redundancy check character) bezeichnet. Es stellt sicher, daß
die Anzahl der Einsen jeder Spur eines Blockes geradzahlig ist
und kann ebenso wie das Querparitätsbit zur Überprüfung von
Aufzeichnungsfehlern herangezogen werden. Ein einfacher Fehler
(ein einziges Bit gestört) kann durch die Quer- und Längs-
paritätskontrolle sogar lokalisiert und damit korrigiert werden.

Ein anderes Aufzeichnungsverfahren, die Richtungstaktschrift
(Phase Encoding, PE), verwendet für jedes Bit einen Magnetisierungswechsel.

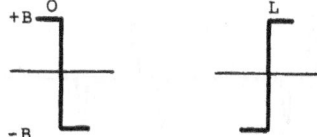

und ist daher auf Kosten einer höheren Anzahl von Magnetisierungswechseln für jede einzelne Spur selbsttaktierend.

z.B.

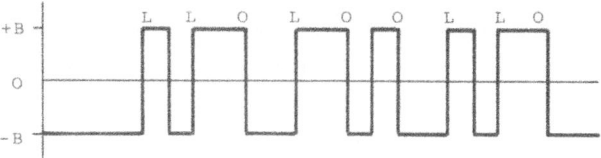

Folgen mehrere Nullen oder Einsen aufeinander, so sind zusätzliche
Hilfsmagnetisierungswechsel erforderlich, die beim Lesen durch
einen Taktimpuls ausgeblendet werden müssen. Dieser Takt wird
von einem Schwungrad-Oszillator generiert, der durch eine Folge
von zusätzlichen Magnetisierungswechseln am Beginn jedes Blockes
in Schwung gebracht und durch die weiteren Magnetisierungswechsel
(unabhängig von der Bandgeschwindigkeit) synchronisiert wird.

Um das Magnetband in möglichst kurzer Zeit auf die konstante
Lese/Schreibgeschwindigkeit beschleunigen und wieder abbremsen
zu können, ist der Transport des Bandes vom Wickelmechanismus
der Spulen getrennt.

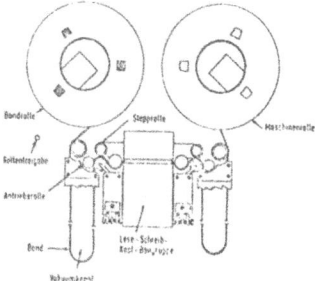

Vor und hinter den Lese/Schreibköpfen wird eine Bandschlaufe
erzeugt, deren Länge durch eine elektronische Abtastvorrichtung
reguliert wird. Beim Lesen oder Schreiben eines Blockes braucht
daher nur der zwischen den Schlaufen liegende Teil des Bandes
beschleunigt zu werden. Ein Unterdruck im unteren Teil der
pneumatischen Pufferkammer bewirkt die notwendige Spannung der
Bandschlaufe. Auch das Andrücken des Bandes an die Transport-
rollen kann pneumatisch erfolgen.

Das Magnetband wird immer von einer auswechselbaren Spule auf
eine fest montierte Leerspule gewickelt. Nach der Verarbeitung
muß das Bank zurückgespult werden. Der Anfang (Ladepunkt) und
das Ende des Magnetbandes sind durch reflektierende Marken auf
der Bandrückseite gekennzeichnet, die mittels Photozellen abgetastet werden.

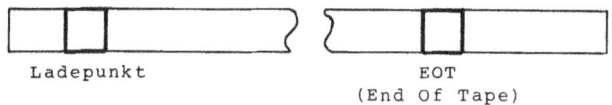

Ladepunkt   EOT
                              (End Of Tape)

Unmittelbar hinter dem Schreibkopf ist ein Lesekopf angeordnet,
der ein Kontrollieren nach jedem Schreibvorgang gestattet.
Falls die Kontrolle - bei der wesentlich schärfere Anforderungen
an die Aufzeichnung gestellt werden als beim normalen Lesevorgang - nicht zufriedenstellend ist, wird das Band zurückge-
setzt und der Block aufs Neue geschrieben. Bei jedem neuen Schreibvorgang wird der Zwischenraum (Gap) vor dem Blockanfang etwas
vergrößert, so daß schadhafte Stellen des Bandes übergangen
werden.

Da der Lesekopf hinter dem Schreibkopf angeordnet sein muß, um
ein Kontrollesen zu ermöglichen, kann das Band meist nur in
einer Richtung beschrieben werden.

Das Lesen ist unter Umständen in beiden Richtungen möglich.
Da die Länge eines Blockes variieren kann, ist es nicht möglich,
inmitten einer Bandaufzeichnung Korrekturen durchzuführen. Nur
am Ende der Aufzeichnung können Blöcke angefügt werden. Zur
Sicherung gegen irrtümliches Überschreiben wichtiger Daten
enthält das Gerät eine Schreibsperre, die nur durch bewußtes

Einlegen eines <u>Schreibringes</u> auf der Rückseite der abnehmbaren
Spule aufgehoben wird.

Die Datenkapazität eines Magnetbandes hängt außer von der Länge
des Bandes und von der Aufzeichnungsdichte auch in hohem Maße
von der Blocklänge ab (z.B. 2400 Fuß, 800 bpi und maximaler
Blocklänge 20 MByte.)

A 2.2.2 MAGNETPLATTENSPEICHER

Beim Magnetplattenspeicher (engl.disk) besteht der Datenträger
aus einem Stapel auf einer Achse übereinander angeordneter kreis-
runder Aluminiumplatten mit magnetisierbaren Oberflächen.

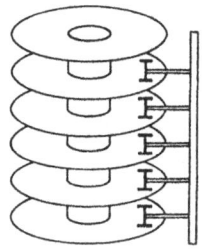

Die Platten rotieren mit konstanter Drehzahl, so daß die wenige
Mikrometer über der Plattenoberfläche positionierten Lese/Schreib-
köpfe die Daten in kreisförmigen konzentrischen Spuren aufzeichnen. Die Aufzeichnung der Daten erfolgt bitseriell innerhalb einer Spur nach einem Verfahren, welches innerhalb einer
Spur selbsttaktierend ist (meist Richtungstaktschrift). Pro
Plattenoberfläche werden - je nach Gerät - zwischen 100 und 400
Spuren aufgezeichnet. Die Datenkapazität jeder Spur ist konstant,
so daß in der innersten Spur die höchste Aufzeichnungsdichte
(bis 4000 bpi) erreicht wird. Meist wird der Inhalt einer ganzen
Spur in einem Arbeitsgang übertragen.

Bei Plattenspeichern mit <u>festen Magnetköpfen</u> ist jeder Spur
genau ein Lese/Schreibkopf zugeordnet. Um die Spuren enger
aneinanderlegen zu können, als es der mechanischen Ausdehnung

der Magnetköpfe entspricht, werden die Magnetköpfe über den
Plattenumfang versetzt angeordnet.

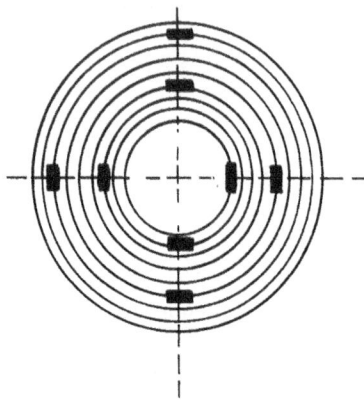

Für die Übertragung eines Datenblockes muß gewartet werden, bis
der Anfang der Spur unter dem Magnetkopf erscheint. Diese
Wartezeit beträgt im Mittel eine halbe Plattenumdrehung (bei
200 U/s zum Beispiel 2,5 ms). Festkopf-Plattenspeicher erreichen
Kapazitäten bis 20 MByte.

Plattenspeicher mit **positionierbaren Köpfen** sind aufgrund der
geringeren Anzahl von Magnetköpfen (z.b. pro Plattenoberfläche
ein einziger Kopf) billiger, benötigen jedoch aufgrund der
mechanischen Positionierung des Kopfes über die gewünschte
Spur höhere Zugriffszeiten (z.B. 100 ms). Sämtliche Magnetköpfe
sind auf einem Kamm angeordnet, der sie gemeinsam radial zur
Drehachse bewegt. Jeweils untereinanderliegende Spuren, die
somit durch eine einzige Positionierung des Kammes zugegriffen
werden können, bilden einen sogenannten Zylinder. Ein Platten-
turm enthält soviele Zylinder wie Spuren pro Plattenoberfläche,
die Anzahl der Spuren pro Zylinder ist gleich der Anzahl der
Plattenoberflächen. Um die Zugriffszeiten gering zu halten, ist
es vorteilhaft, die Daten zylinderweise zu verarbeiten.

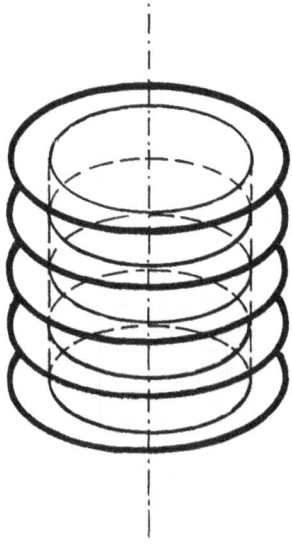

Zur Positionierung des Kammes können auf einer Plattenoberfläche sogenannte Servospuren aufgezeichnet sein, die von
einem Servokopf gelesen werden und es gestatten, die Köpfe
mit Toleranzen von wenigen Mikrometern zu positionieren.
Plattenspeicher mit positionierbaren Köpfen erreichen Kapazitäten
bis zu 350 MByte.

Plattenspeicher mit auswechselbaren Magnetplatten gestatten es,
die Plattentürme - ähnlich Magnetbändern - zu archivieren. Dabei
müssen besondere Vorkehrungen getroffen werden, um Verschmutzungen der Plattenoberflächen zu vermeiden (ständige Filterung der
Luft innerhalb des Gerätes, meist werden die äußeren Plattenoberflächen nicht benutzt).

A 2.2.3 MAGNETTROMMELSPEICHER

Beim Magnettrommelspeicher besteht der Datenträger aus einer
zylindrischen Aluminiumtrommel (engl. drum) mit magnetisierbarer Mantelfläche. Die Magnetköpfe sind an Mantellinien versetzt angeordnet.

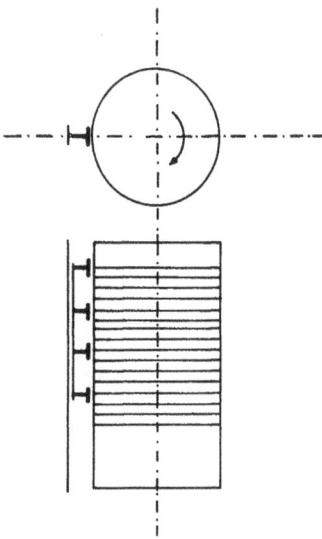

Es gibt Trommelspeicher mit fest montierten Köpfen (geringe
Zugriffszeit, z.B. 10 ms) und solche mit axial positionierbaren
Köpfen. Ähnlich wie beim Plattenspeicher sind auch hier mehrere
Köpfe auf einem Kamm angeordnet - alle Spuren, die mit einer
einzigen Positionierung des Kammes zugegriffen werden können,
werden auch hier gemeinsam als Zylinder bezeichnet.

A 2.2.4 MAGNETKARTENSPEICHER

Der Magnetkartenspeicher arbeitet im Prinzip wie ein Trommel-
speicher, jedoch mit auswechselbarem Datenträger (Magnetkarten).
Dieser besteht aus einer Kunststoffolie mit magnetisierbarer
Oberfläche, die automatisch aus einem Magazin ausgewählt und
auf die Trommel aufgewickelt werden kann. Die Auswahl einer
Karte erfolge - je nach Gerättyp - entweder aufgrund ihrer
Position im Magazin, oder mittels am Kartenrand ausgestanzten
Einkerbungen, die die Kartenadresse angeben.

Magnetkartenspeicher erreichen enorme Datenkapazität (über
$5*10^8$ Byte) die durch auswechselbare Magazine noch erhöht werden
kann, auf Kosten von hohen mittleren Zugriffszeiten (etwa 500 ms),
die durch den notwendigen Transport der Karten bedingt ist.

Beispiel:

8 Magnetköpfe, die in 16 Positionen (Zylinder)versetzt pro
Karte 128 Spuren aufzeichnen, erlauben mit 2048 Bytes/Spur
eine Kapazität von 2^{18} Zeichen pro Karte. Jedes der 8 Magazine
enthält 256 Karten, die Gesamtkapazität ist somit 2^{29} ($5*10^8$)
Zeichen.

A 2.2.5 OPTISCHE SPEICHER

Um die durch die mechanische Bewegungen bei Magnetschichtspeichern
erzwungenen langsamen Zugriffszeiten zu vermeiden, sind optische
Speicher in Entwicklung, bei denen die Auswahl des gewünschten
Bits mit Hilfe eines abgelenkten Lichtstrahls (Laserstrahl)
erfolgt.

Beim thermomagnetischen Verfahren wird das Speichermedium beim
Einschreiben durch den Lichtstrahl punktförmig erwärmt, wodurch
eine Magnetisierung mit so geringen Feldstärken möglich ist, daß
der restliche Teil des Datenträgers nicht ummagnetisiert wird.
Beim Auslesen wird das Speichermedium mit linear polarisiertem
Licht beleuchtet,.wobei die Polarisationsebene entsprechend
der Magnetisierungsrichtung verdreht ist. Die Aufzeichnungsdichte ist durch die Wäremeleitung der Speicherschicht bei der
Aufzeichnung begrenzt ($5*10^7$ bit/cm²), wird jedoch durch den
Adressierungsmechanismus nicht zur Gänze ausgenützt. Die Aufzeichnung erfolgt zeilenweise durch zweidimensionale Ablenkung
des Lichtstrahles, wobei bei jedem Zugriff eine ganze Zeile
in einem Arbeitsgang sequentiell gelesen oder beschrieben wird.
Die mittlere Zugriffszeit zu einer Zeile beträgt etwa 1 ms, die
Gesamtkapazität 10^8 bit.

Beim holographischen Verfahren wird die Information nicht
punktweise gespeichert, sondern es werden mehrere tausend Bit
durch Amplituden- und Phasenlage eines gemeinsam kohärenten
Lichtwellenfeldes auf einer größeren Fläche des Speichermediums

verteilt gespeichert. Dieses Verfahren ist gegen lokale Stör-
stellen relativ unempfindlich.

Mit holographischen Festspeichern werden Kapazitäten bis 10^7
bit pro Speicherplatte bei Zugriffszeiten von einigen µs
erreicht.

A 2.2.6 VERGLEICH

Ein Vergleich der verschiedenen peripheren Speicher zeigt, daß
hohe Speicherkapazität und rasche Zugriffsgeschwindigkeit (bei
gleichzeitig geringen Kosten) mit den heute verwendeten
Technologien nicht erreichbar ist. Man verwendet daher je nach
Verwendungszweck eine Hierarchie verschiedener Speicher.

	Kapazität in Byte	mittlere Zugriffszeit in sec	Preis pro Byte *)
Magnetband	10^8	100	0.01
Magnetplatte	10^8	0.1	1
Magnettrommel	10^6	0.01	10
Magnetkarte	10^9	0.5	0.01
Optische Speicher (löschbar)	10^7	10^{-3}	?
Optische Speicher (nicht löschbar)	10^{11}	5	0.005
Halbleiter Speicher	10^4	10^{-7}	1000
Kernspeicher	10^5	10^{-6}	100

Charakteristische Kenngrößen peripherer Speicher sind die Art
des Zugriffes - sequentiell oder wahlfrei, die Auswechselbar-
keit des Datenträgers sowie die Möglichkeit, Information wieder
zu löschen.

---

*) Der Preis ist auf die Kosten eines Magnetplattenspeichers bezogen.

A 2.3 EIN- AUSGABE GERÄTE

Während die externe Speicherung von Daten hauptsächlich auf
magnetisierbaren Schichten erfolgt, dienen für die Ein- Ausgabe
auch andere Datenträger, wie Lochkarten, Lochstreifen, Papier,
etc.

A 2.3.1 LOCHKARTENGERÄTE

Eine Lochkarte hat die Größe eines 1 $ Scheines aus dem
Jahre 1890 (187,45 * 82,73 * 0,178 mm) und hat 12 Zeilen und
80 Spalten. Pro Spalte wird ein Zeichen verschlüsselt. Die
abgeschrägte linke obere Ecke erlaubt es, die Karte richtig
zu positionieren. Ziffern werden durch eine einzige Ziffern-
lochung, Großbuchstaben durch eine Ziffern- und eine Zonen-
lochung, Kleinbuchstaben durch eine Ziffern- und zwei Zonen-
lochungen und Sonderzeichen durch zwei Ziffern- und eine Zonen-
lochung dargestellt.

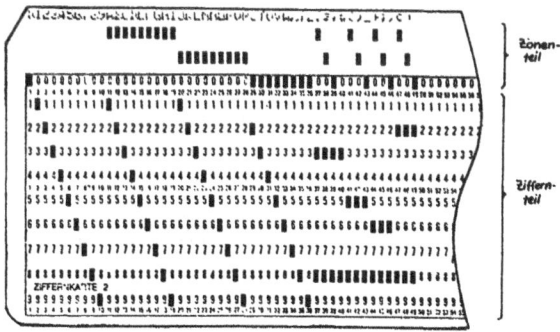

Lochkarten können mittels Kartenlochern (engl. card punch)
off-line erstellt und mittels Kartenprüfern (engl. card verifier)
überprüft werden. Durch eigene Sortiermaschinen (engl. sorter)
können Lochkarten ebenfalls off-line sortiert werden. Pro Arbeitsgang wird nach einer Spalte sortiert. Soll nach mehreren Spalten

sortiert werden, so sind mehrere Durchläufe notwendig (zuerst
nach der letzten, dann nach der vorletzten Stelle sortieren,
usw.). Da meist nur 13 Ablagefächer angesteuert werden können
(12 Zeilen und ein 1 Restfach) sind für das Sortieren nach
Buchstaben pro Spalte zwei Durchläufe erforderlich (zuerst
nach Zifferteil, dann nach Zonenteil sortieren).

Zwei sortierte Lochkartenstapel können mittels eines <u>Karten-</u>
<u>mischers</u> (engl. collator) zu einem einzigen sortierten Stapel
"gemischt" werden. Mit Hilfe des Kartenmischers kann auch
überprüft werden, ob gewisse Lochungen jeweils zweier zusammen-
gehöriger Karten übereinstimmen (ob sie "paarig" sind) - un-
paarige Karten können ausgesteuert werden (Abgleichen). Ebenso
kann ein Kartenstapel auf steigende oder fallende Reihenfolge
überprüft werden (Folgekontrolle) und schließlich können
Karten mit bestimmten Lochungen ausgesteuert werden (Selectieren).

Eigene <u>Lochschriftübersetzer</u> (engl. interpreter) gestatten es,
den Inhalt einer Lochkarte auf derselben Karte in Klartext aus-
zudrucken (beschriften). Auch der Inhalt einer Vorlaufkarte kann
mitverarbeitet werden (Folgekartenbeschriftung).

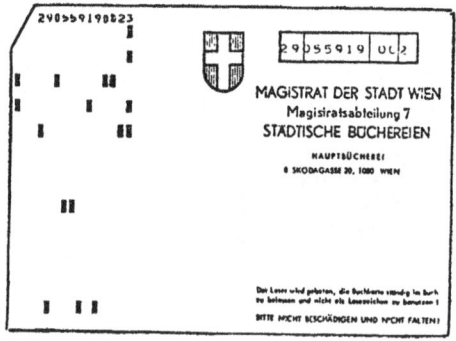

Für die Eingabe in den Computer dienen <u>Lochkartenleser</u>
(engl. card reader). Dabei werden die einzelnen Lochstellen
mechanisch (durch Kontaktbürsten) oder photoelektrisch abgetastet. Je nach Geräte können die Karten zeilenweise oder
spaltenweise gelesen werden. Jede Karte wird in aufeinanderfolgenden Lesestationen zweimal gelesen, um mögliche Lesefehler
zu erkennen. Ein schneller Kartenleser liest etwa 800 Karten
in der Minute, das entspricht 1000 Zeichen / Sekunde.

Auch die Ausgabe kann mittels Lochkarten erfolgen. Man verwendet
<u>Lochkartenstanzer</u>, die wegen der notwendigen mechanischen
Bewegung der Stanzstempel nur Geschwindigkeiten von etwa 300
Karten pro Minute erreichen. Zur Kontrolle werden die gestanzten
Karten unmittelbar nach dem Stanzen nochmals gelesen.

A 2.3.2 LOCHSTREIFENGERÄTE

Als Datenträger dienen Papier- oder Kunststoffstreifen von
17,4 bzw. 25,4 mm Breite. Die Länge des Lochstreifens wird nur
durch die Aufnahmekapazität der Rollen begrenzt (250 m). Ein
Zeichen wird durch eine Reihe von Lochungen quer zur Vorschubrichtung dargestellt, pro Zoll sind 10 Zeichen gelocht. Je nach
der Anzahl von Lochpositionen unterscheidet man 5-Kanal und
8 Kanal-Lochstreifen. Meist wird beim Stanzen noch eine zusätzliche Vorschublochung aufgebracht.

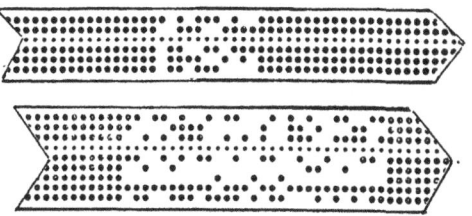

Der Fernschreibcode CCITT No. 2 (Comité Consultatif International
de Télégraphie et Téléfonie) wird auch für 5-Kanal-Lochstreifen
verwendet. Er verwendet 31 der 32 Lochkombinationen ("keine
Lochung" wird nicht verwendet). Um Buchstaben, Ziffern und
einige Steuerzeichen (Zwischenraum, Wagenrücklauf, Zeilenvorschub,
Klingel etc.) verschlüsseln zu können, dienen eigene Zeichen für
Ziffern- und Buchstabenumschaltung. Da das Zeichen für Buchstabenumschaltung in sämtlichen 5 Kanälen Löcher vorsieht, kann es
auch zum Überlochen falsch gelochter Zeichen verwendet werden.
Der Fernschreibcode verwendet keine Paritätskontrolle.

5-Kanal-Lochstreifen werden auch für die Steuerung von Arbeits-
maschinen verwendet. Der verwendete Code verschlüsselt Ziffern
durch genau drei Lochungen pro Ziffer (3-aus-5-Code), Buchstaben
werden durch eine gerade Anzahl von Löchern dargestellt, wodurch
eine gewisse Überprüfung der einzelnen Zeichen ermöglicht wird.

Der 8-Kanal-Lochstreifen verwendet 7 Informations- und eine
Prüfspur. Die Prüfstelle wird so gelocht, daß die Anzahl der
Löcher pro Zeile geradzahlig ist (gerade Parität). Dadurch wird
es möglich, ein Löschzeichen zu verwenden, welches sämtliche
8 Lochpositionen überlocht - "keine Lochung" - ist dadurch
jedoch ebenfalls ein gültiges Zeichen.

Bei der Verwendung von Lochstreifen ist darauf zu achten, daß
nach dem Stanzen der Anfang des aufgewickelten Streifens im
Inneren der Rolle ist und daher der Streifen vor dem Lesen
umgespult werden muß. Um den Anfang vom Ende zu unterscheiden,
werden Lochstreifen prinzipiell pfeilförmig (in Vorschubrichtung
zeigend) abgeschnitten. Damit der für das Einlegen notwendige
Vorspann mit Führungslöchern versehen wird, wird eine Reihe
von Delete-Zeichen gelocht.

Lochstreifen haben gegenüber Lochkarten den Vorteil eines
zusammenhängenden unempfindlichen Datenträgers mit geringem
Platzbedarf. Nachteilig ist die schwierige Fehlerkorrektur.
Ebenso ist es unmöglich, die einmal gelochten Daten zu sortieren
oder nachträglich zu ändern.

Langsame Lochstreifenstanzer und -leser werden in großer Stück-
zahl als Fernschreiber benötigt und werden daher entsprechend
preiswert produziert. Sie können sowohl zur Datenerfassung

(off-line) als auch zur Ein- und Ausgabe in den Computer verwendet werden. Schnelle Lochstreifengeräte erreichen Lesege-
schwindigkeiten von 1500 Zeichen/Sekunde (photoelektrisch) und
Stanzgeschwindigkeiten von 100 Zeichen pro Sekunde.

Vom Computer erstellte Lochstreifen können auch für die Steuerung
von Werkzeugmaschinen und Schriftsetzautomaten verwendet werden.

A 2.3.3 MAGNETBANDSCHREIBER

Heute gewinnen magnetisierbare Datenträger auch für die Datenerfassung zunehmende Bedeutung. Mittels eines Magnetbandschreibers
werden die Daten anstatt auf Lochkarten auf einem Magnetband aufgebracht. Der Magnetbandschreiber besitzt einen Pufferspeicher,
der den Inhalt einer Lochkarte (80 Zeichen) aufnimmt. Die ein-
getasteten Zeichen können im Pufferspeicher nachträglich korrigiert werden. Wenn alles in Ordnung ist, erfolgt die Übertragung
des gesamten Pufferspeichers als Block auf das Magnetband. In
ähnlicher Weise werden auch Magnetplatten als Datenträger auf
die Datenerfassung verwendet.

A 2.3.4 SCHNELLDRUCKER

Der Schnelldrucker (engl. line-printer) dient für die Ausgabe
von Daten in Klartext auf Endlospapier (gegebenenfalls mit
Formularaufdruck). Pro Arbeitsgang wird eine Zeile (bis zu
160 Zeichen) gedruckt. Wegen seiner geringeren mechanischen
Trägheit wird das Papier gegen die Typen bewegt und nicht umgekehrt. Bei Trommeldruckern stehen auf einer rotierenden Trommel
für jede Zeichenposition alle Druckzeichen zur Verfügung. Für
jede Zeichenposition gibt es einen Hammer, der das Papier in
dem Moment gegen die Trommel schleudert, in dem das gewünschte
Zeichen die Druckstelle passiert. Kettendrucker arbeiten nach
einem ähnlichen Prinzip. Hier werden die Typen auf einer Druck-
kette angeordnet in horizontaler Richtung am Papier vorbeibewegt.
Sowohl Trommel- als auch Kettendrucker benötigen einen Pufferspeicher, der den Inhalt einer Zeile aufnimmt. Pro Minute können
bis zu 1200 Zeilen gedruckt werden. Der Papiervorschub kann
mittels eines Vorschublochstreifens gesteuert werden, der einen

automatischen Vorschub bis zu einer Lochung in einem bestimmten
Kanal ermöglicht.

A 2.3.5 ZEICHENGERÄTE

Für die graphische Ausgabe dienen Zeichengeräte (engl. plotter).
Je nach Modell wird Endlospapier an einem quer zur Vorschubrichtung beweglichen Schreibstift vorbeigezogen oder der Schreibstift über ruhendem Papier in x- und y-Koordinatenrichtung bewegt (gegebenenfalls auch abgehoben). Meist erfolgt die Bewegung
in kleinen diskreten Einzelschritten, so daß ein zackiger Kurven-
verlauf entsteht. Die Schrittlänge ist einstellbar - kleine
Schrittlänge ermöglicht eine höhere Genauigkeit auf Kosten
eines längeren Zeitbedarfes.

In elektronischen Zeichengeräten zeichnet ein Elektronenstrahl
auf Mikrofilm. Die Zeichnung wird erst sichtbar, nachdem der
Film entwickelt ist.

A 2.3.6 BELEGLESER

Um eine Datenerfassung ohne maschinelle Einrichtungen (z.B.
Locher) zu ermöglichen, können auf Markierungsbelegen an vor-
gezeichneten Positionen von Hand aus Strichmarkierungen ange-
bracht werden, die mit Hilfe eines Markierungslesers verarbeitet
werden können. Die Belege können auch in Form von Markierungs-
lochkarten durch geeignete Lochkartenleser verarbeitet werden.

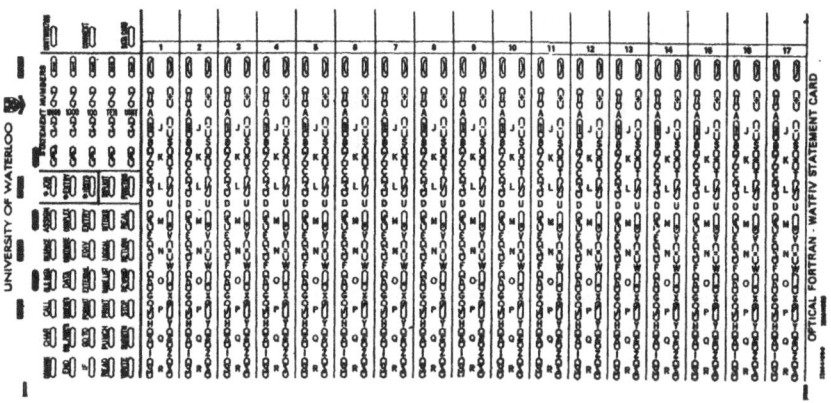

Oft ist es wünschenswert, Daten in einer Form darzustellen,
die sowohl von Menschen lesbar ist, als auch eine maschinelle
Verarbeitung erlaubt. Zu diesem Zweck sind verschiedene Schriften
genormt, die optisch oder magnetisch von einem Klarschriftleser
gelesen werden können.

Die CMC 7 Schrift (Caractère Magnétique Code à 7 Bâtonnets) ist
eine Digitalschrift, die die einzelnen Zeichen durch 7 vertikale
Streifen verschlüsselt, die durch schmale und breite Zwischenräume getrennt sind.

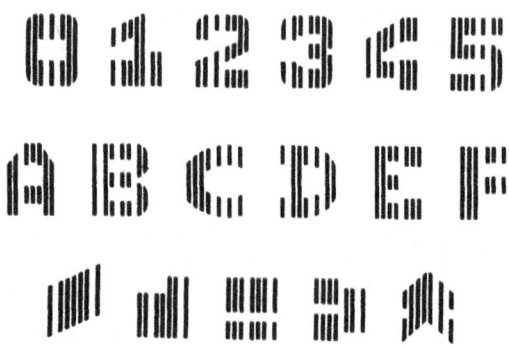

Die Länge der einzelnen Streifen ist für die maschinelle
Lesbarkeit unbedeutend und wird dazu verwendet, um den Zeichen
die entsprechende Form zu geben. Die einzelnen Zeichen werden
mit magnetisierbarer Farbe gedruckt, wodurch im Gegensatz zu
optisch lesbaren Schriften Verschmutzungen die maschinelle
Erkennbarkeit des Zeichens nicht beeinträchtigen.

Vor jedem Lesevorgang wird die Schrift neu magnetisiert. Die
CMC 7 Schrift umfaßt die 10 Ziffern, 26 Großbuchstaben und
5 Hilfszeichen. Die Hilfszeichen dienen zur Kennzeichnung der
Schriftfelder und zur Codesicherung. Ziffern und Hilfszeichen
sind durch zwei breite und vier schmale Zwischenräume pro
Zeichen verschlüsselt (2-aus-6-Code). Als Code für die Buchstaben dienen Kombinationen mit einem oder drei breiten Strich-
zwischenräumen.

Anmerkung:

Einen Code der Wortlänge n, in dem immer genau k Bit auf Eins gesetzt sind
(z.B. breiter Zwischenraum entspricht L, schmaler Zwischenraum entspricht Ø),
bezeichnet man als k-aus-n-Code. Die Anzahl der in einem solchen Code darstellbaren Zeichen ist gleich der Anzahl der Kombinationen ohne Wiederholung
von n Elementen zur k-ten Klasse.

$$\binom{n}{k} = \frac{n!}{(n-k)!\,k!}$$

In einem 2-aus-6-Code können somit genau 15 verschiedene Zeichen (10 Ziffern
und 5 Hilfszeichen) verschlüsselt werden. Ein 1-aus-6-Code erlaubt 6, ein
3-aus-6-Code 20 unterschiedliche Zeichen (insgesamt also 26 Buchstaben).

Eine andere genormte Digitalschrift ist die Schrift A für die
maschinelle optische Zeichenerkennung (OCR A, Font A for Optical
Character Recognition). Der Zeichenvorrat umfaßt die 10 Ziffern,
4 Hilfszeichen, 26 Großbuchstaben und 7 Sonderzeichen.

```
0123456789
⌐Чrl|
ABCDEFGHIJKLM
NOPQRSTUVWXYZ
. ¬ = + - / *
```

Die Erkennung der Zeichen erfolgt durch ein Raster mit 8*5
Positionen, in denen photoelektrisch zwischen hell und dunkel
unterschieden wird.

Ebenfalls optisch gelesen wird die Schrift B (OCR B), die im Bankwesen Verwendung findet.

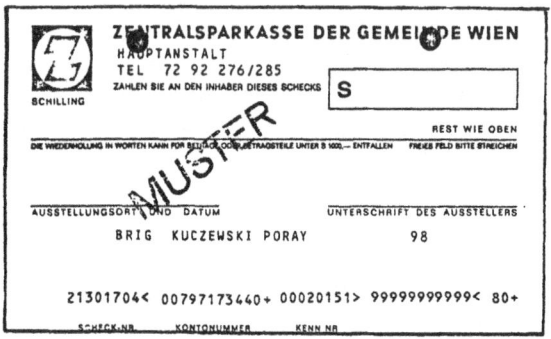

Die **E 13-B Schrift** ist eine magnetische Analogschrift, bei der die einzelnen Schriftzeichen so ausgelegt sind, daß beim Lesen für jedes Zeichen ein charakteristisches Magnetfeld gebildet wird.

0123456789

A 2.4 DIALOGGERÄTE

Dialoggeräte werden für die unmittelbare On-Line-Kommunikation zwischen Mensch und Maschine verwendet. Charakteristisch für Dialoggeräte ist, daß die Ein-/Ausgabegeschwindigkeit meist an die Lese-/Schreibgeschwindigkeit des Menschen angepaßt ist (10 - 30 Zeichen/s) und daher wesentlich langsamer ist als andere Ein-/Ausgabegeräte. Hand in Hand damit geht meist eine verhältnismäßig geringe zu übertragende Datenmenge.

Als Dialoggeräte werden häufig Fernschreiber, elektrische Schreib-
maschinen oder Bildschirmgeräte verwendet. Sie dienen entweder
zur Steuerung und Überwachung des Rechenablaufs durch den Operator
(Konsolschreibmaschine, Bedienungsblattschreiber) oder bilden
- über Telefonleitungen angeschlossen - eine Datenstation
(engl. terminal) für räumlich vom Rechenzentrum entfernte Benutzer.

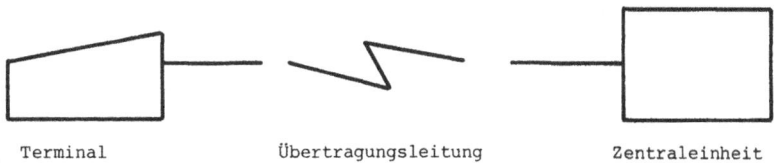

| Terminal | Übertragungsleitung | Zentraleinheit |

Für die Übertragung werden die einzelnen Zeichen in einem
bestimmten Code (z.B. ASCII, American Standard Code of Information Interchange) bitseriell verschlüsselt und durch eine
Impulsfolge dargestellt.

b_7	b_6	b_5	b_4	b_3	b_2	b_1	Spalte\Zeile	0	0	0	0	1	1	1	1
								0	0	1	1	0	0	1	1
								0	1	0	1	0	1	0	1
								0	1	2	3	4	5	6	7
0	0	0	0				0	NUL	(TC7)DLE	SP	0	@(§)	P	`	p
0	0	0	1				1	(TC1)SOH	DC1	!	1	A	Q	a	q
0	0	1	0				2	(TC2)STX	DC2	"	2	B	R	b	r
0	0	1	1				3	(TC3)ETX	DC3	#(£)	3	C	S	c	s
0	1	0	0				4	(TC4)EOT	DC4	$	4	D	T	d	t
0	1	0	1				5	(TC5)ENQ	(TC8)NAK	%	5	E	U	e	u
0	1	1	0				6	(TC6)ACK	(TC9)SYN	&	6	F	V	f	v
0	1	1	1				7	BEL	(TC10)ETB	'	7	G	W	g	w
1	0	0	0				8	FE0(BS)	CAN	(	8	H	X	h	x
1	0	0	1				9	FE1(HT)	EM	)	9	I	Y	i	y
1	0	1	0				10	FE2(LF)	SUB	*	:	J	Z	j	z
1	0	1	1				11	FE3(VT)	ESC	+	;	K	[(Ä)	k	{(ä)
1	1	0	0				12	FE4(FF)	IS4(FS)	,	<	L	\(Ö)	l	|(ö)
1	1	0	1				13	FE5(CR)	IS3(GS)	-	=	M	](Ü)	m	}(ü)
1	1	1	0				14	SO	IS2(RS)	.	>	N	^	n	‾(ß)
1	1	1	1				15	SI	IS1(US)	/	?	O	_	o	DEL

Der ASCII Code ist ein 7-Bit Code, der durch ein 8.Prüfbit
ergänzt werden kann. Außer den Schriftzeichen (Groß- und Kleinbuchstaben, Ziffern und Sonderzeichen) enthält der Code Übertragungssteuerzeichen, Formatsteuerzeichen, Gerätesteuerzeichen
und Informationstrennzeichen.

Übertragungssteuerzeichen:

SOH	Start of Heading	Anfang eines Kennsatzes (z.B. Adresse)
STX	Start of Text	Anfang des Textes
ETX	End of Text	Ende des Textes
EOT	End of Transmission	Ende der Übertragung (von einem oder mehreren Texten)
ENQ	Enquiry	Anforderung einer Antwort
ACK	Acknowledge	Positive Rückmeldung
NAK	Negative Acknowledge	Negative Rückmeldung
DLE	Date Link Escape	Umschaltung zu außerhalb des Codes liegenden Übertragungs-steuerbefehlen
SYN	Synchronons Idle	Synchronisierungszeichen
ETB	End of Transmission Block	Ende eines Datenübertragungs-blockes

Formatsteuerzeichen:

(bestimmen die Anordnung der Daten)

SP	Space	Zwischenraum (Vorwärtsschritt)
BS	Backspace	Rückwärtsschritt
HT	Horizontal Tabulation	Horizontal-Tabulator
VT	Vertical Tabulation	Vertikal-Tabulator
LF	Line Feed	Zeilenvorschub (kann mit Wagen-rücklauf kombiniert sein)
CR	Carriage Return	Wagenrücklauf (auf den Anfang der Zeile)
FF	Form Feed	Formularvorschub (auf die erste Zeile des nächsten Formulars)

Gerätesteuerzeichen:

(zur Steuerung von Zusatzgeräten, z.B. Lochstreifengeräte)

DC	Device Control	Bedeutung nach besonderer Vereinbarung

Informationstrennzeichen:

(zur logischen Gliederung der Daten)

US	Unit Seperator	Teilgruppen-Trennung
RS	Record Seperator	Untergruppen-Trennung
GS	Group Seperator	Gruppen-Trennung
FS	File Seperator	Hauptgruppen-Trennung

Steuerzeichen zur Code-Erweiterung:

ESC	Escape	Umschaltung (verändert die Bedeutung des nächstfolgenden Zeichens nach besonderer Vereinbarung)
SO	Shift-Out	Dauerumschaltung (verändert die Bedeutung aller nachfolgenden Zeichen bis zur Rückschaltung)
SI	Shift-In	Rückschaltung (nach Dauerumschaltung)

Sonstige Steuerzeichen:

NUL	Null	Nil (Füllzeichen, bewirkt keinen Vorwärtsschritt)
BEL	Bell	Klingel
CAN	Cancel	Ungültig (die vorangehenden Zeichen enthalten Fehler)
EM	End of Medium	Ende der Aufzeichnung (auf einem Datenträger)
SUB	Substitute Character	Ersetzen eines fehlerhaften Zeichens durch ein anderes
DEL	Delete	Löschen (zum Überschreiben fehlerhafter Zeichen)

Bei der **asynchronen Übertragung** wird jedes Zeichen getrennt übertragen, der zeitliche Abstand zwischen den einzelnen Zeichen ist beliebig. Vor jedem Zeichen wird ein Startsignal (Startbit) und nach jedem Zeichen ein Stopsignal übertragen.

Bei **synchroner Übertragung** wird ein ganzer Datenübertragungsblock auf einmal übertragen. Sender und Empfänger verfügen jeweils über einen Taktgeber, der durch einige Synchronisierungszeichen (SYN) synchronisiert wird. Das Ende eines Blocks wird durch ein eigenes Zeichen (ETB) gekennzeichnet.

SYN	SYN	SYN	SYN	Datenübertragungsblock	ETB

Die synchrone Übertragungsform erlaubt eine höhere Übertragungsgeschwindigkeit, benötigt jedoch bei manueller Eingabe einen
Pufferspeicher für die Aufnahme des Datenübertragungsblockes
(z.B. eine Zeile).

Um Telefonverbindungen (sowohl Leitungen als auch Richtfunknetze)
als Übertragungskanal für die Datenübertragung verwenden zu
können, werden die Binärzeichen Ø und L zum Zweck der Übertragung
durch zwei unterschiedliche Tonfrequenzen dargestellt (z.B.
Ø durch 1180 Hz und L durch 980 Hz, der Mittelwert 1080 Hz ist
die Trägerfrequenz). Die Umwandlung von Gleichspannungsimpulsen
in Tonfrequenz wird als Modulation, die Rückwandlung als
Demodulation bezeichnet, die entsprechenden Geräte heißen Modem
(Modulator-Demodulator).

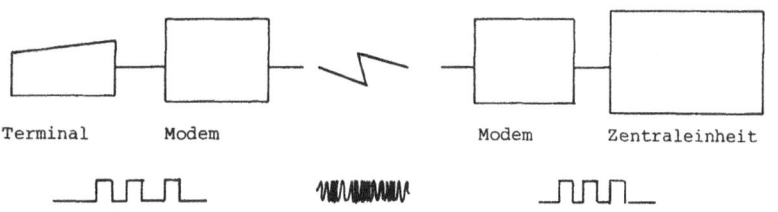

Terminal   Modem   Modem   Zentraleinheit

Da über Übertragungskanäle Signale nur innerhalb eines bestimmten
Frequenzbereiches (3100 Hz Bandbreite bei Telefonleitung) über-
tragen werden können, sind der Übertragungsgeschwindigkeit
Grenzen gesetzt. In der Telegraphie wird die Länge eines
Signalimpulses als Schrittdauer, der Kehrwert der Schrittdauer,
als Schrittgeschwindigkeit bezeichnet. Die Schrittgeschwindig-
keit wird in Baud (Bd) gemessen (Anzahl der Schritte pro
Sekunde, bit/s). Das Telex-Fernsprechnetz arbeitet mit einer
Schrittgeschwindigkeit von 50 Bd, bei Verwendung von Telefon-
Wählleitungen sind 2400 Bd, bei Standleitungen bis zu 9600 Bd
möglich.

Erfolgt die Übertragung prinzipiell nur in eine Richtung
(z.B. nur Sendebetrieb oder nur Empfangsbetrieb), so spricht
man von einer Simplex-Übertragung. Im Wechselbetrieb oder
Halbduplex kann abwechselnd gesendet und empfangen werden.
Eine Übertragung, die gleichzeitiges Senden und Empfangen

erlaubt, bezeichnet man als Gegenbetrieb oder Vollduplex. Eine
Vollduplex-Übertragung benötigt entweder eine 4-Draht-Leitung
(pro Übertragungsrichtung ein Leitungspaar) oder zwei unterschiedliche Trägerfrequenzen (z.B. 1080 Hz bzw. 1750 Hz).

Unterschiedliche Trägerfrequenzen können auch dazu verwendet werden, um
über einen einzigen Übertragungskanal genügend großer Kapazität (z.B. Richt-
funkstrecke) mehrere Terminals anzuschließen. Dieses Verfahren wird als
Frequenzmultiplex bezeichnet. Eine andere Möglichkeit, eine einzige Über-
tragungseinrichtung zwischen mehreren Teilnehmern aufzuteilen, besteht darin,
den Übertragungskanal den einzelnen Benutzern zyklisch für sehr kurze
äquidistante Zeitabschnitte zur Verfügung zu stellen (Zeitmultiplex).

Falls der Empfänger einen Übertragungsfehler erkennt, so kann
beim Halbduplexbetrieb nach der Übertragung eines Zeichens
bzw. eines Datenblocks eine Wiederholung des fehlerhaften
Zeichens (Blocks) angefordert werden. Im Vollduplexbetrieb
ist eine Fehlerprüfung im Echomode weitverbreitet. Dabei wird das
vom Terminal gesendete Zeichen vom Rechner zurückgesendet und
erst das empfangene Echo am Terminal ausgedruckt - im Falle
einer ungültigen Verschlüsselung wird ein Schmierzeichen ausgegeben.

A 2.5 VERBINDUNG ZWISCHEN PERIPHERIE UND ZENTRALEINHEIT

Bei der Verbindung zwischen den einzelnen peripheren Geräten
und der Zentraleinheit sind folgende Gesichtspunkte zu beachten:

* Für die Zentraleinheit soll die Datenübertragung
  möglichst unabhängig vom speziellen Gerätetyp erfolgen.

  Außer der Übertragung der Daten sind je nach Geräte
  spezifische Steuerfunktionen nötig (z.B. Steuerung
  des Transports des Datenträgers, Kontrolle eines
  Schreibvorganges durch anschließendes Lesen, Auslösung
  des Hammers synchron mit dem Umlauf der Druckerstelle
  etc.), die nicht von der Zentraleinheit wahrgenommen
  werden können.

* Die Zentraleinheit soll durch die Durchführung der
  Ein/Ausgabe möglichst nicht gebremst werden.(Die
  Ein/Ausgabe eines Zeichens benötigt meist um ein
  Vielfaches mehr Zeit als die interne Verarbeitung).

* Die einzelnen peripheren Geräte sollen sich nicht
  gegenseitig bremsen (da die Ein/Ausgabe meist den
  größten zeitlichen Engpaß beim Betrieb eines Computers
  darstellt, soll es möglich sein, mehrere periphere
  Geräte gleichzeitig zu betreiben).

Der ersten Anforderung wird durch eigene Steuereinheiten, den
beiden letzten durch Verwendung eigener peripherer Prozessoren
für die Ein/Ausgabe Rechnung getragen.

A 2.5.1 STEUEREINHEIT

Bei peripheren Geräten unterscheidet man zwischen dem Gerät
selbst, welches die mechanischen Bewegungen durchführt (z.B.
Bewegung des Datenträgers, Positionierung des Kammes, Stanzen
der Löcher, etc.) und der zugehörigen Steuereinheit (engl.
control unit), die die mechanischen Funktionen des Gerätes
elektronisch steuert. Manchmal ist die Steuereinheit unmittelbar in das Ein/Ausgabegerät eingebaut, oft sind auch beide
getrennt.

Eine Steuereinheit ist auf die speziellen Eigenschaften des
zugehörigen Gerätes abgestimmt. Mehrere gleichartige Geräte
können zwar gleichzeitig an ein- und dieselbe Steuereinheit
angeschlossen sein, zum gleichen Zeitpunkt können jedoch nur
von einem Gerät Daten übertragen werden.

A 2.5.2 PERIPHERER PROZESSOR

Das extreme Mißverhältnis zwischen Ein/Ausgabegeschwindigkeit
und interner Rechengeschwindigkeit soll an zwei Beispielen
illustriert werden:

Ein schneller Kartenleser liest 800 Lochkarten in der Minute,
das heißt das Lesen eines Zeichens dauert etwa 1 ms. Die

Übertragung dieses Zeichens in den Arbeitsspeicher benötigt einen Speicherzugriff, der etwa 1 µs dauert. Wird das Lesen und Übertragen eines Zeichens durch einen eigenen Befehl der Zentraleinheit bewerkstelligt, so steht die Zentraleinheit 99,9 % der Ausführungszeit dieses Befehls still.

Um die Zentraleinheit durch die wesentlich langsamere Ein/Ausgabe nicht zu bremsen, verwendet man für die Durchführung der Ein/Ausgabeoperationen eigene Satellitenrechner, sogenannte periphere Prozessoren oder Datenkanäle (engl. data channel). Diese peripheren Prozessoren sind programmierbare Computer, die speziell für den Datentransfer und die Steuerung und Überwachung der Ein/Ausgabe-Operationen geeignet sind. Nachdem sie von der Zentraleinheit zur Durchführung einer Ein/Ausgabe-Operation aufgefordert wurden, führen sie die tatsächliche Ein/Ausgabe nach einem eigenen Programm (Kanalprogramm) durch. In der Zwischenzeit kann die Zentraleinheit mit ihrem Programm fortfahren. Außer zum Start einer Ein/Ausgabe-Operation enthält der Instruktionsvorrat der Zentraleinheit meist noch einen weiteren Befehl, der überprüft, ob der periphere Prozessor die Ein/Ausgabeoperation erfolgreich abgeschlossen hat. Bei dieser Form der Kommunikation zwischen Zentraleinheit und peripheren Prozessoren ist die Zentraleinheit der aktive Teil, der den peripheren Prozessor anstößt und abfragt. Eine andere Möglichkeit besteht darin, daß der periphere Prozessor von sich aus den Rechenablauf der Zentraleinheit durch Auslösung eines Interrupts unterbricht, falls die Ein/Ausgabe-Operation beendet ist oder bei der Übertragung ein Fehler aufgetreten ist. Eine solche Programmunterbrechung kann zum Beispiel auch ausgelöst werden, wenn von einem angeschlossenen Terminal ein Zeichen eingegeben wird.

Um seine Aufgabe - nämlich die Übertragung von Zeichen zwischen Arbeitsspeicher und peripheren Geräten - erfüllen zu können, muß der periphere Prozessor die Möglichkeit haben, zum Arbeitsspeicher der Zentraleinheit zuzugreifen. Falls die Zentraleinheit gleichzeitig mit einem peripheren Prozessor zum Arbeitsspeicher zugreifen möchte, wird der Zugriff der Zentraleinheit einfach um einen Speicherzyklus unterbunden. Dieses Verfahren wird als Cycle-Stealing bezeichnet.

Da der periphere Prozessor notwendigerweise die Möglichkeit
besitzt, zum Arbeitsspeicher zuzugreifen, verzichtet man häufig
auch darauf, den peripheren Prozessor mit einem eigenen Speicher
auszustatten und speichert sein Programm ebenfalls in den Arbeitsspeicher. Mittels Cycle-Stealing transferiert der periphere
Prozessor dann nicht nur die Daten vom und zum Arbeitsspeicher,
sondern holt auch seine eigenen Instruktionen aus dem Arbeitsspeicher.

Durch Verwendung peripherer Prozessoren können Ein/Ausgabe-
Operationen simultan zum Rechenablauf der Zentraleinheit und
- falls mehrere periphere Prozessoren gleichzeitig verwendet
werden - auch simultan untereinander durchgeführt werden. Falls
langsame Ein/Ausgabe-Geräte angeschlossen sind, kann sich jedoch
auch hier wieder ein Mißverständnis zwischen dem schnellen
peripheren Prozessor und dem langsamen Ein/Ausgabe-Gerät ergeben. Eine Möglichkeit der Abhilfe besteht darin, mehrere langsame Ein/Ausgabe-Geräte im Zeitmultiplexverfahren (Mehrpunkt-
betrieb) an ein und denselben peripheren Prozessor anzuschließen.
Der Prozessor bedient dann die einzelnen Geräte zyklisch, jedoch
immer nur für die Dauer einer kurzen Zeitspanne. Ein solcher
Multiplexer (auch Multiplexkanal im Gegensatz zum Selektorkanal)
wird insbesonders für den Anschluß vieler langsamer Terminals
an eine Rechenanlage verwendet.

B   BETRIEBSSYSTEME

Beim Betrieb eines Computersystems treten immerwiederkehrende
organisatorische Aufgaben auf, die vom speziellen Benutzerproblem
unabhängig sind. Beispiele dafür sind

* Behandlung von Programmunterbrechungen durch entsprechende
  Unterprogramme (Interrupt Service Routinen)

* Steuerung der Ein/Ausgabeoperationen durch Ein/Ausgabe-
  Unterprogramme (Input/Output Control)

* Übersetzen, Assemblieren und Laden von Benutzerprogrammen
  durch Compiler, Assembler und Loader

* Übertragen von Datenbeständen von einem Speichermedium
  auf ein anderes sowie Sortieren und Mischen von Daten
  durch Dienstprogramme

* Buchführung über die durch die einzelnen Benutzer verbrauchten Betriebsmittel wie Rechenzeit, Speicherbedarf
  etc. durch Verrechnungsprogramme (Accounting)

Weiters benötigt man Steuerprogramme, die die richtige Aufein-
anderfolge mehrerer Programme steuern. Alle diese Aufgaben werden
durch ein System von Programmen - also durch geeignete Software -
gelöst, das als Betriebssystem (engl.operating system, monitor,
supervisor) bezeichnet wird. Das Betriebssystem soll eine ökonomische sowie komfortable Benutzung des Computers ermöglichen.

B 1 EIN/AUSGABE ORGANISATION

B 1.1 PUFFERUNG

Trotz Ausschöpfung aller Hardwaremöglichkeiten - wie simultane
Ein/Ausgabe durch eigene Prozessoren - bildet die Ein/Ausgabe
oft einen Engpaß für die rasche Durchführung eines Programms.
Betrachten wir zum Beispiel ein Programm, welches Daten einliest,
verarbeitet und Ergebnisse ausgibt. Die eingelesenen Daten werden
in einem bestimmten Teil des Arbeitsspeichers - dem Eingabebereich - gespeichert. Nach der Verarbeitung der Eingabedaten
stehen die Ergebnisse in einem Ausgabebereich für die Ausgabe
zur Verfügung.

Für die Verarbeitung eines Datensatzes müssen somit die Schritte
Eingabe (E), Verarbeitung (V) und Ausgabe (A) entsprechend dem
Zeitdiagramm aufeinanderfolgend ausgeführt werden.

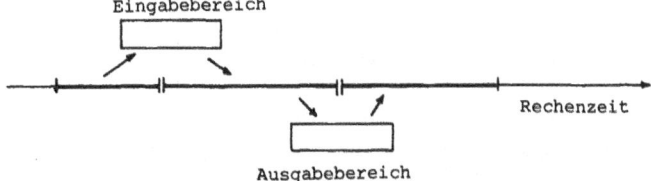

Sollen mehrere Datensätze durch dasselbe Programm nacheinander
verarbeitet werden, so kann - trotz simultaner Ein/Ausgabe -
mit der Eingabe des zweiten Datensatzes erst begonnen werden,
wenn die Verarbeitung des ersten Satzes abgeschlossen ist. (Die
Eingabedaten des ersten Datensatzes müssen bis zum Ende ihrer
Verarbeitung im Eingabebereich zur Verfügung stehen und dürfen
nicht durch die folgenden Eingabedaten überschrieben werden).
Ebenso darf mit der Verarbeitung des zweiten Satzes erst begonnen
werden, wenn dieser zur Gänze eingelesen ist und die Ergebnisse
des ersten Satzes ausgegeben sind. (Die Ergebnisse des ersten
Satzes dürfen nicht überschrieben werden, bevor sie ausgegeben
sind).

Aus diesen Bedingungen ergibt sich das folgende Zeitdiagramm:

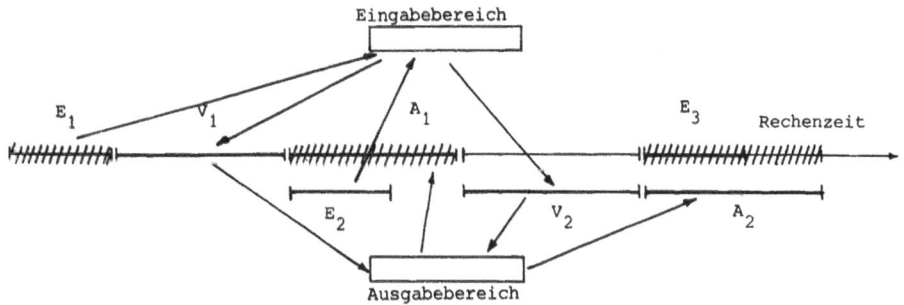

Obwohl die Ein/Ausgabe simultan zum Programmablauf der Zentraleinheit erfolgen könnte, ist die Zentraleinheit während der
gesamten Ein/Ausgabezeit unbenützt (schraffierter Bereich). Den
tatsächlichen Engpaß bilden hier die Ein/Ausgabebereiche, weil
sie von jeweils zwei aufeinanderfolgenden Prozessen - der Eingabe
und der Verarbeitung, bzw. der Verarbeitung und der Ausgabe -
gemeinsam benötigt werden. Eine Verbesserung kann dadurch erreicht werden, daß jeweils zwei Ein/Ausgabebereiche für aufeinanderfolgende Datensätze abwechselnd benützt werden:

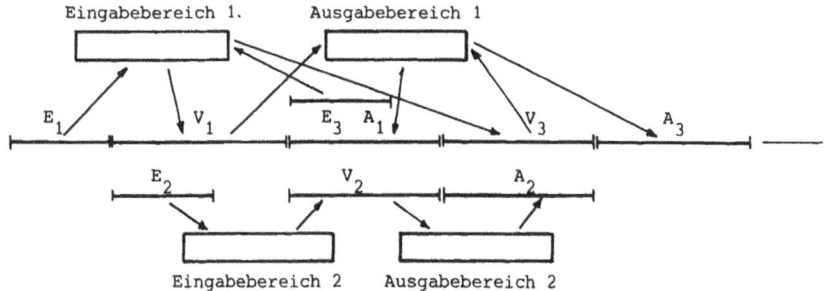

Diese organisatorische Maßnahme wird als _Pufferung_ bezeichnet.
Sie ermöglicht unter gewissen Umständen eine Verkürzung des
Rechenablaufes auf Kosten eines erhöhten Speicherbedarfs. Die
Pufferung der Ein/Ausgabedaten erfolgt meist automatisch (ohne

Beeinflussung durch den Programmierer) durch entsprechende Ein/
Ausgabeprogramme des Betriebssystems. Das folgende Beispiel zeigt,
daß eine Pufferung den Rechenablauf nicht immer beschleunigen muß:

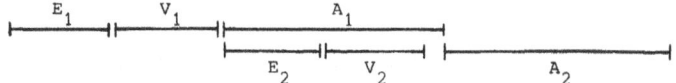

Da hier die Ausgabe länger dauert als Eingabe und Verarbeitung
gemeinsam, bringt eine Pufferung der Eingabe keine Rechenzeit-
ersparnis.

B 1.2 BLOCKUNG

Für manche Datenträger (z.B. Magnetband) ist es notwendig, eine
bestimmte Datenmenge gemeinsam als Block zu speichern und zu
übertragen. Aus Gründen der optimalen Ausnützung des Speichermediums sowie der Übertragungsgeschwindigkeit kann eine bestimmte
Anzahl von Zeichen pro Block - die sogenannte Blocklänge -
günstig sein. In vielen Fällen ist ein Datensatz (engl. record)
- das ist die zu einem Verarbeitungsschritt gehörige Datenmenge -
wesentlich kürzer als die optimale Blocklänge, man faßt daher
mehrere (logische) Sätze zu einem (physischen) Block zusammen.

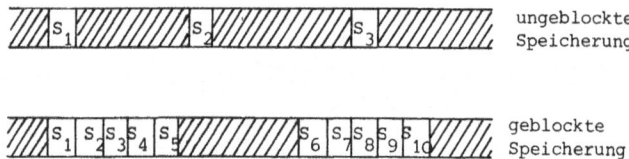

ungeblockte
Speicherung

geblockte
Speicherung

Als Beispiel betrachten wir die Speicherung von Lochkarteninhalten auf
Magnetband. Die Satzlänge beträgt hier 80 Zeichen. Wird pro Lochkarte ein
Block geschrieben, so beträgt die physische Länge eines Blockes bei 800 bpi
Zeichendichte 2.5 mm plus 15mm für den Blockzwischenraum. Pro Lochkarte
werden somit 17.5 mm Magnetband benötigt. Bei einer Lese/Schreibgeschwindig-
keit von 200 Zoll/s dauert die Übertragung einer Lochkarte 0.5 ms plus 10 ms
Start/Stopzeit. Faßt man dagegen zum Beispiel 10 Lochkarten zu einem Block
zusammen, so ist ein Block 25 + 15 = 40 mm lang und die Übertragung dieses
Blockes dauert 5 + 10 = 15 ms. Pro Lochkarte ist dadurch die benötigte Band-
länge von 17.5 auf 4 mm reduziert und die Übertragungsdauer von 10.5 ms auf
1.5 ms gesunken!

Die Anzahl der Sätze, die zu einem Block zusammengefaßt sind,
wird als Blockungsfaktor bezeichnet. Bei fester Satzlänge ist
die Blocklänge (BL) gleich dem Produkt der Satzlänge (SL) mal
Blockungsfaktor (BF).

$$BL = SL * BF$$

Sind die einzelnen Sätze unterschiedlich lang (variable Satzlänge),
so ist auch die Blocklänge variabel. Zu Kontrollzwecken kann
die Blocklänge am Anfang jedes Blockes in einem eigenen Kontroll-
wort mitgespeichert werden. Die Länge der einzelnen Sätze kann
bei variabler Satzlänge ebenfalls am Beginn jedes Satzes gespeichert sein

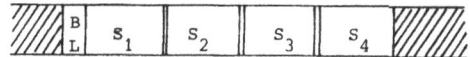

oder es wird ein eigenes Trennzeichen zum Trennen der einzelnen
Sätze verwendet.

Da ein Block als ganzes übertragen wird, muß im Arbeitsspeicher
ein Ein/Ausgabebereich für die Speicherung eines ganzen Blocks
reserviert sein. Bei variabler Blocklänge muß dieser Ein/Ausgabe-
bereich die Länge des größtmöglichen Blockes haben. Bei variabler
Satzlänge und festem Blockungsfaktor ist die maximale Blocklänge
durch die maximale Satzlänge bestimmt. Häufig wird jedoch eine
maximale Blocklänge vorgegeben und der Blockungsfaktor ebenfalls
variabel gehalten.

Das Zusammenfügen einzelner logischer Sätze zu einem Block bei
der Ausgabe, sowie das Trennen der einzelnen Sätze bei der
Eingabe wird von den Ein/Ausgabeprozeduren des Betriebssystems
organisiert. Die Blockung kann mit einer Pufferung der Ein/
Ausgabe kombiniert werden.

B 1.3 ORGANISATIONSFORMEN VON DATEIEN

Eine zusammengehörige Menge von Sätzen wird als Datei (engl.
file) bezeichnet. Das Herausgreifen eines Satzes aus einer
Datei bezeichnet man als Zugriff (engl. access). Entsprechend
der Organisationsform einer Datei unterscheidet man zwischen
sequentiellem und wahlfreiem Zugriff. Manche Datenträger erlauben
nur einen sequentiellen Zugriff (z.B. Magnetband). Der Zugriff
zu einem Satz einer Datei wird durch die Ein/Ausgabeprogramme des
Betriebssystems organisiert.

B 1.3.1 SEQUENTIELLER ZUGRIFF

Beim sequentiellen Zugriff (engl.sequential access) erfolgt die
Verarbeitung Satz für Satz in der Reihenfolge der Speicherung.
Wird jeder Satz durch einen bestimmten Schlüssel (engl. key)
- z.B. eine Nummer oder alphanumerische Zeichenfolge - identifi-
ziert, so können die einzelnen Sätze in der Sortierfolge ihrer
Schlüssel gespeichert und verarbeitet werden. Sollen in einer
sequentiellen Stammdatei einzelne Sätze verändert, hinzugefügt
oder entfernt werden, so müssen auch diese Veränderungen (engl.
update) in sequentieller Reihenfolge erfolgen. Dann müssen die
einzelnen Änderungssätze zuvor in einer eigenen Änderungsdatei
zusammengefaßt und ebenfalls nach Schlüssel sortiert werden. Der
folgende Datenflußplan zeigt die Vorgangsweise beim Hinzufügen
von Sätzen zu einer sortierten Stammdatei (die Stammdatei soll
auf Magnetband gespeichert sein, die einzelnen Zugänge werden
von Lochkarten eingelesen).

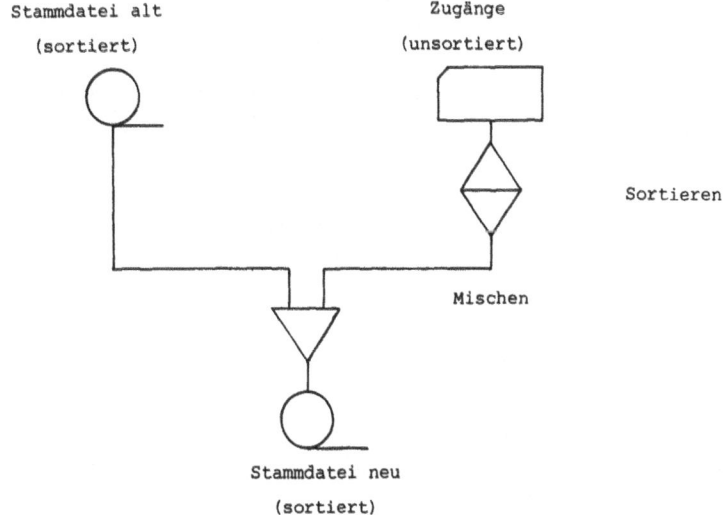

Stammdatei alt
(sortiert)

Zugänge
(unsortiert)

Sortieren

Mischen

Stammdatei neu
(sortiert)

Änderungen einer auf Magnetband gespeicherten sequentiellen Datei
machen ein Kopieren der gesamten Datei notwendig. Dieser Aufwand
bringt es mit sich, daß Änderungen meist über einen gewissen Zeitraum angesammelt werden, bis sich eine Verarbeitung lohnt - die
Folge dieser Stapelverarbeitung (engl. batch-processing) ist,
daß die Datei nicht immer dem letzten Stand entspricht. Andererseits ermöglicht dieser Kopiervorgang eine einfache Datensicherung.
Wird die alte Stammdatei gemeinsam mit der Änderungsdatei bis
zum nächsten Updatelauf aufbewahrt, so kann eine eventuelle zer-
störte neue Stammdatei jederzeit rekonstruiert werden (Mutter-
Tochter-Prinzip).

Manche für sequentiellen Zugriff geeignete Datenträger (z.B.
Magnetband) gestatten eine wiederholte Verarbeitung der gesamten
Datei. Dieses Zurücksetzen auf den Anfang der Datei wird als
Rückspulen (engl. rewind) gezeichnet. Das Ende einer sequentiellen
Datei wird durch einen speziellen Kennsatz (End-of-File-Marke,
EOF) gekennzeichnet. Beim Lesen der Datei wird von den Eingabe-
programmen die End-of-File-Bedingung überprüft. Um beim Schreiben
einer sequentiellen Datei die EOF-Marke durch das Ausgabeprogramm
anzufügen, muß die Datei abgeschlossen werden. Falls die einzelnen
Sätze geblockt sind, wird beim Schließen (engl. close) der Datei

der letzte (eventuell kürzere) Block ausgegeben - im Falle einer
Pufferung werden die Pufferspeicherbereiche geleert - dann wird
die Datei mit einer EOF-Marke abgeschlossen.

Besonders bei magnetischen Datenträgern wird an den Anfang einer
Datei häufig ein spezieller Kennsatz (engl. label-record) ge-
schrieben, der Information über die Form der Datei (Blockungs-
faktor, Satzlänge, etc.) sowie über die Berechtigung des Zugriffs
(Paßwort zur Datensicherung, symbolische Bezeichnung der Datei,
etc.), Datum der Erstellung der Datei und ähnliches enthält. Das
Schreiben dieser Kennsätze sowie deren Überprüfung beim Lesen
erfolgt beim sogenannten Eröffnen (engl. open) einer Datei. Das
Öffnen und Schließen von Dateien erfolgt durch entsprechende
Programme des Ein/Ausgabe-Systems.

Vorteile der sequentiellen Organisationsform sind ein schneller
Zugriff zum nächsten Satz in der betreffenden Reihenfolge,
Möglichkeit einer Pufferung (da die Reihenfolge der Sätze fest-
liegt), einfache Datensicherung durch Mutter-Tochter-Prinzip
und billige Speichermedien. Nachteilig kann der langsame Zugriff
zu einem bestimmten Satz sowie die Notwendigkeit des Kopierens
der gesamten Datei im Falle von Änderungen einzelner Sätze sein.

B 1.3.2 DIREKTER ZUGRIFF

Das Gegenstück zum sequentiellen Zugriff ist der wahlfreie Zugriff
(engl. random access) zu einzelnen Sätzen einer Datei in beliebiger Reihenfolge auf Grund eines Schlüssels. Ein solcher wahlfreier Zugriff ist nur auf einem "adressierbaren" Datenträger
(z.B. Arbeitsspeicher, Platte, Trommel) möglich. Im einfachsten
Fall kann die Position (Adresse) eines Satzes aus dem Schlüssel
berechnet werden, ein solcher Zugriff wird als direkter Zugriff
(engl. direct access) bezeichnet. Es existiert somit eine umkehrbar eindeutige Zuordnung zwischen den einzelnen Schlüsselwerten und den Speicheradressen.

Unter "Adresse" im allgemeinen Sinn werden hier Angaben über
die Position eines Satzes auf dem Speichermedium verstanden. Diese
Angaben können unterteilt sein (z.B. Zylindernummer und Kopfnummer
beim Plattenspeicher).

Beispiel:

Namen und Wohnadressen aller an der TU Wien inskribierten Studen-
ten sollen gespeichert und auf Grund der Matrikelnummer zugreif-
bar sein. Die siebenstellige Matrikelnummer - die den Schlüssel
darstellt - gliedert sich in eine zweistellige Zahl, die das
Immatrikulationsjahr angibt, einen zweistelligen Hochschulcode
und eine dreistellige fortlaufende Nummer.

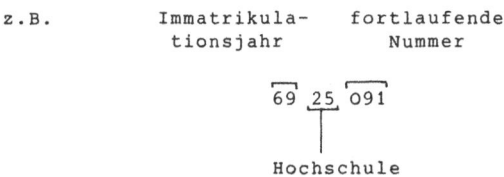

Eine Möglichkeit der Adresszuordnung besteht darin, das Immatrikulationsjahr als Zylindernummer und die erste Ziffer der fortlaufenden Nummer als Kopfnummer zu verwenden. Der Hochschulcode
bleibt unberücksichtigt, da er für alle Technikstudenten der-
selbe ist. Auf einer Spur werden 100 Sätze abgespeichert.

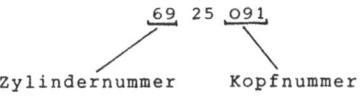

Beim Zugriff zu einem bestimmten Satz wird zuerst aus dem Schlüssel
die Zylinder- und Kopfnummer der jeweiligen Spur ermittelt und
danach die gesamte Spur als Block in den Arbeitsspeicher übertragen.

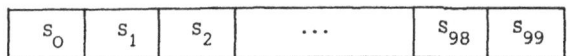

Erst im Arbeitsspeicher erfolgt der Zugriff zum gewünschten Satz
auf Grund der letzten beiden Stellen der Matrikelnummer.

Die direkte Organisationsform ermöglicht einen raschen Zugriff
zu einem beliebigen Satz, Änderungen können durchgeführt werden,
ohne die gesamte Datei zu kopieren. Nachteilig kann sich die
fehlende Datensicherung auswirken. Da dem Ein/Ausgabesystem nicht
bekannt ist, welcher Satz als nächster verarbeitet wird, ist eine
Pufferung nicht möglich. Falls nicht alle möglichen Schlüsselwerte tatsächlich auftreten, bleiben Teile des Speichermediums

unbenützt. Da eine umkehrbar eindeutige Zuordnung zwischen
Schlüsselwert und Speicheradresse besteht, ist es nicht erforderlich, den Schlüssel selbst mitzuspeichern.

Eine Abart des direkten Zugriffs verwendet eine nicht umkehrbar
eindeutige Abbildung der Schlüsselwerte auf die Adressen. Diese
Methode ist dann vorteilhaft, wenn zwischen den verwendeten
Schlüsselwerten größere Lücken auftreten (z.B. bei Namen als
Schlüssel). Durch eine eigene Hash-Funktion werden die einzelnen
Schlüsselwerte möglichst gleichmäßig den einzelnen Spuren zugeordnet. Alle auf dieselbe Spur abgebildeten Sätze werden sequentiell angeordnet. Falls eine Spur zu klein ist, wird eine Reserve-
spur (Überlaufspur) verwendet. Beim Zugriff wird aus dem Schlüssel
die Spurnummer berechnet, die gesamte Spur als Block eingelesen
und der gewünschte Satz gesucht. Bei dieser sogenannten <u>Hash-
Methode</u> müssen die Schlüssel mitgespeichert werden.

B 1.3.3 INDEXSEQUENTIELLER ZUGRIFF

Die indexsequentielle Organisationsform versucht ebenfalls,
bei nicht fortlaufenden Schlüsselwerten Lücken in der Speicherung
zu vermeiden. Die Adresse des Speicherbereiches wird allerdings
nicht auf Grund einer Vorschrift aus dem Schlüssel berechnet,
sondern aus einer Tabelle, der sogenannten <u>Indextabelle</u>,
entnommen.

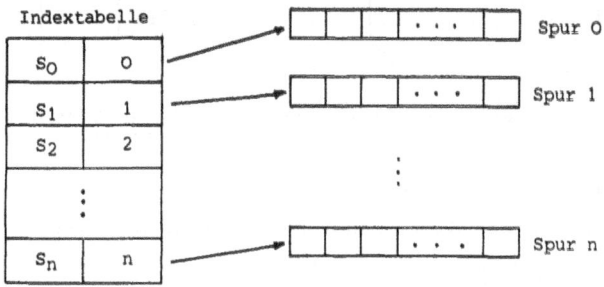

Innerhalb einer Spur sind die einzelnen Sätze nach Schlüsseln
sortiert gespeichert. In der Indextabelle ist der jeweils größte
Schlüssel jeder Spur enthalten. Die Nummer der gewünschten Spur
kann aus der Indextabelle durch binäres Suchen ermittelt werden.

Die erstmalige Erstellung einer indexsequentiellen Datei muß
sequentiell, d.h. nach Schlüsseln sortiert, erfolgen. Meist
werden pro Spur einige Sätze freigelassen, um nachträglich Sätze
hinzufügen zu können. Reicht dieser freie Speicherraum nicht aus,
so werden überlaufende Sätze in einer eigenen Überlaufspur gespeichert. Da dadurch jedoch das Auffinden der Sätze erschwert
wird, empfiehlt es sich, sobald die Überläufe überhandnehmen,
die Datei neu zu organisieren.

Um einen raschen Zugriff zu ermöglichen, ist es vorteilhaft, die
Indextabelle im Arbeitsspeicher zu halten. Falls bei großen
Dateien die Indextabellen zu umfangreich sind, um im Arbeitsspei-
cher Platz zu finden, verwendet man hierarchisch gegliederte
Indextabellen, die selbst auf dem externen Speicher gespeichert
sind.

z.B.

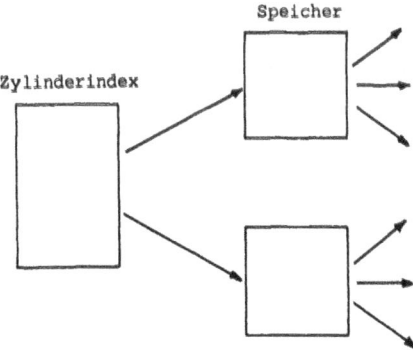

Ein kleiner und daher im Arbeitsspeicher untergebrachter Zylinderindex enthält die Zylindernummer des gesuchten Satzes. Nachdem der Zylinderindex an-
gesprochen ist, wird der auf jedem Zylinder gespeicherte Spurindex in den
Arbeitsspeicher übertragen, daraus die gewünschte Spur ermittelt und diese
eingelesen. Da der Zylinder bereits ausgewählt ist, sind dazu keine weiteren
mechanischen Bewegungen erforderlich. Ist der gewünschte Satz in der betreffenden Spur nicht enthalten, so wird in der Überlaufspur - die sich ebenfalls
im selben Zylinder befindet - weitergesucht.

Vorteil der indexsequentiellen Organisationsform ist eine bessere
Ausnutzung des Speichermediums, falls die Schlüsselwerte nicht
fortlaufend sind. Nachteilig ist der langsamere Zugriff und die
Notwendigkeit, die Datei sequentiell zu erstellen.

B 2 LADEN UND BINDEN VON PROGRAMMEN

Jedes Maschinenprogramm muß vor seiner Ausführung in den Arbeitsspeicher geladen werden. Dieser Ladevorgang, bei dem die bereits
in binärer Form vorliegenden Instruktionen in aufeinanderfolgende
Speicherzellen geschrieben werden, wird von einem Programm des
Betriebssystems - dem Lader (engl. loader) - durchgeführt.

B 2.1 ABSOLUTLADER

Entsprechen sämtliche in einem Programm auftretenden Adressen
den tatsächlichen Speicheradressen, so spricht man von einem
absolut adressierten Programm. Beim Erstellen eines Programms
mit absoluten Adressen muß allerdings die Ladeadresse - das ist
die Adresse, ab der das Programm geladen wird - bereits bekannt
sein.

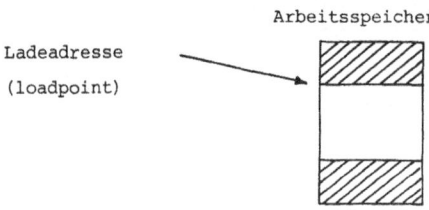

Absolut adressierte Programme müssen bei mehrmaliger Ausführung
immer in denselben Speicherbereich geladen werden. Die Aufgabe
des Ladens selbst ist dafür verhältnismäßig einfach und wird

vom sogenannten Absolutlader bewerkstelligt. Interessant ist,
daß der Absolutlader - der ja selbst ein Programm ist - gleichzeitig mit dem geladenen Programm im Arbeitsspeicher Platz finden
muß, um seine Aufgabe erfüllen zu können. Da der Absolutlader
auch benötigt wird, um nach der Durchführung des Programms das
nächste Programm zu laden, ist es notwendig, den Absolutlader
ständig im Arbeitsspeicher zu halten - er bildet somit einen
Bestandteil des speicherresidenten Teils des Betriebssystems.
Es drängt sich nun die Frage auf, wie denn der Absolutlader
selbst in den Arbeitsspeicher geladen werden kann. Tatsächlich
verwendet man dazu einen ganz primitiven Urlader, der nur aus
einigen Instruktionen besteht, die bei einem Kaltstart des
Computers - das ist ein Starten mit leerem Arbeitsspeicher -
von Hand aus eingegeben oder aus einem Festspeicher übertragen
werden. Dieser Vorgang wird als Initial Programm Loading (IPL)
bezeichnet.

Da die absolute Adressierung die Flexibilität des Programms
stark einengt, wird man nur solche Programme in absoluter Form
speichern, die häufig in denselben Bereich des Arbeitsspeichers
geladen werden - es sind dies vorwiegend Programme des Betriebssystems, Compiler, Assembler und Lader.

Absolute Programme können auch dadurch entstehen, daß bei sehr
lange laufenden Programmen von Zeit zu Zeit ein Speicherabzug
(engl. snapshot) - das ist eine Kopie des gesamten Arbeits-
speicherinhaltes - auf einem externen Speicher abgespeichert
wird. Falls ein Maschinenfehler auftritt, braucht das Programm
nicht von Anfang an, sondern nur vom letzten Speicherabzug weg
wiederholt zu werden. Eine solche Programmwiederholung wird als
Restart bezeichnet. Ein Speicherabzug kann auch gemacht werden,
um ein Programm zu unterbrechen und zu einem späteren Zeitpunkt
weiterzurechnen.

B 2.2 RELATIVLADER

Vielseitig verwendbare Unterprogramme dürfen nicht in absoluter
Form gespeichert werden, da man ja im vorhinein nicht weiß, in
welchem Speicherbereich sie geladen werden. Man speichert solche
Programme daher mit relativen Adressen, die auf den Anfang des

Programms bezogen sind. Erst beim Laden des Programms in den
Arbeitsspeicher wird zu jeder relativen Adresse die Ladeadresse
addiert und somit die absolute Adresse berechnet. Das Ladepro-
gramm, welches diese Adressmodifikation vornimmt, wird als
Relativlader (engl. relocating loader) bezeichnet.

Um die Adressmodifikation an den richtigen Instruktionen vor-
nehmen zu können, muß dem Relativlader gemeinsam mit dem relativ
adressierten (engl. relocatable) Programm die Information übermittelt werden, welche Adressen modifiziert werden sollen und
welche nicht. (Die Unterscheidung in direkte und indirekte
Operanden reicht nicht aus, da ja auch direkte Operanden Adressen
sein können). Prinzipiell kann diese Information durch ein
zusätzliches Bit (relocation bit) an jede Instruktion des relativ
adressierten Programms angefügt werden, oder die (relativen)
Adressen sämtlicher Instruktionen, deren Adressteil modifiziert
werden sollen, sind in einer eigenen Tabelle (relocation table)
vor dem Programm gespeichert.

Vor dem Laden eines relativ adressierten Programms muß der
Relativlader durch den speicherresidenten Absolutlader in den
Arbeitsspeicher geladen werden. Erst dann kann der Relativlader
das Programm in den verbleibenden freien Teil des Arbeitsspeichers laden. Da der Relativlader einen Teil des Speichers belegt,
müssen große Programme vom Relativlader auf einem peripheren
Speicher in absoluter Form zwischengespeichert werden, bevor
sie vom Absolutlader in den Arbeitsspeicher geladen werden können.

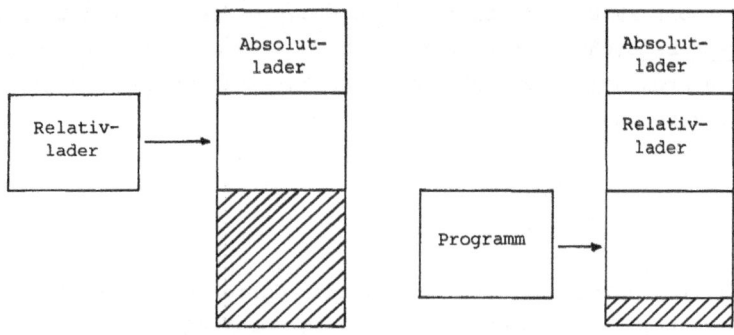

Das Problem der Berechnung der absoluten Adressen kann auch von
der Ladezeit auf die Laufzeit des Programms verschoben werden.
In einer eigenen Hardwareeinrichtung wird vor jeder Adressauswertung zur relativen Adresse der Inhalt eines zusätzlichen
Registers - des sogenannten Basisadressregisters - addiert.
(Dieser Vorgang entspricht einer impliziten Adressmodifikation
durch ein zweites Indexregister). Vor dem Start des Programms
wird die Ladeadresse - das ist die Basisadresse des Programms -
in dieses Basisadressregister geladen.

Die Verwendung eines Basisadressregisters ermöglicht es, bereits
geladene Programme während der Laufzeit im Arbeitsspeicher zu
verschieben.

B 2.3 BINDER

Das Laden von Unterprogrammen bringt eine zusätzliche Schwierigkeit mit sich. Beim Aufruf eines Unterprogramms, z.B. durch

JMP   G   D   up

muß der symbolische Name up des Unterprogramms durch die Ladeadresse des Unterprogramms ersetzt werden. Vor dem Laden des
Unterprogramms kennt man diese Adresse jedoch meist noch nicht.
Für das rufende Programm (Hauptprogramm) ist der Unterprogramm-
name ein externer symbolischer Name, der innerhalb des Programmteiles selbst nicht definiert ist. Die Zuordnung dieser externen
Namen zu den Speicheradressen wird als Binden (engl. linking,
binding) bezeichnet und von einem eigenen Programm, dem sogenannten Binder (engl. linkage editor) oder ebenfalls vom
Lader durchgeführt. Solche externe Namen treten nicht nur als
Namen von Unterprogrammen auf, sondern können auch Daten be-
zeichnen, die von mehreren Programmteilen gemeinsam verwendet
werden.

Für jeden Programmteil (Programmodul) wird eine Tabelle aller
externen Namen angelegt (external symbol dictionary), die in
diesem Programmteil definiert sind, oder benötigt werden. Definiert ist ein externer Name dann, wenn er eine Adresse des vorliegenden Programmteiles bezeichnet. In dieser Tabelle ist zu
jedem definierten externen Namen die zugehörige relative Adresse

eingetragen. Für jeden benötigten externen Namen sind die relativen Adressen jener Instruktionen eingetragen, die den externen Namen benötigen.

Beispiel:

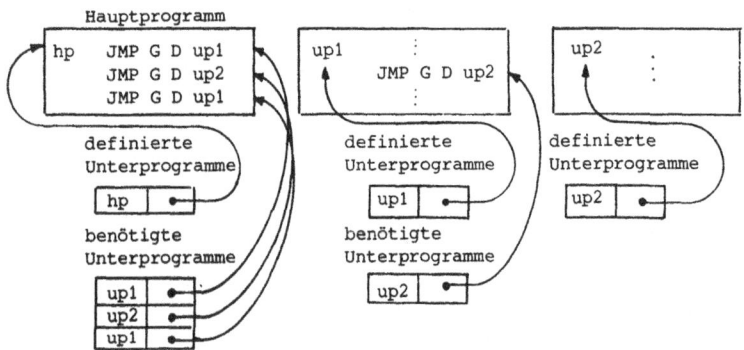

Beim Binden werden die Tabellen der externen Symbole jedes Programmoduls verglichen und die zugehörigen Adressen eingesetzt.

B 2.4 PROGRAMMBIBLIOTHEK

Falls beim Binden Unterprogramme benötigt werden, die vom Benutzer nicht definiert sind, so können diese Unterprogramme in einer eigenen Programmdatei, der sogenannten Programmbibliothek (engl. library) aufgesucht und zu den jeweiligen Benutzerprogrammen geladen werden. Da die Bibliotheksprogramme selbst wieder andere Unterprogramme benötigen können, müssen auch sie vom Binder verarbeitet werden. Um die Arbeit des Bindens zu erleichtern, wird gemeinsam mit der Programmbibliothek ein Verzeichnis aller in ihr enthaltenen Unterprogramme mitgespeichert,

in dem auch die von jedem Unterprogramm benötigten Unterpro-
grammnamen eingetragen sind.

<u>B 2.5 SEGMENTIERUNG</u>

Falls ein großes Programm nicht zur Gänze in den Arbeitsspeicher
paßt, kann es in mehrere Segmente (core loads) unterteilt werden,
die auf einem externen Speicher gespeichert sind und vom Loader
nach Bedarf in den Arbeitsspeicher geladen werden.

Wenn ein Segment abgearbeitet ist, wird es vom nächsten über-
laden (overlay). Dabei kann ein Teil des Speichers (z.B. für
gemeinsame Daten) erhalten bleiben.

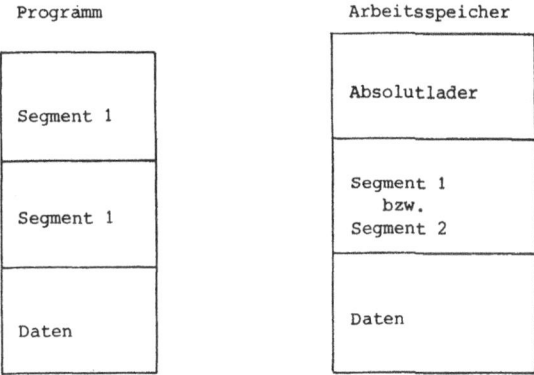

Viele Programme des Betriebssystems (z.B. Compiler) sind
segmentiert.

B 3 ÜBERSETZUNGSPROGRAMME

Programme zur Sprachübersetzung werden üblicherweise nicht als
Bestandteil eines Betriebssystems gewertet, sondern ebenso wie
andere Dienstleistungsprogramme (wie etwa Sortiersysteme,
Update-Systeme, Editing-Systeme) gleichrangig mit Benutzerprogrammen eingestuft. Man unterscheidet die Assemblierung

eines maschinenorientierten Assembler-Programms durch den
Assembler (die Bezeichnung Assembler wird für die Sprache
ebenso wie für das Übersetzungsprogramm verwendet) und die
Übersetzung eines in einer problemorientierten Programmier-
sprache abgefaßten Programms durch einen Compiler. Im letzten
Fall kann die Übersetzung entweder unmittelbar in den Maschinen-
code erfolgen oder der Compiler liefert als Ergebnis ein
Assemblerprogramm, das nachträglich assembliert werden muß.

Die Übersetzung selbst erfolgt meist in mehreren Schritten (z.B.
lexikalische Aufbereitung, Syntaxanalyse, Codeerzeugung) die
entweder in einzelnen Durchläufen (passes) durch das zu über-
setzende Programm oder verzahnt erfolgen. Gelegentlich wird
auch versucht,durch den Compiler eine Optimierung des erzeugten Codes vorzunehmen. Da ein Compiler sowohl auf die zu über-
setzende Programmiersprache als auch auf die verwendete Hardware abgestimmt sein muß, benötigt man n*m Compiler, um n Programmiersprachen auf m unterschiedlichen Computersystemen
verfügbar zu machen. Um den Aufwand für das Schreiben so vieler
Compiler zu reduzieren,bieten sich mehrere Möglichkeiten an:

* Statt unmittelbar in den Maschinencode zu übersetzen,
  wird das Programm zuerst in eine universelle Zwischensprache und anschließend in den Maschinencode übersetzt.
  Dadurch wird der Aufwand auf n + m Compiler reduziert.

* Compilergeneratoren erlauben es, einen Compiler aus
  Angaben über die Syntax und Semantik einer Programmiersprache weitgehend automatisch zu generieren.

* Ein in einer maschinenunabhängigen Programmiersprache
  geschriebener Compiler kann - nach Abänderung der Codeerzeugung - auf eine andere Anlage übertragen werden.
  Insbesonders wenn der Compiler in derselben Sprache
  geschrieben ist, die er übersetzt, bieten sich inter-
  essante Möglichkeiten des Bootstrapping an.

Da ein Compiler ein meist umfangreiches Programm darstellt, ist
ein System bestimmter Mindestgröße erforderlich, um eine Übersetzung durchführen zu können. Um auch auf Kleinanlagen problem-
orientierte Programmiersprachen verwenden zu können, übersetzt
man solche Programme nicht auf derselben Anlage,für die das

Programm geschrieben ist, sondern auf einer anderen, größeren.
Compiler für diesen Zweck bezeichnet man als Cross-Compiler.

Insbesonders für die Programmentwicklung ist eine umfassende
Überprüfung des Programms zweckmäßig. Diese Überprüfung darf
sich nicht auf die grammatikalischen (syntaktischen) Fehler
beschränken, sondern muß auch Laufzeitfehler des Programms
(z.B. Überschreitung von Feldgrenzen) erkennen. Da eine solche
Laufzeitüberwachung in Widerspruch zu einer raschen Programm-
durchführung steht, verwendet man oft unterschiedliche Compiler-
versionen (Testcompiler, optimierende Compiler).

Um ein in einer problemorientierten Programmiersprache ge-
schriebenes Programm ausführen zu können, ist eine Übersetzung
in den Maschinencode nicht unbedingt erforderlich. Ein soge-
nannter Interpreter kann durch die Anweisungen des Programms
so gesteuert werden, daß der genau die Aktionen vornimmt, die
im Programm verlangt werden. Auch Mischformen, bei denen das
Programm zuerst in eine Zwischensprache übersetzt und diese
dann interpretiert wird, werden verwendet.

B 4 JOB-MANAGEMENT

Eine an den Rechner gestellte Aufgabe (Job) zerfällt zumeist
in mehrere Teilaufgaben (Jobsteps). Besteht die Aufgabe etwa
in der Durchführung eines in einer höheren Programmiersprache
geschriebenen Programms, so müssen die folgenden Schritte durchgeführt werden:

1) Laden des Compilers
2) Übersetzen des Quellprogramms
3) Laden des Loaders
4) Laden und Binden des Objektprogramms
5) Ausführen des Objektprogramms

Wird das Computersystem abwechselnd von unterschiedlichen Benutzern verwendet, so werden vor und nach diesen Einzelschritten
noch zusätzlich Programme zur Verrechnung der verbrauchten Betriebsmittel (engl. accounting) ausgeführt.

Bei jedem dieser Jobschritte ist ein anderes Programm im
Arbeitsspeicher aktiv. Die folgende Skizze zeigt den zeitlichen
Ablauf eines Jobs mit dem jeweils aktiven Programm im Arbeits-
speicher und der Ein/Ausgabe dieses Programms:

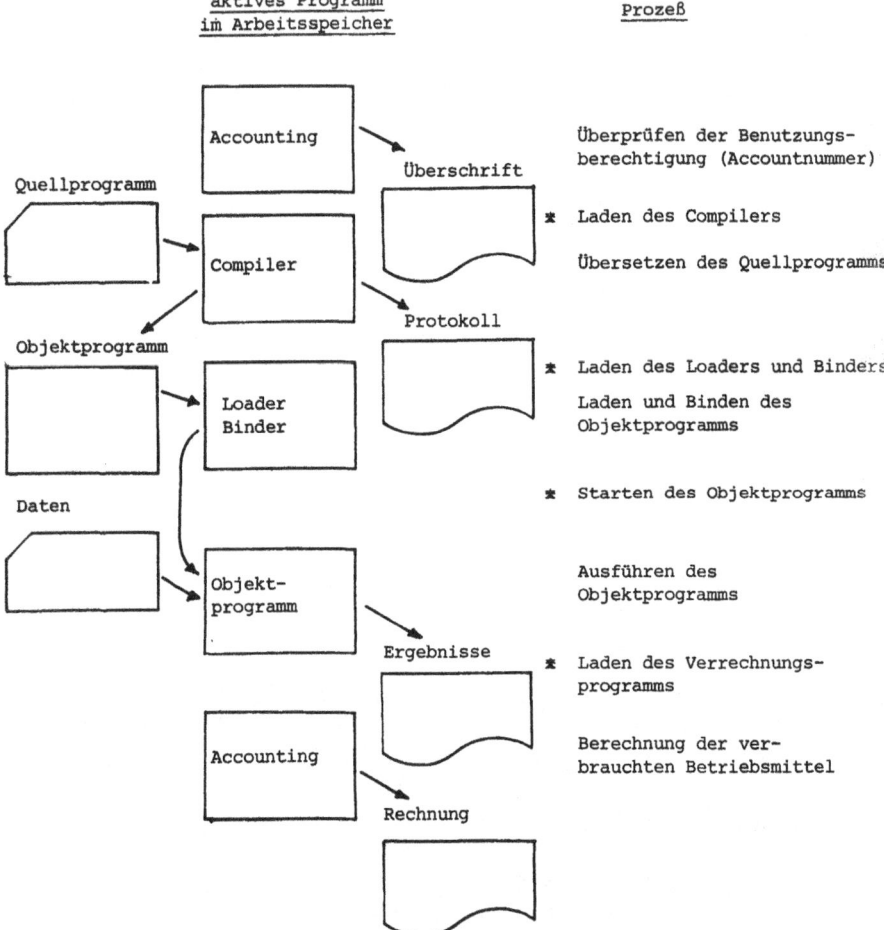

aktives Programm
im Arbeitsspeicher

Prozeß

Accounting — Überschrift — Überprüfen der Benutzungs-
berechtigung (Accountnummer)

Quellprogramm

Compiler — ∗ Laden des Compilers

Übersetzen des Quellprogramms

Protokoll

Objektprogramm

Loader
Binder — ∗ Laden des Loaders und Binders

Laden und Binden des
Objektprogramms

∗ Starten des Objektprogramms

Daten

Objekt-
programm — Ausführen des
Objektprogramms

Ergebnisse — ∗ Laden des Verrechnungs-
programms

Accounting — Berechnung der verbrauchten Betriebsmittel

Rechnung

Während in den Anfängen der Computerentwicklung tatsächlich
Compiler, Loader und Objektprogramm über ein Eingabemedium vom
Programmierer geladen und gestartet werden mußten (∗), wurde
mit zunehmender Rechengeschwindigkeit eine solche manuelle
Programmsteuerung unrentabel. Die Art und Reihenfolge der einzelnen Jobschritte wird nunmehr vom Programmierer vor Beginn
des Jobs festgelegt und dem Betriebssystem in einer eigenen
Kommandosprache (engl. command language, job control language)
- z.B. in Form von Steuerkarten (engl. control card) - mitgeteilt.

Wird der Job gestartet, so interpretiert das Betriebssystem diese
Kommandos, wodurch der Ablauf der einzelnen Jobschritte vollautomatisch erfolgt.

Da die Abfolge der Einzelschritte eines Jobs vor der Ausführung
des Jobs festgelegt ist, hat der Benutzer weder die Notwendigkeit noch die Möglichkeit, in den automatischen Ablauf des Jobs
einzugreifen. Dadurch wird nicht nur der Ablauf des Jobs beschleunigt, sondern auch die physische Anwesenheit des Benutzers
beim Computer überflüssig - das Rechenzentrum wird zum
closed-shop-Betrieb, in dem der Programmierer seinen Job ab-
liefert und nach einer gewissen Bearbeitungszeit (turn-arount-
Zeit) die Ergebnisse abholt.

B 4.1 STAPELVERARBEITUNG (BATCH-PROCESSING)

Für das Rechenzentrum besteht nun die Notwendigkeit, eine Folge
von Jobs - den sogenannten Job-Batch - abzuarbeiten. Da vor und
nach der Ausführung eines Jobs für den Rechner der gleiche
Zustand herrscht (siehe obige Skizze), steht einem automatischen Übergang von einem Job auf den nächsten durch entsprechende Programme des Betriebssystems (engl. batch-monitor) nichts
im Wege. Bei dieser Form der Stapelverarbeitung wird eine ganze
Folge von Jobs ohne manuelle Eingriffe verarbeitet.

Falls ein Job beendet ist oder auf Grund eines Fehlers abge-
brochen wird, geht das System automatisch zum nächsten Job über.
Die Aufgabe des Operators beschränkt sich auf die Überwachung
der peripheren Geräte und das Eingeben der einzelnen Jobs.

Durch die weitgehende Ausschaltung manueller Eingriffe hängt
die Verarbeitungsdauer der Jobs nur mehr von der internen
Rechengeschwindigkeit und der Ein/Ausgabegeschwindigkeit der
Peripherie ab. Um die Auslastung der Zentraleinheit zu ver-
bessern, kann ein ganzer Job-Batch von einem schnellen peripheren Speicher eingelesen, verarbeitet und auf einem ebenso
schnellen Speicher ausgegeben werden. Die tatsächliche Ein/
Ausgabe auf die Papierperipherie (Kartenleser, Drucker) erfolgt
durch kleine Satellitenrechner vor und nach der tatsächlichen
Verarbeitung. Diese Form der Stapelverarbeitung wird als SPOOL-
Betrieb (simultaneous periphal operations on line) bezeichnet.

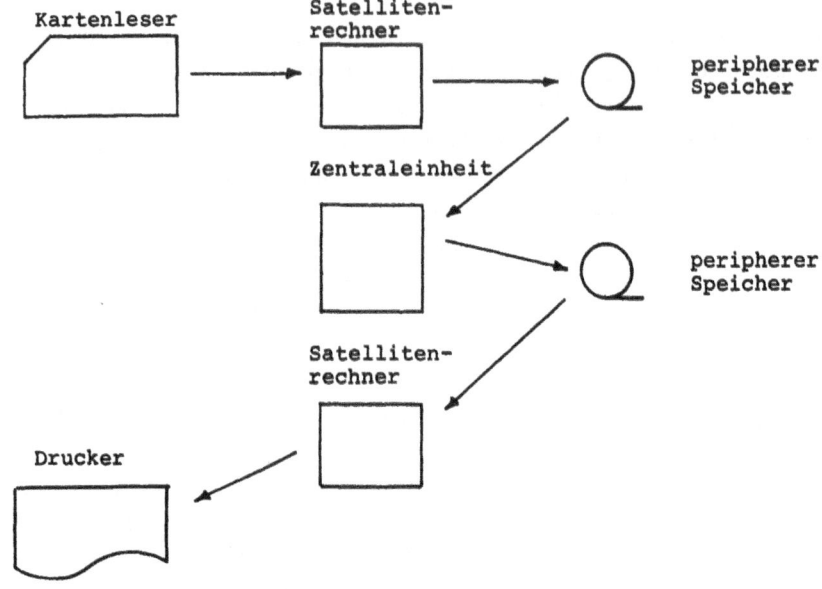

Durch zeitliche Überlappung von Eingabe, Berechnung und Ausgabe
mehrerer Jobfolgen können alle Arbeitsgänge simultan durchgeführt werden. Wird zum Beispiel in drei Schichten gearbeitet,
so kann gleichzeitig ein Batch gerechnet werden, während die
Ergebnisse der vorhergehenden Schicht ausgedruckt werden und
die Jobfolge der nächsten Schicht eingelesen wird. Als Nachteil
des SPOOL-Betriebes muß eine Verlängerung der Turn-Around-
Zeiten in Kauf genommen werden.

Praktische entspricht diese Vorgangsweise dem Prinzip der
Pufferung der Ein/Ausgabe, die hier allerdings nicht nur lokal
für einzelne Sätze erfolgt, sondern global den gesamten Job-
Batch betrifft, wodurch eine gleichmäßigere Auslastung aller
Hardwarekomponenten erreicht wird.

Die eingelesenen Jobs bilden im Pufferspeicher eine Warteschlange (engl. queue), in der sie auf ihre Verarbeitung warten.
Ebenso werden die Ergebnisse in eine Warteschlange zur Ausgabe

eingereiht. Die Abarbeitung dieser Warteschlangen erfolgt in
der Reihenfolge des Eintreffens (first-in-first-out).

| Eingabe | Warteschlange | Verarbeitung | Warteschlange | Ausgabe |

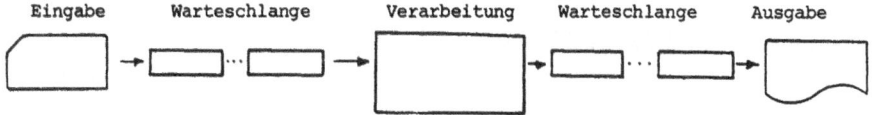

Verwendet man beim SPOOL-Betrieb periphere Pufferspeicher mit
wahlfreiem Zugriff, so besteht die Möglichkeit, die einzelnen
gespeicherten Jobs in beliebiger Reihenfolge - unabhängig von
der Reihenfolge ihrer Eingabe - zu verarbeiten.

So können etwa besonders dringende Jobs bevorzugt behandelt
werden. Die Festlegung der Reihenfolge erfolgt durch ein Programm des Betriebssystems - den sogenannten Job-Scheduler -
auf Grund von Prioritäten, die entweder vom Benutzer angegeben
werden oder vom System aus den angeforderten Betriebsmitteln
(z.B. Rechenzeit, Speicherbedarf, Umfang und Art der Ein/Ausgabe)
berechnet werden. So werden etwa kurze Jobs mit geringem Speicherbedarf höchste Priorität erhalten, während lange Jobs in eine
niedrigere Prioritätsstufe eingereiht werden. Nur innerhalb
gleicher Prioritätsstufen werden die Jobs in der Reihenfolge
ihrer Eingabe verarbeitet. Dabei muß einerseits darauf geachtet
werden, daß Jobs mit niedriger Priorität nicht endlos durch
neuankommende Jobs höherer Priorität verzögert werden - Abhilfe
kann etwa durch eine automatische Erhöhung der Priorität nach
festgesetzten Zeitabschnitten erreicht werden - andererseits
ist es unangenehm, wenn Jobs mit extrem hoher Rechenzeit -
sobald sie gestartet werden - die bevorzugte Behandlung von
kurzen Jobs auf längere Zeit blockieren. Letzteres kann vermieden werden, indem die langen Jobs nicht in einem Zug ausgeführt werden, sondern vielmehr bei Bedarf unterbrochen werden.
Ähnlich wie bei einem Snapshot wird der gesamte Programmstatus
auf einem peripheren Speicher abgespeichert, wodurch die Zentraleinheit für die Verarbeitung dringenderer Aufgaben zur Verfügung
steht. In einem späteren Zeitpunkt kann die Durchführung des
unterbrochenen Jobs durch einen Restart fortgesetzt werden. Das

Abspeichern eines unterbrochenen Programms wird als <u>Roll-Out</u>, das neuerliche Laden als <u>Roll-In</u> bezeichnet.

B 4.2 MULTIPROGRAMMIERUNG

Falls der Arbeitsspeicher groß genug ist, kann sich ein Abspeichern des Programms [*] im Falle einer Unterbrechung erübrigen. Das bevorzugte Programm wird dann einfach zusätzlich zum unterbrochenen Programm in den Arbeitsspeicher geladen, gestartet und nach seiner Verarbeitung das unterbrochene Programm reaktiviert. Eine solche Betriebsform, bei der mehrere Programme gleichzeitig im Arbeitsspeicher geladen sind und abwechselnd ausgeführt werden, wird als <u>Multiprogramming</u> bezeichnet.

Arbeitsspeicher

speicherresidenter Teil des Betriebssystems
Programm 1
Programm 2
Programm 3
freier Speicher

Der Wechsel von der Durchführung eines Programms zu einem anderen kann aus unterschiedlichen Gründen erfolgen:

* Jedem Programm kann eine bestimmte Zeitspanne (time-slice) zugeordnet sein. Falls das Programm innerhalb dieser Zeitspanne nicht beendet ist, wird es unterbrochen und die Steuerung an den Job-Scheduler übergeben. Dieser

---

[*] Unter "Programm" schlechthin werden hier Programme und Daten verstanden.

entscheidet, ob das unterbrochene Programm fortgesetzt
werden kann, oder ob ein anderes Programm höherer Priorität vorrangig behandelt werden soll. In diesem Fall wird
das unterbrochene Programm wieder in die Warteschlange
eingereiht. Falls dieses Einreihen an hinterster Stelle
der Warteschlange erfolgt, spricht man von einer
zyklischen Warteschlange (round robing).

* Falls ein gerade aktives Programm auf die Durchführung
  von Ein/Ausgabeoperationen wartet, kann die Steuerung
  ebenfalls an den Job-Scheduler zurückgegeben werden.
  Anstatt die Zentraleinheit untätig auf die Beendigung
  der Ein/Ausgabeoperation warten zu lassen, kann inzwischen ein anderes Programm aktiviert werden. Dieses
  Verfahren liefert insbesonders dann gute Resultate, wenn
  der Wechsel zwischen Ein/Ausgabe-intensiven und rechenintensiven Programmen erfolgt. Immer wenn die Ein/Ausgabe-
  intensiven Programme auf die Beendigung einer Ein/Ausgabe-
  operation warten, kann in der Zwischenzeit ein rechen-
  intensives Programm fortgesetzt werden.

Ein Beispiel für die Kombination von Ein/Ausgabe- und
rechenintensiven Programmen bilden die einzelnen Prozesse
im SPOOL-Betrieb. Die Eingabe vom Kartenleser auf einen
peripheren Pufferspeicher sowie die Ausgabe vom Pufferspeicher auf den Drucker sind Ein/Ausgabe-intensiv, während
die tatsächliche Durchführung der Jobs rechenintensiv ist.
Statt für die Ein/Ausgabe eigene Satellitenrechner zu verwenden, können alle drei Prozesse von der Zentraleinheit
im Multiprogramming durchgeführt werden.

Arbeitsspeicher

speicherresidenter
Teil des Betriebs-
systems

Eingabeprogramm

Ausgabeprogramm

auszuführendes
Programm

freier Speicher

* Eine weitere Anwendungsmöglichkeit des Multiprogramming
bietet sich im <u>Time-Sharing</u>-Betrieb an. Hierbei können
mehrere Benutzer an den Rechner gleichzeitig über <u>Daten-</u>
<u>stationen</u> (<u>Terminals</u>) angeschlossen sein. Da die Ein/Ausgabe
über diese Datenstationen im Vergleich zur internen Rechengeschwindigkeit extrem langsam ist, kann die Zentraleinheit
die einzelnen Benutzerprogramme abwechselnd - ähnlich einem
Zeitmultiplex-Verfahren - ausführen. Jeder einzelne Benutzer
gewinnt dabei den Eindruck, daß ihm der Rechner allein zur
Verfügung steht. Time-Sharing ermöglicht somit eine <u>inter-</u>
<u>aktive</u> Benutzung des Computers, bei der der Programmierer
den Ablauf seines Programms überwachen und beeinflussen
kann.

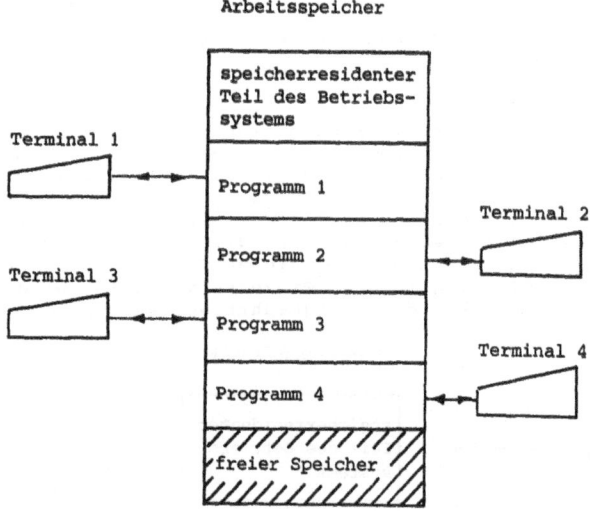

Auch Kombinationen der verschiedenen Anwendungsmöglichkeiten
des Multiprogramming sind möglich. So können etwa in einem
großen Computersystem mehrere Benutzer gleichzeitig an Terminals
arbeiten, während im Hintergrund die Batch-Jobs abgearbeitet
werden.

Arbeitsspeicher

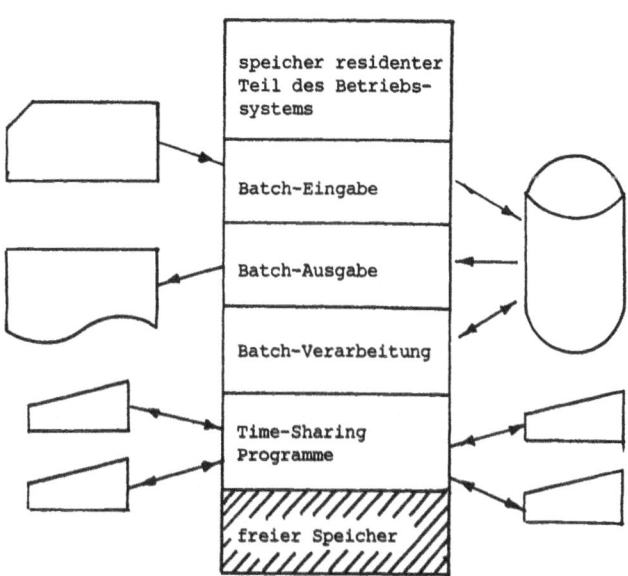

Um die Wartezeiten der Terminal-Benutzer kurz zu halten, werden deren Anforderungen meist mit hoher Priorität versehen. So können etwa kurze Anfragen an das System, die Korrektur einer Programmzeile oder die Ein/Ausgabe von Daten geringeren Umfanges vorrangig über Terminals behandelt werden. Um andererseits eine Blockierung des Systems durch die Terminal-Benutzer zu vermeiden, ist es üblich, umfangreichere Aufgaben, wie etwa die Übersetzung oder Ausführung eines Jobs in die Warteschlange der Batch-Jobs einzuordnen und mit diesen gleichrangig zu behandeln. Falls ein solches Einordnen eines Jobs vom Terminal aus veranlaßt werden kann, spricht man von remote-job-entry. Andere Systeme beschränken sich darauf, die Benützung ein und desselben Programms oder den Zugriff zu einem Datenbestand von mehreren Datenstationen gleichzeitig zu ermöglichen, wie das etwa bei Platzreservierungen, Kontenführungen und ähnlichen Anwendungen notwendig ist.

Multiprogramming stellt eine Reihe von zusätzlichen Anforderungen an die Hardware und an das Betriebssystem:

* Um eine Beeinflußung anderer gleichzeitig im Arbeitsspeicher befindlicher Programme durch Programmierfehler
  zu vermeiden, muß ein Speicherschutz vorhanden sein.
  Meist werden Anfangsadresse und Endadresse bzw. Länge
  des für das gerade aktive Programm reservierten Speicherbereiches in eigenen Registern gespeichert und bei jedem
  Zugriff zum Speicher überprüft, ob die Adresse im erlaubten Bereich liegt.

* Allein die Tatsache, daß diese Grenzen durch eigene Instruktionen vom Betriebssystem gesetzt werden müssen,
  eine mißbräuchliche Veränderung dieser Grenzen durch ein
  Benutzerprogramm jedoch den Schutz des restlichen Speichers
  zunichte machen würde, verlangt die Einführung unterschiedlicher Betriebsarten. So sind etwa in einem privilegierten
  Systemmodus alle Instruktionen erlaubt, während im Benutzermodus nur ein eingeschränkter Befehlsvorrat ausgeführt
  wird. Privilegierte Instruktionen - zu denen auch das
  Starten von Ein/Ausgabeoperationen sowie der STP-Befehl
  gehören - führen im Benutzermodus zu einer Programmunterbrechung.

* Die tatsächliche Durchführung von Ein/Ausgabeoperationen
  muß dem Betriebssystem vorbehalten bleiben, damit dieses
  einerseits eine Pufferung veranlassen kann und andererseits Wartezeiten mit der Ausführung anderer Programme
  füllt.

* Um Anforderungen von externen Geräten - z.B. Datenstationen -
  kurzfristig behandeln zu können, muß es möglich sein, den
  Programmablauf auch von außen zu unterbrechen. Solche
  externen Programmunterbrechungen können etwa von einem
  Terminal eingeleitet werden, sobald der Benutzer Daten an
  das System eingibt. Durch die Unterbrechung ist das Betriebssystem in der Lage, die Daten in Empfang zu nehmen und die
  Anforderung des Benutzers evident zu halten.

* Falls ein Datenbestand mehreren Benutzern gemeinsam zur
Verfügung stehen soll, sind Überwachungen des Betriebssystems
erforderlich, ob ein Benutzer berechtigt ist, den Datenbestand zu lesen oder gar zu verändern. Eine solche Überwachung
erfolgt meist durch Passwörter, die nur den berechtigten Benutzern bekannt sind.

* Um ein Belegen des Arbeitsspeichers durch mehrere Kopien ein
und desselben Programms (z.B. Compiler, Laufzeitunterpro-
gramme, etc.) zu vermeiden, soll es möglich sein, daß ein
Programm von mehreren Benutzern abwechselnd durchgeführt
wird. Zu diesem Zweck dürfen diese Benutzer im gespeicherten
Programm keine Änderungen durchführen - auch die Daten müssen
vom Programm getrennt gespeichert werden. Programme, die
mehreren Benutzern gleichzeitig zur Verfügung stehen, werden
als reentrant bezeichnet.

Ein besonders Problem im Zusammenhang mit Multiprogramming
bildet die Aufteilung des Arbeitsspeichers auf die einzelnen
Benutzerprogramme (Speicherzuteilung, engl. storage allocation).
Ein einfaches Verfahren besteht darin, jedem Programm soviel
aufeinanderfolgenden Speicherbereich zuzuordnen, wie von diesem
Programm maximal benötigt wird. (Unter Umständen ist der tatsächliche Speicherbedarf eines Programms zum Zeitpunkt des
Ladens noch nicht bekannt, weil ein zusätzlicher Speicherbereich
erst dynamisch während der Laufzeit des Programms benötigt wird).
Die Umwandlung der relativen in die absoluten Adressen braucht
nur ein einziges Mal, beim Laden des Programms zu erfolgen. Sobald allerdings durch beendete Programme wieder Speicherbereiche
frei werden, kann der Fall eintreten, daß zwar die Summe der
freien Speicherbereiche groß genug ist, um ein neues Programm
aufzunehmen, der größte freie Speicherbereich jedoch zu klein
ist, um das Programm geschlossen aufzunehmen.

z.B.

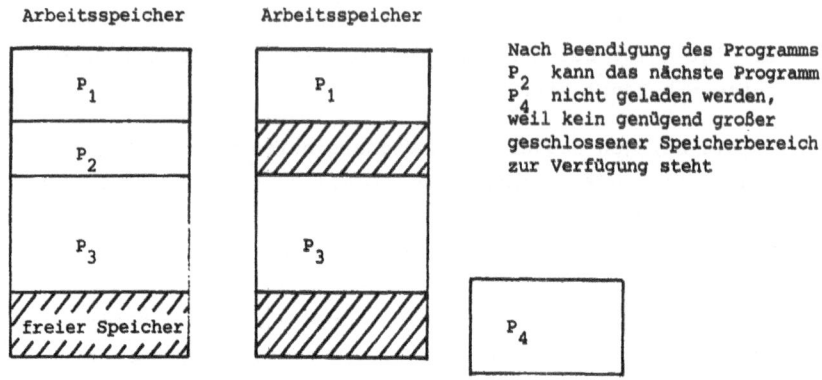

Arbeitsspeicher   Arbeitsspeicher

Nach Beendigung des Programms
P$_2$ kann das nächste Programm
P$_4$ nicht geladen werden,
weil kein genügend großer
geschlossener Speicherbereich
zur Verfügung steht

Abhilfe kann auf zweierlei Weise erfolgen. Entweder die
Adressierung wird so durchgeführt, daß bereits geladene Programme
im Arbeitsspeicher verschoben werden können - oder man verzichtet
darauf, Programme in einem geschlossenen Speicherbereich zu
laden und teilt umfangreiche Programme auf mehrere Teile des
Arbeitsspeichers auf.

Um Programme im Arbeitsspeicher verschieblich (relocatable)
speichern zu können, müssen die absoluten Adressen dynamisch
zur Laufzeit berechnet werden. Die absolute Anfangsadresse
(Basisadresse) des Speicherbereiches wird dabei in einem
Basisadressregister gehalten und vor jeder Adressauswertung
zur relativen Adresse addiert. Eine Verschiebung des Programms
in einen anderen Speicherbereich bedingt eine bloße Veränderung
des Basisadressregisters. Wird die Länge des Programms (größte
Relativadresse) in einem weiteren Register gespeichert, so kann
vor jedem Speicherzugriff überprüft werden, ob die Adresse im
erlaubten Bereich liegt (Speicherschutz).

Um Programme auf verschiedene Teile des Speichers aufteilen zu
können, teilt man sowohl den Arbeitsspeicher als auch die Programme in Teile bestimmter Länge, die als Seiten (engl.page) bezeichnet werden. Beim Laden werden jedem Programm bestimmte
Seiten des Speichers zugewiesen, die nicht notwendigerweise im

Arbeitsspeicher aufeinanderfolgend angeordnet sein müssen.

z.B.

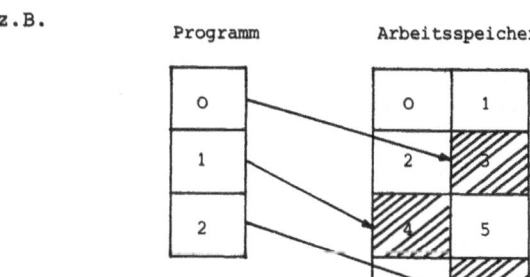

Da die Anzahl der Speicherzellen pro Seite meist als Potenz
von 2 gewählt wird (eine typische Seitenlänge ist zum Beispiel
$2^{10\cdot} = 1024$), kann jede Adresse in einen Bestandteil, der die
Seitennummer und einen Teil der die Nummer der Speicherzelle
innerhalb der Seite angibt, zerlegt werden.

z.B.

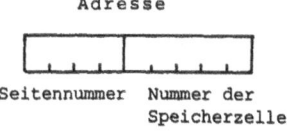

Zur Laufzeit des Programms muß vor jeder Adressauswertung aus
der Seitennummer der Relativadresse die Nummer der entsprechenden
Seite im Arbeitsspeicher ermittelt werden. Dies erfolgt mit
Hilfe eines Feldes, in dem der Index die relative und das zugehörige Feldelement die absolute Seitennummer angibt.

z.B.

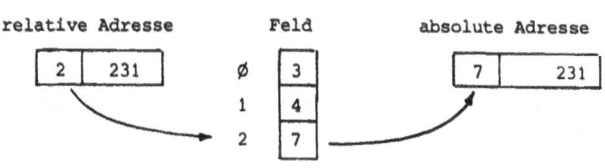

Ein anderes Problem der Speicherzuteilung stellt sich, wenn der
freie Speicher zu klein ist, um ein bevorzugt zu behandelndes
Programm aufnehmen zu können. In einem solchen Fall muß ein
bereits begonnenes Programm niedriger Priorität aus den Arbeitsspeicher auf einen peripheren Hintergrundspeicher ausgeladen
werden (roll-out) um für das Programm höherer Priorität Platz
zu schaffen. Da bei der Fortsetzung des ausgeladenen Programms
nicht sichergestellt ist, daß der ursprünglich dem Programm
zugewiesene Speicherbereich wieder frei ist, muß eine Möglichkeit geschaffen werden, das begonnene Programm auf einen beliebigen freien Bereich des Arbeitsspeichers laden (roll-in) und
fortsetzen zu können. Eine Lösung dieses Problems wird durch
das Konzept des sogenannten virtuellen Speichers ermöglicht.

Der **virtuelle Speicher** (engl.virtual storage) erlaubt die
Adressierung eines großen Hintergrundspeichers mit direktem Zugriff, auf dem die Programme seitenweise gespeichert sind. Zu
einem bestimmten Zeitpunkt befindet sich nur ein geringer Teil
aller Seiten des virtuellen Speichers im Arbeitsspeicher. Bei
jedem Speicherzugriff wird aus der **virtuellen Adresse** die virtuelle Seitennummer ermittelt und überprüft, ob die entsprechende
Seite gerade im Arbeitsspeicher geladen ist. Ist das der Fall,
so wird die tatsächliche Seitennummer des Arbeitsspeichers ermittelt und der Zugriff kann erfolgen. Befindet sich die gewünschte Seite nicht im Arbeitsspeicher, so wird diese auf eine
beliebige freie Seite des Arbeitsspeichers geladen. Ist keine
Seite des Arbeitsspeichers frei, so wird nach einem festgelegten
Algorithmus eine Seite bestimmt - zum Beispiel die Seite, die am
längsten nicht verwendet wurde - und auf den Hintergrundspeicher
zurückübertragen. (Das Verfahren entspricht der Verwendung eines
chache-Registers in einer höheren Ebene der Speicherhierarchie).
Um aus der virtuellen Adresse rasch die effektive Adresse des
Arbeitsspeichers ermitteln zu können, bedient man sich eines
Feldes, dessen Indizes den Seitennummern des Arbeitsspeichers
entsprechen und dessen Elemente die virtuellen Seitennummern
zum Inhalt haben. Vor jedem Speicherzugriff werden die Feldele-
mente nach der gewünschten virtuellen Seitennummer durchsucht.
Um diesen Suchvorgang zu beschleunigen, wird dieses Feld oft
in einem eigenen Satz von Registern (**assoziatives Register**)
gespeichert, die von der Hardware simultan auf einem bestimmten
Inhalt überprüft werden.

z.B.

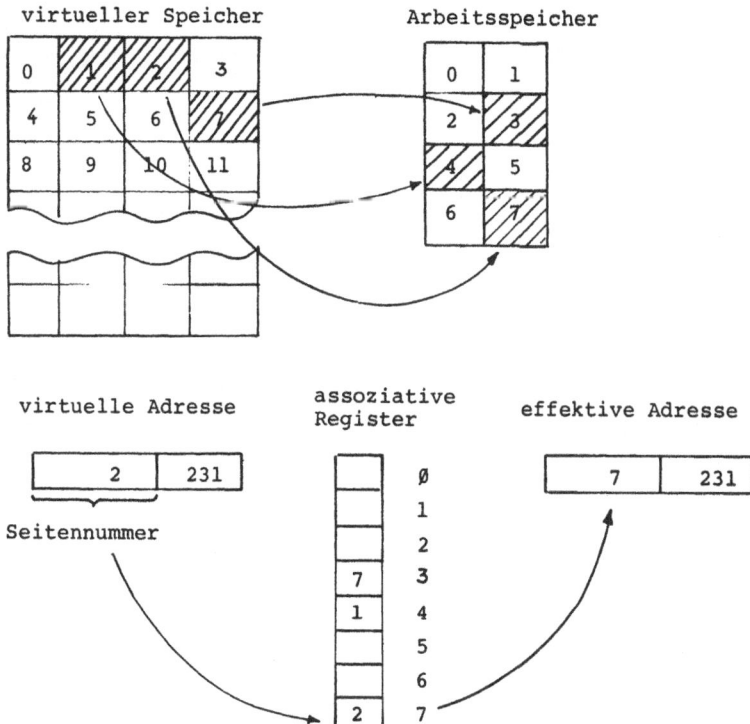

virtueller Speicher   Arbeitsspeicher

virtuelle Adresse   assoziative Register   effektive Adresse

Seitennummer

Streng gesehen besteht die Aufgabe eines Betriebssystems in
der zeitlichen Aufteilung der Betriebsmittel auf mehrere
Benutzer. Als Betriebsmittel müssen hier sowohl zentraler
Prozessor, als auch Arbeitsspeicher, Hintergrundspeicher und
externe Geräte und periphere Prozessoren angesehen werden.
Diese Aufgabe wird dadurch kompliziert, daß mehrere Prozesse
gleichzeitig (parallel) ablaufen können. Sobald diese Prozesse
in unkontrollierter Weise Betriebsmittel anfordern und bereits
zugeteilte Betriebsmittel behalten können, kann es zu einer
Blockierung (Deadlock) des Systems kommen.

Ein illustratives Beispiel für das Auftreten eines Deadlocks
stammt von E.W. DIJKSTRA. Fünf Philosophen sitzen an einem runden Tisch und meditieren. Da selbst Philosophen gelegentlich
Nahrung zu sich nehmen müssen, hat jeder Philosoph vor sich einen
Teller mit einem Spaghettigericht. Die spezielle Art von Spa-
ghetti bringt es mit sich, daß zum Essen dieses Gerichtes zwei Gabeln benötigt werden. Diese Gabeln bilden den Engpaß des ganzen
Systems - zwischen je zwei Tellern befindet sich nämlich nur
eine einzige Gabel.

Sobald nun ein Philosoph Hunger verspürt, handelt er streng nach
folgendem Algorithmus:

> Sobald die linke neben seinem Teller befindliche Gabel
> frei ist nimmt er diese in die linke Hand.
> Sobald die rechte neben seinem Teller befindliche Gabel
> frei ist nimmt er diese in die rechte Hand.
> Dann beginnt der Philosoph zu essen und legt
> anschließend beide Gabeln zurück.

Die Deadlocksituation tritt genau dann ein, wenn alle Philosophen
gleichzeitig hungrig sind und jeder eine Gabel blockiert und
endlos auf das Freiwerden der zweiten Gabel wartet. (Die Infor-
matik hat inzwischen bessere Algorithmen entwickelt, die ein
Verhungern der Philosophen vermeiden).

Eine ähnliche Blockierung tritt in Computersystemen zum Beispiel

dann ein, wenn zwei paralell ausgeführte Programme zwei periphere

Geräte gleichzeitig beanspruchen, aber in verschiedener Reihen-

folge reservieren. Sobald jedes der Programme eines der Geräte

für sich reserviert hat, wartet es vergeblich darauf, daß das

andere Programm dieses Gerät wieder freigibt.

Den paralellen Ablauf zweier Prozesse kann man graphisch folgendermaßen veranschaulichen

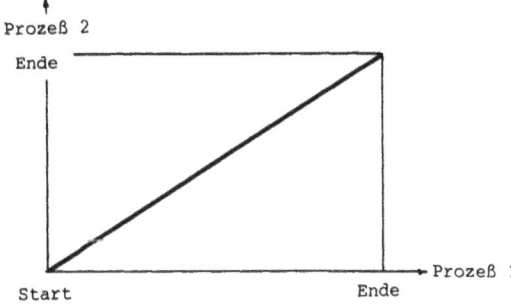

parallele Verarbeitung mit
gleicher Geschwindigkeit
ohne Unterbrechung

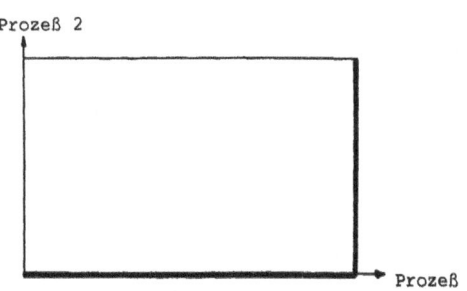

sequentielle Verarbeitung,
zuerst Prozeß 1, dann
Prozeß 2

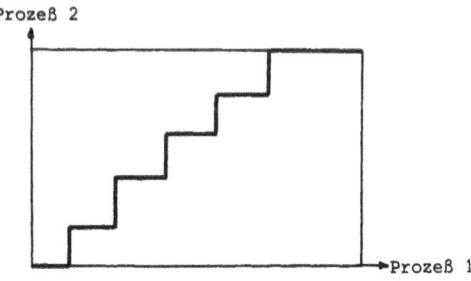

abwechselnde Verarbeitung
(Wechsel nach äquidistanten
Zeitabschnitten)

Da eine Verarbeitung nicht rückgängig gemacht werden kann, muß die Kurve
monoton ansteigen!

Falls zwei parallele Prozesse dasselbe Betriebsmittel benötigen, entsteht in der Skizze ein verbotener Bereich (schraffiert), der nicht durchlaufen werden kann.

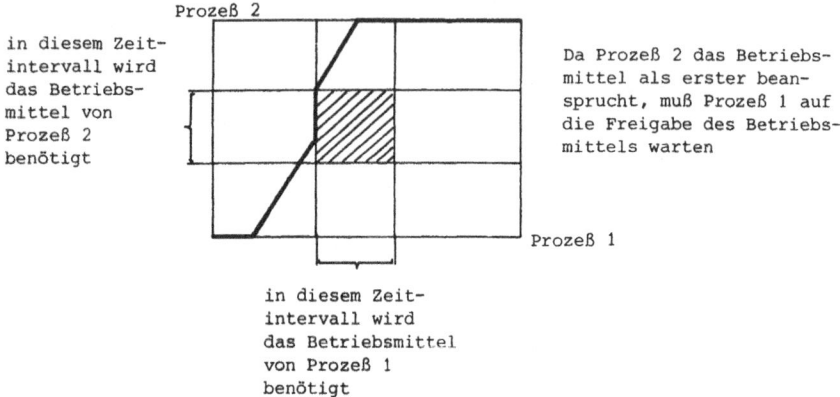

in diesem Zeitintervall wird das Betriebsmittel von Prozeß 2 benötigt

Da Prozeß 2 das Betriebsmittel als erster beansprucht, muß Prozeß 1 auf die Freigabe des Betriebsmittels warten

in diesem Zeitintervall wird das Betriebsmittel von Prozeß 1 benötigt

Die folgende Skizze veranschaulicht eine Deadlocksituation:

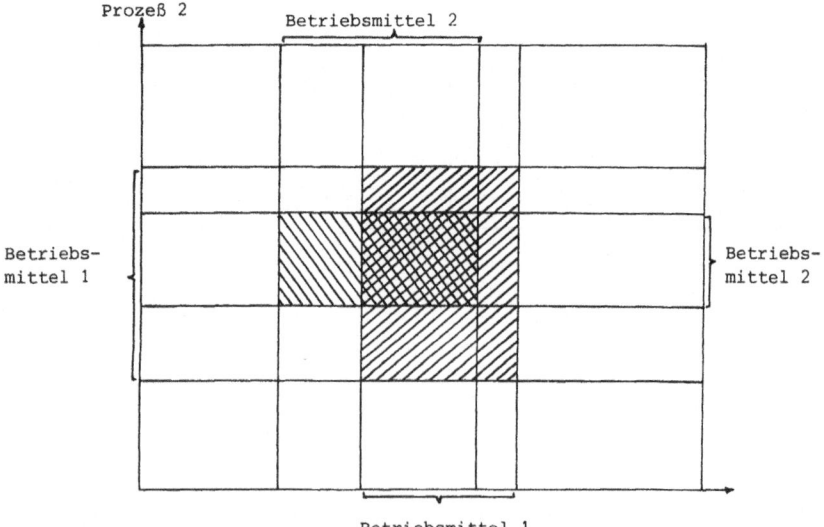

Um einen Deadlock zu verhindern, muß sichergestellt sein, daß
der verbotene Bereich keine einspringende Ecken hat, in denen
die Verarbeitung blockiert wird.

Bei allen Überlegungen hinsichtlich einer Verbesserung der Hard-
wareauslastung durch organisatorische Maßnahmen des Betriebssystems ist es keine Seltenheit, daß der Anteil der Betriebsmittel, die das System für sich beansprucht (System-Overhead),
in derselben Größenordnung wie die der Benutzerprogramme liegt,
ja diese sogar übersteigt. Ein typisches Betriebssystem besteht
aus rund 1 Million Instruktionen und benötigt etwa 1000 Mann-
jahre zu seiner Fertigstellung. Unter diesem Gesichtspunkt ist
es auch nicht verwunderlich, daß bei der Verwendung eines solchen
Betriebssystems Fehler auftreten können, die gelegentlich den
Zusammenbruch des gesamten Systems zur Folge haben.

C   CODES UND INFORMATIONSTHEORIE

Nachdem nun bereits ein gewisser Überblick über die techno-
logischen Möglichkeiten und organisatorischen Anforderungen
eines Computersystems besteht, soll hier versucht werden, das
auf mannigfaltigste Weise immerwiederkehrende Grundproblem der
Verschlüsselung von Information zum Zweck der Speicherung, Übertragung und Verarbeitung allgemein zu untersuchen.

C 1   GRUNDBEGRIFFE

Unter _Information_ versteht man die Bedeutung, die durch eine
Nachricht übermittelt wird. Welche Information einer Nachricht
entnommen wird, ist subjektiv und hängt vom Empfänger ab. So
kann zum Beispiel ein einfaches Wort (z.B. "mayday") für den
einen Empfänger bedeutungslos, für den anderen jedoch eine große
Information bedeuten. (Das Wort "mayday" wird als Notsignal im
Funkverkehr verwendet). Um eine Nachricht übertragen oder speichern zu können, bedarf es eines _Signals_. Ein Signal ist eine
physikalische Größe, deren Werteverlauf die Nachricht darstellt
(z.B. die Impulsfolge, die die Zeichenfolge "mayday" im Morse-
Code darstellt). Während _analoge Signale_ einen kontinuierlichen
Verlauf haben, können _diskrete Signale_ nur eine beschränkte
Anzahl von Werten annehmen.

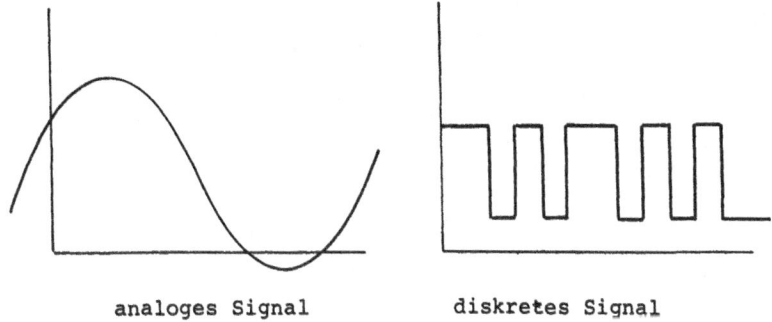

analoges Signal   diskretes Signal

Ein Beispiel für ein analoges Signal sind die Schallschwingungen,
durch die eine gesprochene Nachricht übertragen wird - ebenso
die Spannungsschwankungen auf einer Telefonleitung oder der
Magnetisierungsverlauf auf einem Tonband, oder der Rillenver-
lauf auf einer Schallplatte, auf der die Nachricht aufgezeichnet
ist. In den nächsten beiden Abschnitten werden nur diskrete
Signale betrachtet.

Zur Übertragung von Information bedienen wir uns einer Sprache.
Jede Sprache hat bestimmte Regeln, nach denen eine Nachricht
aufgebaut sein muß. Diese Regeln (z.B. Grammatik) werden als
Syntax der Sprache bezeichnet. Eine in einer Sprache abgefaßte
Nachricht ist meist aus bestimmten Zeichen zusammengesetzt. Die
Menge aller unterschiedlichen Zeichen einer Sprache nennt man
Alphabet.

Das Alphabet der deutschen Sprache zum Beispiel enthält die
Groß- und Kleinbuchstaben mitsamt den Umlauten und ß, aber
auch die Interpunktionszeichen, etc.

Die Schriftzeichen haben ihren Ursprung in einer in Mesopotamien
entstandenen Bilderschrift, deren Alphabet aus mehreren tausend
Zeichen bestand. Im dritten Jahrtausend vor Christus wurde dieses
Alphabet auf die 560 Zeichen der Keilschrift reduziert. Die
chinesische Schrift kennt heute noch über 40 000 Einzelzeichen,
von denen jedoch nach der Reform nur noch etwa 3000 - 4000 verwendet werden.

Beispiel: Alphabet der 24 griechischen Großbuchstaben

{A|B|Γ|Δ|E|Z|H|Θ|I|K|Λ|M|N|Ξ|o|Π|P|Σ|T|T|Φ|χ|Ψ|Ω}

Anmerkung:

Die Zeichen {,} und | sind nicht Bestandteil des Alphabets, sondern dienen
vielmehr dazu, um den Anfang und das Ende der Zeichen des Alphabets zu
kennzeichnen, beziehungsweise als Trennzeichen zwischen den Zeichen des
Alphabets. Genau genommen wird versucht, eine Sprache mit Hilfe einer anderen
Sprache zu beschreiben. Diese übergeordnete, beschreibende Sprache bezeichnet
man als Metasprache - die Zeichen {,} und | sind daher Zeichen der Metasprache.

Weitere Beispiele für Alphabete von Spezialsprachen sind etwa
die Symbole für die vier Mondphasen

oder die zwölf Tierkreiszeichen

{ ♈ | ♉ | ♊ | ♋ | ♌ | ♍ | ♎ | ♏ | ♐ | ♑ | ♒ | ♓ }

Ein Alphabet, das nur aus zwei Zeichen besteht, nennt man
Binäralphabet und die beiden Zeichen Binärzeichen.

Beispiele für Binäralphabete:

{ ♂ | ♀ }
{ ∅ | L }
{ · | - }
{ o | ⌀ }
{ + | - }

Daß nicht nur Menschen Informationen mit Hilfe einer Sprache
austauschen, zeigt zum Beispiel die Bienensprache, die es
gestattet, aus Tanzbewegungen Information über die Position
von Futterstellen - durch Entfernungs- und Richtungsangaben
bezogen auf den Sonnenstand sozusagen in Polarkoordinaten -
zu übertragen.

Um für spezielle Anwendungen Information auf prägnante Weise
zu übermitteln, wurden - im Gegensatz zu den <u>natürlichen Sprachen</u>
- sogenannte <u>künstliche Sprachen</u> geschaffen. Beispiele für künstliche Sprachen sind die mathematische Formelsprache mit ihren
eigenen Zeichen und Regeln

z.B.

$$c = \sqrt{a^2 + b^2}$$ syntaktisch richtig

$$y = a + b)c$$ syntaktisch falsch

$$\int_0^1 \frac{dx}{x^2} = 1$$ syntaktisch richtig aber
semantisch (inhaltlich)
falsch

Auch die chemische Formelsprache für die Beschreibung eines
Molekülaufbaues,

z.B. H_2SO_4

die Sprache zur Beschreibung von Schachzügen,

z.B.   Lg6:! fg6:

die Notenschrift,

z.B.

und selbstverständlich eine Programmiersprache

z.B.   <u>while</u> a[i] ≠ x <u>do</u> i := i+1;

sind Beispiele für künstliche Sprachen.

C 2 CODIERUNG

Unter einem <u>Code</u> versteht man die Abbildung der Zeichen eines Alphabets auf ein anderes Alphabet. Zweck der Codierung kann eine einfachere Darstellung, Übertragung oder Verarbeitung, aber auch eine Erhöhung der Störsicherheit (z.B. durch Hinzufügen eines Parity-Bits) und in speziellen Fällen auch Geheimhaltung sein. Die Entschlüsselung einer codierten Zeichenfolge bezeichnet man als Decodierung.

Der historisch älteste bekannte Code für die Verschlüsselung von Buchstaben zur einfacheren Nachrichtenübertragung wurde im Peloponnesischen Krieg (431 bis 401 vor Chr.) bei der Fackeltelegraphie verwendet. Zur Verschlüsselung wurden die 24 Buchstaben des griechischen Alphabets in einem quadratischen Schema zu fünf Zeilen und fünf Spalten angeordnet.

	I	II	III	IIII	IIIII
I	α	β	γ	δ	ε
II	ζ	η	ϑ	ι	κ
III	λ	μ	ν	ξ	ο
IIII	π	ρ	σ	τ	υ
IIIII	ϙ	χ	ψ	ω	

Zur Übertragung eines Buchstabens wurde eine Fackel an der linken Seite einer Brustwehr sooft vorgestreckt, als es der Zeilennummer entspricht. Die Spaltennummer wurde in analoger Weise durch Vorstrecken einer Fackel nach der rechten Seite signalisiert. Als Trennzeichen zwischen den Buchstaben wurden zwei Fackeln gleichzeitig hochgehoben.

Häufig erfolgt die Codierung in der Form, daß einem Zeichen des Alphabets eine ganze Zeichenfolge des anderen Alphabets entspricht. Diese Zeichenfolge, die dann eine logische Einheit bildet, wird als <u>Wort</u> bezeichnet. Die Anzahl der Zeichen pro Wort heißt <u>Wortlänge</u>. Die Wortlänge kann für den gesamten Code fest oder auch variabel sein. Bei Codes variabler Wortlänge muß sichergestellt sein, daß die Wortgrenzen bei der Decodierung wieder eindeutig erkannt werden können - dies kann zum Beispiel

durch Verwendung eines speziellen Trennzeichens gewährleistet
werden.

Beispiel: Morsecode

Der Morsecode ist ein Code variabler Wortlänge, der das Buch-
staben-Alphabet auf die 3 Zeichen { . | - | Pause } abbildet.
Das Pausezeichen (Zwischenraum) wird als Trennzeichen verwendet,
um einen verschlüsselten Text eindeutig decodieren zu können.

Die Vorschrift für die Codierung kann in Form einer Tabelle oder
auch durch einen Codebaum festgelegt sein:

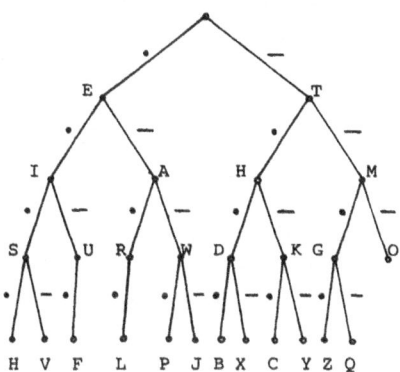

Im Codebaum läßt sich das codierte Wort ermitteln, indem man
von der Wurzel des Baumes bis zu dem gewünschten Buchstaben
geht und bei jeder Verzweigung notiert, ob man in Richtung
Punkt oder Strich fortschreitet. Die Anzahl der Verzweigungen
- das ist die Weglänge von der Wurzel bis zu dem gewünschten
Knoten - ist gleich der Wortlänge. Ziel des Morsecodes ist es,
die häufig auftretenden Buchstaben durch möglichst kurze Punkt-
Strich-Folgen zu verschlüsseln (dabei ist zu berücksichtigen,
daß in der Telegraphie ein Strich etwa dreimal solange dauert
wie ein Punkt).

Die Form der Verschlüsselung, wie sie der Morsecode verwendet, wird als Gruppenverfahren bezeichnet. Dabei wird das Buchstabenalphabet auf Grund des ersten codierten Zeichens - Punkt oder Strich - in zwei Gruppen unterteilt. Alle Codeworte, die mit Punkt beginnen, bilden die eine Gruppe, alle die mit Strich beginnen, die andere. Die beiden Gruppen sind im Codebaum als Teilbäume ersichtlich. Jedes weitere Zeichen des Codewortes teilt die Gruppe in weitere Untergruppen - solange bis alle Zeichen des Codewortes berücksichtigt sind. Bei einem Gruppencode ist die Reihenfolge der Zeichen im Codewort von Bedeutung.

Eine prinzipiell andere Möglichkeit der Codierung stellt das Reihenverfahren dar. Beim Reihenverfahren ist die Position der einzelnen Zeichen innerhalb des codierten Wortes belanglos. Ein Beispiel für das Reihenverfahren bildet die Verschlüsselung von ganzen Zahlen durch römische Ziffern:

1	2	3	4	5	6	7	8	9	10
I	II	III	IV	V	VI	VII	VIII	IX	X

Im Prinzip ist dieser Code ein Zählcode (die Zeichen V und X sind nur Symbole für die Finger einer bzw. beider Hände). Auch die Codierung der vollen Stundenanzahl durch Kirchturmschläge erfolgt durch einen Zählcode.

Ein weiteres Beispiel für einen Zählcode ist die Verschlüsselung der Dezimalziffern durch Impulsfolgen, wie sie beim Drehen der Wählscheibe eines Telefons abgegeben werden.

Für die Verschlüsselung der Erbinformation innerhalb der Gene verwendet
die Natur einheitlich für alle Lebewesen einen aus 64 Zeichen bestehenden
Genetischen Code. Als Gen bezeichnet man einen Abschnitt eines Ketten-
moleküls der Desoxyribonukleinsäure (DNS) an dem in linearer Folge jeweils
eine von vier möglichen Stickstoffbasen (Adenin, Uracil, Guanin, Cytosin)
hängen. Je drei aufeinanderfolgende Basen bilden ein Wort. Insgesamt lassen
sich $4^3 = 64$ verschiedene Worte bilden. Die Zuordnungsvorschrift dieser
64 Wörter zu den 20 Aminosäuren, aus denen Proteine aufgebaut sind, wurde
1966 vollständig bestimmt.

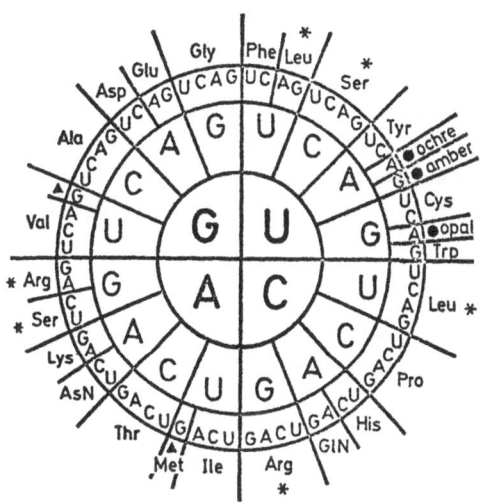

Spezielle Wörter dienen als Startzeichen (▲), andere als Endzeichen (●)
einer Folge von etwa 200 Worten eines Gens. Die gespeicherte Information
bleibt während der Existenz des Gens unverändert und wird bei der Zell-
teilung kopiert (eine Veränderung kann nur durch hochenergetische Strahlung
erfolgen und bewirkt eine Mutation). Ein Chromoson enthält rund 10^4 bis
10^5 Gene. Die Anzahl der Chromosonen pro Zellkern ist für die einzelnen
Lebewesen unterschiedlich und beträgt bei Wirbeltieren rund 50 (für den
Menschen 46). - Die pro Zellkern gespeicherte Information entspricht somit
einer Datenmenge von 10^{10} Bit.

Wird bei der Codierung ein Alphabet auf ein binäres Alphabet
abgebildet, so spricht man von einem **Binärcode**. Binärcodes
werden vor allem wegen der einfachen Möglichkeit der Darstellung
häufig verwendet. Ein Zeichen des Binäralphabets selbst bezeichnet man als **Bit** (Abkürzung für binary digit). Entsprechend
wird auch die Wortlänge eines Binärcodes in Bit gemessen.

Binärcodes werden häufig wegen ihrer einfachen Darstellung und
der einfachen Möglichkeit der Codesicherung verwendet. So verwendet man Binärcodes auch etwa zur Verschlüsselung von Dezimalziffern. Anforderungen, die man an einen solchen Code stellen
kann, sind zum Beispiel:

* Beibehaltung der Ordnungsrelation des ursprünglichen
  Alphabets. (Um zwischen den Binärwörtern eine Ordnungsrelation festzulegen, müssen gewisse Vereinbarungen
  getroffen werden, z.B. $\emptyset < L$ und die einzelnen Binärstellen werden entsprechend ihrer Reihenfolge von links
  nach rechts gewertet)

* Unterscheidung zwischen geraden und ungeraden Dezimalziffern auf Grund eines einzigen Bits.

* Unterscheidung, ob die dargestellte Dezimalziffer < 5
  oder ≥ 5 ist, auf Grund eines einzigen Bits.

* Einfache Bildung des 9-er Komplements.

Die ersten beiden Anforderungen erfüllt der **8-4-2-1-Code**,
bei dem jeder Ziffer ein vierstelliges Binärwort zugeordnet
ist, welches als Dualzahl mit der Zuordnung $\emptyset \rightarrow 0$ und $L \rightarrow 1$
interpretiert - dem Wert der Ziffern entspricht. Die Bezeichnung
8-4-2-1-Code spiegelt den Stellenwert wider, der jedem Bit
zukommt. Wie im Codebaum ersichtlich ist, werden von den 16
möglichen vierstelligen Binärworten die ersten 10 verwendet.

0	ØØØØ
1	ØØØL
2	ØØLØ
3	ØØLL
4	ØLØØ
5	ØLØL
6	ØLLØ
7	ØLLL
8	LØØØ
9	LØØL

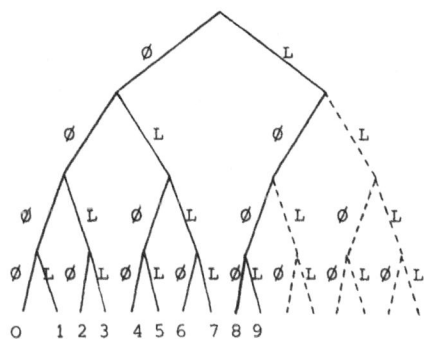

Addiert man zum Zahlenwert die Dezimalziffer 3 und nimmt danach
die Verschlüsselung durch das Dualäquivalent vor, so erhält man
den 3-Exzess-Code (auch Stibitz-Code). Der 3-Exzess-Code verteilt die Dezimalziffern symmetrisch auf die Endknoten des Code-
baumes, wodurch die Ziffern von 0 bis 4 auf den linken Teilbaum
und die Ziffern von 5 bis 9 auf den rechten Teilbaum abgebildet
werden (Gruppencode). Auf Grund dieser Symmetrie kann auch das
9-er Komplement der Dezimalziffer durch Komplementbildung der
Binärziffer gebildet werden.

0	ØØLL
1	ØLØØ
2	ØLØL
3	ØLLØ
4	ØLLL
5	LØØØ
6	LØØL
7	LØLØ
8	LØLL
9	LLØØ

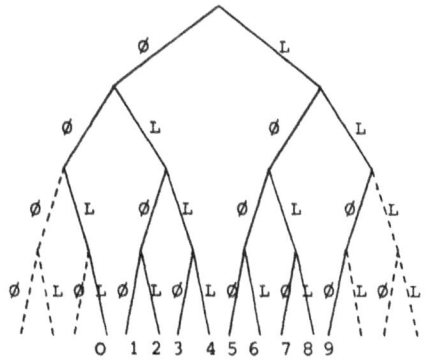

Der Aiken-Code verbindet die Eigenschaften des 3-Exzess-Codes
mit dem zusätzlichen Vorteil, daß den einzelnen Binärstellen
Gewichte (2-4-2-1) zugeordnet werden können. Wie der Codebaum
zeigt, nimmt man dafür Lücken innerhalb der gültigen Binärverschlüsselung in Kauf - die nächsthöhere Ziffer kann somit nicht
mehr durch einfache Addition einer L gebildet werden.

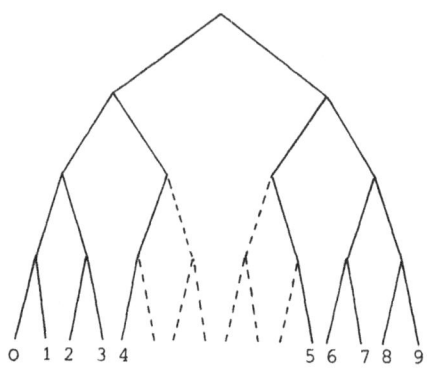

0	ØØØØ
1	ØØØL
2	ØØLØ
3	ØØLL
4	ØLØØ
5	LØLL
6	LLØØ
7	LLØL
8	LLLØ
9	LLLL

Beim Gray-Code unterscheiden sich benachbarte Ziffern nur um
ein einziges Bit. Auf Grund dieser Eigenschaft gehen sämtliche
anderen Vorteile verloren.

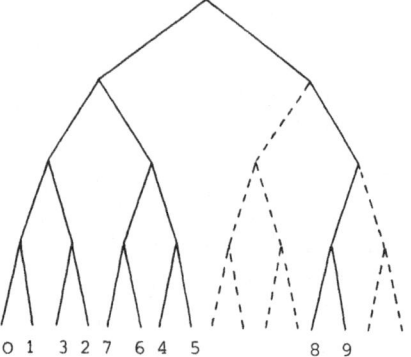

0	ØØØØ
1	ØØØL
2	ØØLL
3	ØØLØ
4	ØLLØ
5	ØLLL
6	ØLØL
7	ØLØØ
8	LLØØ
9	LLØL

Verwendet man eine Wortlänge von 5 anstelle der notwendigen
4 Bits, so können einfache Störungen - das sind Störungen,
die nur ein einziges Bit pro Wort betreffen - erkannt werden.
Das zusätzliche Bit kann zum Beispiel so gesetzt werden, daß
die Anzahl der Einsen im gesamten Binärwort gerade (ungerade)
wird. Ein solches zusätzliches Bit wird als Prüfbit oder

Paritybit bezeichnet.

Eine andere Möglichkeit der Codesicherung besteht darin, daß
von den 5 Bits genau 2 Bits Eins gesetzt und die restlichen
3 Bits Null gesetzt werden. Es gibt genau 10 unterschiedliche
Binärworte, die dieser Anforderung genügen. Dieser Code wird
als 2-aus-5-Code bezeichnet. Die Zuordnung der Dezimalziffern
zu den 10 Binärworten erfolgt beim 2-aus-5-Code so, daß die
Ordnungsrelation erhalten bleibt, wenn man die Null nach der
Neun anordnet. Mit Ausnahme der Null erhält man die Gewichte
7-4-2-1-0.

0	LLØØØ
1	ØØØLL
2	ØØLØL
3	ØØLLØ
4	ØLØØL
5	ØLØLØ
6	ØLLØØ
7	LØØØL
8	LØØLØ
9	LØLØØ

Für die Binärverschlüsselung von alphanumerischen Zeichen
(Buchstaben, Ziffern und Sonderzeichen) werden Codes mit 5, 6, 7
und 8 Bit Wortlänge verwendet. Der seit 1931 verwendete
Fernschreibcode CCITT No 2 verwendet eine Ziffern- bzw. Buchstabenumschaltung, um die 54 Zeichen mit 5 Bit verschlüsseln
zu können. Der Code wurde so gewählt, daß den häufig verwendeten Zeichen eine möglichst geringe Anzahl von Einsen (Strom-
schritten)entspricht.

Fernschreibcode CCITT No 2 :

	Buchstabe	Ziffer
ØØØØØ	nicht verwendet	
ØØØØL	T	5
ØØØLØ	Wagenrücklauf	
ØØØLL	O	9
ØØLØØ	Zwischenraum	
ØØLØL	H	
ØØLLØ	N	,
ØØLLL	M	.
ØLØØØ	Zeilenvorschub	
ØLØØL	L	)
ØLØLØ	R	4
ØLØLL	G	
ØLLØØ	I	8
ØLLØL	P	0
ØLLLØ	C	:
ØLLLL	V	=
LØØØØ	E	3
LØØØL	Z	+
LØØLØ	D	Wer da?
LØØLL	B	?
LØLØØ	S	'
LØLØL	Y	6
LØLLØ	F	
LØLLL	X	/
LLØØØ	A	-
LLØØL	W	2
LLØLØ	J	Klingel
LLØLL	Ziffernumschaltung	
LLLØØ	U	7
LLLØL	Q	1
LLLLØ	K	(
LLLLL	Buchstabenumschaltung	

Ein <u>6-Bit-Code</u> wird gelegentlich bei nicht byte-orientierten Rechenanlagen zur internen Zeichendarstellung verwendet. Die Zuordnung der Zeichen zu den 64 Bitkombinationen erfolgt entweder so, daß die Ziffern ihrem jeweiligen Dualwert entsprechen (um Rechenoperationen zu erleichtern), oder daß die lexikographische Reihenfolge - Buchstaben vor Ziffern vor Sonderzeichen - gewahrt bleibt.

z.B.

	0	1	2	3	4	5	6	7
0	:	1	2	3	4	5	6	7
1	8	9	Ø	=	≠	≤	⅋	[
2		/	S	T	U	V	W	X
3	Y	Z	]	,	(	→	≡	∧
4	-	J	K	L	M	N	O	P
5	Q	R	∨	⌿	*	↑	↓	>
6	+	A	B	C	D	E	F	G
7	H	I	<	.	)	≤	¬	;

	0	1	2	3	4	5	6	7
0	:	A	B	C	D	E	F	G
1	H	I	J	K	L	M	N	O
2	P	Q	R	S	T	U	V	W
3	X	Y	Z	Ø	1	2	3	4
4	5	6	7	8	9	+	-	*
5	/	(	)	S	=		,	.
6	#	[	]	⅋	"	_	!	&
7	'	?	<	>	a	\	∧	;

Die Zeilennummer entspricht der ersten, die Spaltennummer der zweiten Oktalziffer.

Der <u>ISO 7-Bit-Code</u> wurde bereits bei der Datenübertragung über Telefonleitung besprochen.

Der <u>EBCD-Code</u> (Extended Binary Coded Decimal Interchange Code, EBCDIC) ist ein 8 Bit-Code, der zur internen Darstellung von Zeichen innerhalb eines Bytes, aber auch auf externen Datenträgern (z.B. um ein Prüfbit ergänzt auf 9-Spur Magnetbändern) verwendet wird. Es handelt sich dabei um einen Gruppencode, bei dem die ersten 2 Bit angeben, zu welcher Gruppe das Zeichen gehört.

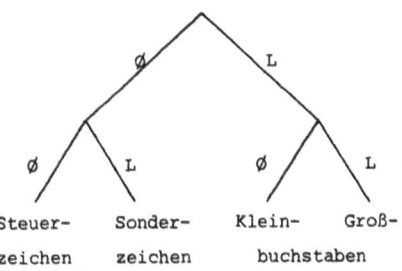

206

Die Ziffern sind durch 4 führende Einsen (das entspricht der Sedezimalziffer F im Zonenteil des Bytes) verschlüsselt.

EBCD-Code:

b8 b7 b6 b5 \ b4 b3 b2 b1	Dezimal äquivalent	0	1	2	3	4	5	6	7	8	9	10	11	12	13	14	15
b8		0	0	0	0	0	0	0	0	L	L	L	L	L	L	L	L
b7		0	0	0	0	L	L	L	L	0	0	0	0	L	L	L	L
b6		0	0	L	L	0	0	L	L	0	0	L	L	0	0	L	L
b5		0	L	0	L	0	L	0	L	0	L	0	L	0	L	0	L
0 0 0 0	0	NUL				SPA	&	-									0
0 0 0 L	1					/				a	j			A	J		1
0 0 L 0	2									b	k	s		B	K	S	2
0 0 L L	3									c	l	t		C	L	T	3
0 L 0 0	4	PF	RES	BYP	PN					d	m	u		D	M	U	4
0 L 0 L	5	HT	NL	LF	RS					e	n	v		E	N	V	5
0 L L 0	6	LC	BS	EOB	UC					f	o	w		F	O	W	6
0 L L L	7	DEL	IL	PRE	EOT					g	p	x		G	P	X	7
L 0 0 0	8									h	q	y		H	Q	Y	8
L 0 0 L	9									i	r	z		I	R	Z	9
L 0 L 0	10			SM		≠	!	ʌ	·								
L 0 L L	11					.	$	,	✚								
L L 0 0	12					<	*	%	@								
L L 0 L	13					(	)	—	'								
L L L 0	14					+	;	>	=								
L L L L	15					ǀ	¬	?	"								⊓

(Aus: Lexikon der Datenverarbeitung. In Zusammenarbeit mit G. Löbel und H. Schmid herausgegeben von P. Müller. 2.Auflage, München: Verlag Moderne Industrie. 1969.)

Bedeutung der Steuerzeichen:

NUL	Nil (Füllzeichen)
PF	Stanzer Aus
HT	Horizontal-Tabulator
LC	Kleinbuchstaben
DEL	Löschen
RES	Sonderfolgenende
NL	Zeilenvorschub mit Wagenrücklauf
BS	Rückwärtsschritt
IL	Leerlauf
BYP	Sonderfolgenanfang
LF	Zeilenvorschub
EOB	Blockende
PRE	Bedeutungsänderung der beiden Folgezeichen
PN	Stanzer Ein
RS	Leser Stop
UC	Großbuchstaben
EOT	Ende der Übertragung
SM	Betriebsartenänderung
SPA	Zwischenraum

C 3   Informationstheorie

Die von Shannon (1948) entwickelte Informationstheorie versucht,
ein Maß für den Informationsgehalt festzulegen. Man geht dabei
von dem Modell aus, daß ein Sender eine diskrete Nachricht an
einen Empfänger übermittelt. Die Nachricht besteht aus einer
Zeichenfolge, in der die einzelnen Zeichen mit bestimmten
Wahrscheinlichkeiten auftreten. Der Informationsgehalt, den der
Empfänger beim Empfang eines Zeichens gewinnt, soll die folgenden Eigenschaften haben:

* Der Informationsgehalt soll - unabhängig von der Form
  der Verschlüsselung - nur von der Wahrscheinlichkeit ab-
  hängen, mit der das Zeichen gesendet wird.dabei sollen
  häufig gesendete Zeichen einen geringen Informationsgehalt,
  seltene Zeichen einen hohen Informationsgehalt haben. Dieser Forderung wird entsprochen, wenn man als Informationsgehalt eines Zeichens eine monoton wachsende Funktion vom
  Reziprokwerk der Wahrscheinlichkeit dieses Zeichens wählt.

* Betrachtet man den Informationsgehalt einer aus mehreren
  (voneinander unabhängigen) Zeichen zusammengesetzten
  Nachricht, so   soll dieser gleich der Summe der Informationsgehalte aller einzelnen Zeichen sein, aus denen
  die Nachricht zusammengesetzt ist. Die Wahrscheinlichkeit,
  daß die Nachricht aus genau dieser Zeichenfolge besteht,
  ist jedoch gleich dem Produkt der Einzelwahrscheinlichkeiten
  jedes Zeichens. Der Informationsgehalt soll daher eine
  Funktion sein, bei der die Summe mehrerer Funktionswerte
  gleich jenem Funktionswert ist, dessen Argument das Produkt
  der Argumente der einzelnen Funktionswerte ist, also
  $f(x) + f(y) = f(x.y)$. Diese Forderung erfüllt die logarith-
  mische Funktion.

Auf Grund dieser Forderungen wird als Informationsgehalt eines
Zeichens der Logarithmus des Reziprokwertes der Wahrscheinlich-
keit, mit der dieses Zeichen gesendet wird, definiert. Als
Basis des Logarithmus wird 2 gewählt. Bezeichnet man den
Informationsgehalt (engl. information content) eines Zeichens

mit h und die Wahrscheinlichkeit,mit der dieses Zeichen auftritt,
mit p, so erhält man

$$h = ld \frac{1}{p} = - ld \ p$$

Anmerkung:

Trotz des negativen Vorzeichens ist der Informationsgehalt immer positiv,
da $p \leq 1$ ist.

Sendet die Nachrichtenquelle immer wieder das gleiche Zeichen,
so ist p = 1 und der Informationsgehalt Null - der Empfänger
wird durch das regelmäßig immer wiederkehrende Zeichen auch
nicht informiert. Ein Zeichen, welches nie gesendet wird
(p = 0), hat einen unendlich hohen Informationsgehalt - nachdem
das Zeichen nie gesendet wird, tritt dieser unendliche Informationsgehalt jedoch auch nie auf. Sendet die Nachrichtenquelle
Binärzeichen mit gleicher Wahrscheinlichkeit (p = 1/2), so ist
deren Informationsgehalt gleich Eins.

Falls die Nachrichtenquelle n unterschiedliche Zeichen mit
gleicher Wahrscheinlichkeit (p = 1/n) sendet, so ist der Informationsgehalt eines Zeichens gleich ld n. Ist n eine Potenz
von 2, so ist der Informationsgehalt ganzzahlig und entspricht
genau der Wortlänge eines optimalen Binärcodes zur Verschlüsselung
dieser Zeichen. Auf Grund dieser Analogie wird die Einheit des
Informationsgehaltes bit genannt (bit wird als Einheit klein
geschrieben).

Beispiel: Berechnung des Informationsgehaltes einer
            n-stelligen Dezimalzahl.

Der Informationsgehalt einer Dezimalziffer beträgt
ld 10 = 3.32 bit. Eine aus n Dezimalziffern gebildete Zahl hat
daher den Informationsgehalt

$$n = ld \ 10^n = n \ ld \ 10 = n*3.32 \ bit$$

Für die optimale Codierung einer n-stelligen Dezimalzahl
(z.B. als Dualzahl) sind daher n * 3.32 bit (bzw. die nächstgrößere ganze Anzahl) nötig. Dualzahlen haben somit etwa die
3.32 -fache Stellenanzahl der entsprechenden Dezimalzahlen.

Der Informationsgehalt ist auch gleich der Anzahl der binären
Entscheidungen, die getroffen werden müssen, um das Zeichen
aus dem Alphabet auszuwählen. Man teilt dabei die Zeichen in
zwei gleichwahrscheinliche Gruppen und entscheidet, in welcher
Gruppe das Zeichen enthalten ist, und wiederholt dieses Verfahren
solange, bis jede der beiden Gruppen nur ein einziges Zeichen
enthält (man beachte die Analogie zum Codebaum des entsprechenden Binärcodes!). So betrachtet, entspricht der Informationsgehalt, den der Empfänger eines Zeichens gewinnt, dem Aufwand,
den eine dritte Person im Mittel aufwenden muß, um sich die
Information durch geschickt gewählte ja/nein-Fragen ebenfalls
anzueignen.

Beispiel: Eine zufällig zwischen 0 und 7 gewählte ganze Zahl
kann durch drei Fragen "erraten" werden:

(1) Ist die Zahl kleiner als 4?
(2) Liegt die Zahl zwischen 2 und 5?
(3) Ist die Zahl gerade?

Sendet die Nachrichtenquelle Zeichen mit unterschiedlicher
Wahrscheinlichkeit, so kann der Informationsgehalt eines empfan-
genen Zeichens berechnet werden, wenn man die Wahrscheinlichkeit
dieses Zeichens kennt. Oft ist es jedoch wünschenswert, schon
vor Eintritt des Zeichens zu berechnen, welcher Informationsgehalt erwartet werden kann. Dieser Erwartungswert für den
Informationsgehalt ist gleich dem Mittelwert der Informationsgehalte aller gesendeten Zeichen. Bezeichnet h_i den Informationsgehalt des i-ten Zeichens und p_i die Wahrscheinlichkeit, mit der
dieses Zeichen auftritt, so ist der Mittlere Informationsgehalt H
gleich

$$H = \sum_i p_i h_i = \sum_i p_i \, ld \, \frac{1}{p_i} = -\sum_i p_i \, ld \, p_i$$

Dieser mittlere Informationsgehalt wird auch als Entropie
bezeichnet und ebenfalls in bit gemessen.

Anmerkung:

In der Physik ist die Entropie S = k.ln n ein Maß für die Ordnung
innerhalb eines Systems. Die Entropie strebt in einem abgeschlossenen System einem Maximum zu, welches dann erreicht ist, wenn
sämtliche Unterschiede ausgeglichen sind.

Für den speziellen Fall einer binären Nachrichtenquelle, deren
Zeichen mit den Wahrscheinlichkeiten p und 1-p gesendet werden,
ist der mittlere Informationsgehalt S(p) gleich

$$S(p) = p \; ld \; \frac{1}{p} + (1-p) \; ld \; \frac{1}{1-p}$$

Die Funktion S(p) wird auch SHANNON'sche Funktion genannt.

Sendet die Nachrichtenquelle nur ein einziges Zeichen (p = 0 bzw.
p = 1), so ist der mittlere Informationsgehalt Null
(S(0) ≈ S(1) = 0).

Anmerkung:
Der Grenzwert $\lim\limits_{x \to 0} x \; ld \; \frac{1}{x}$ berechnet sich nach der Regel von

L'HOSPITAL zu

$$\lim_{x \to 0} x \; ld \; \frac{1}{x} = \lim_{x \to 0} \frac{-ld \; x}{\frac{1}{x}} = \lim_{x \to 0} \frac{-\frac{d}{dx} ld \; x}{\frac{d}{dx} \frac{1}{x}} = \lim_{x \to 0} \frac{-\frac{c}{x}}{-\frac{1}{x^2}} = 0$$

Interessant ist auch die Fragestellung, mit welcher Wahrscheinlichkeit die binäre Nachrichtenquelle die beiden Zeichen aus-
senden muß, damit der mittlere Informationsgehalt maximal wird.

Damit die Funktion S(p) einen Extremwert annimmt, muß die
Ableitung Null gesetzt werden:

$$\frac{d}{dp} S(p) = 0$$

Daraus erhält man mit $\frac{d}{dx} ln \; x = \frac{1}{x}$ und $ld \; x = \frac{ln \; x}{ln \; 2} = c \; ln \; x$

$$- \; ld \; p \; - \; p * \frac{c}{p} + ld \; (1-p) + (1-p) * \frac{c}{1-p} = 0$$

das heißt

$$ld \; p = ld \; (1-p)$$

oder

$$p = 1-p$$

mit

$$p = \frac{1}{2}$$

Der mittlere Informationsgehalt ist dann maximal, wenn beide
Zeichen mit gleicher Wahrscheinlichkeit auftreten. Auch für
nicht binäre Nachrichtenquellen gilt, daß der mittlere Informationsgehalt dann am größten ist, wenn alle Zeichen gleichwahrscheinlich sind.

Die SHANNONsche Funktion und ihre Summanden

$$S(p) = p \; ld \; \frac{1}{p} + q \; ld \; \frac{1}{q} \qquad q = 1-p$$

p	$ld \; \dfrac{1}{p}$	$p \; ld \; \dfrac{1}{p}$	$S(p)$
0.00	*******	0.0000	0.0000
0.05	4.3219	0.2161	0.2864
0.10	3.3219	0.3322	0.4690
0.15	2.7370	0.4105	0.6098
0.20	2.3219	0.4644	0.7219
0.25	2.0000	0.5000	0.8113
0.30	1.7370	0.5211	0.8813
0.35	1.5146	0.5301	0.9341
0.40	1.3219	0.5288	0.9710
0.45	1.1520	0.5184	0.9028
0.50	1.0000	0.5000	1.0000
0.55	0.8625	0.4744	0.9928
0.60	0.7370	0.4422	0.9710
0.65	0.6215	0.4040	0.9341
0.70	0.5146	0.3602	0.8813
0.75	0.4150	0.3113	0.8113
0.80	0.3219	0.2575	0.7219
0.85	0.2345	0.1993	0.6098
0.90	0.1520	0.1368	0.4690
0.95	0.0740	0.0703	0.2864
1.00	0.0000	0.0000	0.0000

Beispiel:

Eine Nachrichtenquelle sendet Zeichen aus dem Alphabet {a|b|c}.
In der Hälfte aller Fälle wird das Zeichen a und in je einem
Viertel der Fälle das Zeichen b beziehungsweise c gesendet.
Die Informationsgehalte der einzelnen Zeichen sowie der mittlere
Informationsgehalt können damit leicht berechnet werden:

	p	h
a	0.5	1
b	0.25	2
c	0.25	2

$H = 0.5*1 + 0.25*2 + 0.25*2 = 1.5$ bit

Der mittlere Informationsgehalt ist hier ebenfalls gleich der
mittleren Anzahl der binären Entscheidungen, die getroffen werden
müssen,um ein gesendetes Zeichen festzulegen. Lautet die erste
Frage, ob das Zeichen a gesendet wurde, so ist in 50 % der Fälle
die Antwort ja und das Zeichen mit einer einzigen Entscheidung

bestimmt. Nur in der Hälfte der Fälle ist eine weitere Entscheidung zwischen b und c notwendig - im Mittel also 1.5 Entscheidungen.

Um die Zeichen dieser Nachrichtenquelle durch einen Binärcode variabler Länge zu verschlüsseln, kann die folgende Codierungsvorschrift gewählt werden:

a	0
b	LØ
c	LL

Es ist naheliegend, daß für das häufigere Zeichen ein kürzeres Binärwort verwendet wurde. Da kein Wort des Codes Anfang eines anderen Wortes ist, ist die gewählte Codierung auch ohne Trennzeichen umkehrbar eindeutig. Da die Länge jedes Binärwortes gleich dem Informationsgehalt des zugehörigen Zeichens gewählt wurde, ist die mittlere Wortlänge dieses Codes auch gleich dem mittleren Informationsgehalt.

Allgemein bezeichnet man als <u>mittlere Wortlänge</u> L eines Codes die mit den Wahrscheinlichkeiten p_i der einzelnen Zeichen gewichtete Summe der Längen l_i der einzelnen Binärworte, also

$$L = \sum_i p_i l_i$$

Während der mittlere Informationsgehalt von der Codierung unabhängig ist und nur durch die Wahrscheinlichkeitsverteilung der einzelnen Zeichen bestimmt ist, hängt die mittlere Wortlänge von der Wahl der Verschlüsselung ab. Im obigen Beispiel ist der mittlere Informationsgehalt deshalb gleich der mittleren Wortlänge, weil die Codierung optimal durchgeführt werden konnte. Wie das folgende Beispiel zeigt, ist dies im allgemeinen nicht immer der Fall.

Beispiel:

Die Nachrichtenquelle soll die drei Zeichen a, b und c mit
den angegebenen Wahrscheinlichkeiten senden. Bei gleicher
Codierung wie im vorhergehenden Beispiel wird wieder der mittlere
Informationsgehalt und die mittlere Wortlänge des Codes berechnet.

	p	h	ph	l	pl
a	0.7	0.515	0.360	1	0.7
b	0.2	2.322	0.464	2	0.4
c	0.1	3.322	0.332	2	0.2

$$H = 1.156 \text{ bit} \qquad L = 1.3 \text{ bit}$$

Bei diesem Beispiel ist die mittlere Wortlänge L etwas größer
als der mittlere Informationsgehalt H. Der Grund dafür liegt
darin, daß wegen der nicht ganzzahligen Informationsgehalte
der einzelnen Zeichen die Codierung - die ja eine ganzzahlige
Wortlänge verlangt - nicht optimal erfolgen konnte.

Allgemein läßt sich zeigen, daß die mittlere Wortlänge eines
Codes immer größer oder höchstens gleich dem mittleren Informationsgehalt der Zeichen dieses Codes ist. Die Differenz
zwischen mittlerer Wortlänge L und mittlerem Informationsgehalt
H bezeichnet man als Redundanz R (engl. redundancy) des Codes.

$$R = L - H \qquad R \geq 0$$

Auch die Redundanz eines Codes wird in bit gemessen.

Bezieht man die Redundanz auf die mittlere Wortlänge des Codes,
so erhält man die Redundanz pro Bit oder relative Redundanz r

$$r = \frac{R}{L}$$

Oft wird die relative Redundanz auch mit 100 multipliziert
und in Prozent angegeben.

Die Redundanz gibt an, um wieviele Bit ein Wort des Binärcodes
im Mittel länger ist, als im optimalen Fall notwendig wäre.

Beispiel:

Für die Codierung der Dezimalziffern benötigt man 4 Bit, der
Informationsgehalt einer Dezimalziffer beträgt jedoch nur
ld 10 = 3.32 bit, die Redundanz beträgt daher 0.68 bit oder
17 %. In diesem Fall kommt die Redundanz dadurch zustande, daß
6 von den 16 möglichen Verschlüsselungen nicht verwendet werden.

Bei Verwendung eines fünfstelligen Binärcodes für die Verschlüsselung der Dezimalziffern ist die Redundanz noch größer,
dafür besteht jedoch die Möglichkeit, Fehler zu erkennen. Allgemein ist eine geringe Redundanz ein Kennzeichen für eine
effiziente Codierung, während eine hohe Redundanz eine Fehlererkennung ermöglicht. Die Redundanz eines Codes kann auch als
Maß dafür angesehen werden, wieviele Bit pro Binärwort im Mittel
weggelassen werden können, ohne die Nachricht unkenntlich zu
machen.

Ein Beispiel für die Erhöhung der Redundanz einer Verschlüsselung,
um Übertragungsfehler zu vermeiden, ist die auf Schecks übliche
Angabe eines Betrages in Worten.

Beispiel:

Informationsgehalt und Redundanz der deutschen Sprache:
Betrachtet man die 26 Buchstaben als gleichwahrscheinlich, so
ist der Informationsgehalt eines Buchstabens gleich
ld 26 = 4.7 bit. Bei Berücksichtigung des Zwischenraumes (ƀ)
als eigenes Zeichen erhöht sich der Informationsgehalt auf
ld 27 = 4.75 bit. In einem deutschen Text treten diese Zeichen
jedoch mit unterschiedlicher Wahrscheinlichkeit auf. Die Zeichen
ƀ, e, n, r und i zum Beispiel bestreiten mehr als die Hälfte
des Textes.

Buchstabenhäufigkeit der deutschen Sprache in Prozent:

ƀ	15.15	U	3.19	K	0.96
E	14.7o	L	2.93	V	0.74
N	8.84	C	2.67	Ü	0.58
R	6.86	G	2.67	P	0.5o
I	6.38	M	2.13	Ä	0.49
S	5.39	O	1.77	Ö	0.25
T	4.73	B	1.6o	J	0.16
D	4.39	Z	1.42	Y	0.o2
H	4.36	W	1.42	Q	0.o1
A	4.33	F	1.36	X	0.o1

(ƀ, E, N, R, I : 51.39%)

Bei Berücksichtigung der Zeichenwahrscheinlichkeiten erniedrigt
sich der mittlere Informationsgehalt auf 4.11 bit pro Zeichen.
Berücksichtigt man weiters, daß bestimmte Buchstabengruppen
besonders häufig auftreten (z.B. en, er, ch etc.) und verschlüsselt diese gemeinsam, so sinkt der mittlere Informationsgehalt auf weniger als 2 bit pro Zeichen. Vergleicht man diesen
Wert mit dem maximalen Informationsgehalt, der bei gleicher
Häufigkeit aller Zeichen auftritt, so erhält man eine Redundanz
von 2.75 bit pro Zeichen. Sinnvoller ist es, als Vergleichswert
den Informationsgehalt mit Berücksichtigung der Buchstabenhäufigkeit heranzuziehen, wodurch sich eine Redundanz von
ungefähr 50 % ergibt. Das bedeutet, daß im Mittel jeder zweite
Buchstabe in einem deutschen Text weggelassen werden kann, ohne
die Verständlichkeit zu beeinträchtigen.

z.B. D ¶ E ¶ ¶ E ▮ ▮ N D A ▮ ▮ D ▮ R ▮ D ▮ U ▐ S C H ▮ ▮ ▮ S
     P R A ▮ H ▮ ▮ E T ¶ A E ▮ T ▮ T ¶ ¶ F ▐ ▮ N F Z ▮
     G ¶ P ¶ ¶ Z E N ▮ .

Einen ähnlichen Wert für die Redundanz erhält man, wenn man die
Häufigkeit der Wörter der deutschen Sprache zur Berechnung des
Informationsgehaltes heranzieht. Von den mehr als 10 Millionen
Wörtern treten die drei häufigsten Wörter (die, der, und) mit
einer Häufigkeit von 9,5 % auf. Die 15 häufigsten Wörter machen
ein Viertel aller deutschen Texte aus, während mit 66 Wörtern
bereits die Hälfte abgedeckt wird. Auf Grund dieser Häufigkeits-
verteilung berechnet sich der Informationsgehalt eines Wortes
zu 11.8 bit. Da ein Wort im Mittel aus 5.7 Buchstaben besteht,
erhält man einen mittleren Informationsgehalt von etwa 2 bit
pro Buchstaben.

Völlig redundant - das heißt ohne Informationsgehalt - ist in
der deutschen Sprache der Unterschied zwischen Groß- und Klein-
schreibung, da dieser auf Grund grammatikalischer Regeln aus
der Zeichenfolge eindeutig rekonstruiert werden kann.

Wesentlich geringere Redundanz als die deutsche Klarschrift hat
die Kurzschrift (Stenographie). Während bei der Vollverkehrs-
schrift einzelne redundante Buchstaben (z.B. der Vokal e
innerhalb eines Wortes) weglassen und häufige Buchstabenfolgen
durch eigene Zeichen verschlüsselt werden (Kürzel), werden bei

der Eilschrift ganze Silben und mitunter auch Worte unterdrückt,
ohne die Lesbarkeit zu gefährden.

Fano-Code:

Gelegentlich kann es erforderlich sein, für ein Alphabet mit
gegebenen Wahrscheinlichkeiten für das Auftreten der einzelnen
Zeichen, einen Binärcode variabler Wortlänge mit geringer
Redundanz zu finden. Das folgende Verfahren von Shannon und
Fano liefert einen solchen Code (Fano-Code):

> Nachdem die Zeichen nach ihren Wahrscheinlichkeiten
> geordnet wurden, trennt man - unter Beibehaltung dieser
> Reihenfolge - die Zeichen derart in zwei Gruppen, daß die
> Summen der Wahrscheinlichkeiten in beiden Gruppen möglichst
> gleich sind. Die eine Gruppe wird an der ersten Binärstelle
> mit $\emptyset$, die andere mit L codiert. Innerhalb jeder dieser
> Gruppen teilt man wieder in zwei möglichst gleichwahrschein-
> liche Teile und codiert die nächste Binärstelle entsprechend
> mit $\emptyset$ oder L.
> Diese Unterteilung wird solange fortgesetzt, bis jede der
> Gruppen aus einem einzigen Zeichen besteht.

Beispiel:

Eine Nachricht, die aus den Farben {rot | gelb | blau | weiß |
schwarz} zusammengesetzt ist, soll bei der angegebenen Wahrscheinlichkeitsverteilung durch einen Fano-Code verschlüsselt
werden.

	p	Code	l	pl	h	ph
rot	0.40	$\emptyset$ $\emptyset$	2	0.80	1.32	0.53
gelb	0.19	$\emptyset$ L	2	0.38	2.40	0.46
blau	0.17	L $\emptyset$	2	0.34	2.56	0.43
weiß	0.12	L L $\emptyset$	3	0.36	3.06	0.37
schwarz	0.12	L L L	3	0.36	3.06	0.37

$$L = 2.24 \text{ bit} \qquad H = 2.16 \text{ bit}$$
$$R = 0.08 \text{ bit}$$

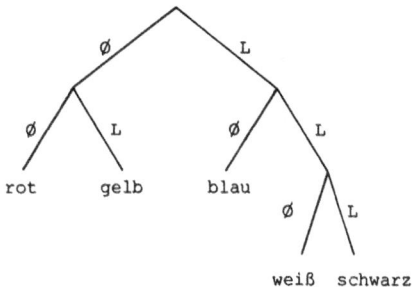

Beim Fano-Code spiegelt die Ordnungsrelation der Codeworte die
auf Grund der Wahrscheinlichkeiten festgelegte Reihenfolge
wider.

Huffman-Code:

Ein ähnliches Verfahren zur Ermittlung eines optimalen Code-
baumes wurde von Huffman angegeben:

> Die beiden Zeichen mit den geringsten Wahrscheinlichkeiten
> werden als Gruppe zusammengefaßt und im weiteren Verlauf
> des Verfahrens wie ein einziges Zeichen behandelt, dessen
> Wahrscheinlichkeit gleich der Summe der beiden Einzelwahr-
> scheinlichkeiten ist. Das Verfahren wird solange fortgesetzt,
> bis der Codebaum fertig erstellt ist.

Für das vorangegangene Beispiel erhält man schrittweise den
folgenden Code:

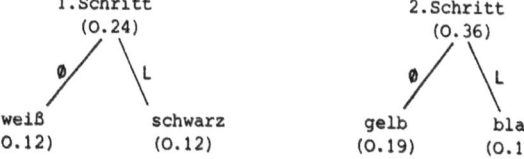

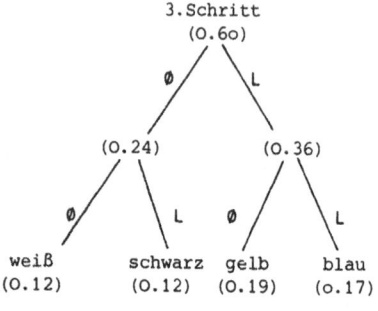

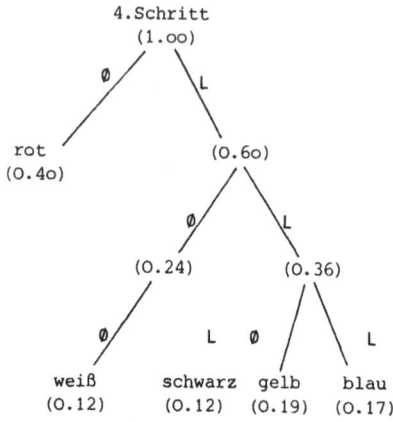

	p	Code	1	pl
rot	0.40	Ø	1	0.40
gelb	0.19	L Ø Ø	3	0.57
blau	0.17	L Ø L	3	0.51
weiß	0.12	L L Ø	3	0.36
schwarz	0.12	L L L	3	0.36

$$L = 2.20 \text{ bit}$$
$$R = 0.04 \text{ bit}$$

Die mittlere Wortlänge des Codes kann unmittelbar aus dem Codebaum entnommen werden, indem die an den Zwischenknoten ange-
schriebenen Summen der Wahrscheinlichkeiten nochmals addiert
werden.

Es läßt sich zeigen, daß ein nach dem Verfahren von Huffman
gebildeter Code die geringste Redundanz besitzt, die sich
bei der Codierung von einzelnen Zeilen erreichen läßt. Wie das
Beispiel zeigt, kann das Verfahren von Fano unter bestimmten
Umständen einen Code mit geringfügig größerer Redundanz liefern.
Die Redundanz läßt sich nach beiden Verfahren beliebig klein
machen, wenn an Stelle von Einzelzeichen ganze Zeichenfolgen
gemeinsam codiert werden.

Beispiel:

In einer aus dem Binäralphabet { a | b } zusammengesetzten
Nachricht tritt das Zeichen a viermal sooft auf als das
Zeichen b.

	p	Code
a	0.8	Ø
b	0.2	L

Der mittlere Informationsgehalt eines Zeichens beträgt
H = S(0.8) = 0.722 bit. Verschlüsselt man jedes Zeichen getrennt
(L = 1 bit), so beträgt die Redundanz R = 0.278 bit/Zeichen.

Verschlüsselt man jeweils zwei aufeinanderfolgende Zeichen durch
ein einziges Codewort variabler Länge, so ergibt sich die
folgende Wahrscheinlichkeitsverteilung (die Wahrscheinlichkeit,
daß zwei bestimmte Zeichen aufeinanderfolgen, ist gleich dem
Produkt der Einzelwahrscheinlichkeiten):

	p	Code	1	pl
aa	0.64	Ø	1	0.64
ab	0.16	L Ø	2	0.32
ba	0.16	L L Ø	3	0.48
bb	0.04	L L L	3	0.12

L = 1.56 bit

Bei optimaler Codierung eines Zeichenpaares erhält man eine
mittlere Wortlänge von 1.56 bit, das sind 0.78 bit/Zeichen.
Da der mittlere Informationsgehalt eines Zeichens - unabhängig
von der Art der Codierung - 0.722 bit beträgt, ist die Redundanz
durch die Codierung von Zeichenpaaren auf 0.058 bit/Zeichen
gesunken. Codiert man im gleichen Beispiel drei Zeichen gemeinsam, so sinkt die Redundanz weiter auf R = 0.006 bit/Zeichen.

	p	Code	l	pl
aaa	0.512	Ø	1	0.512
aab	0.128	L Ø Ø	3	0.384
aba	0.128	L Ø L	3	0.384
baa	0.128	L L Ø	3	0.384
abb	0.032	L L L Ø Ø	5	0.160
bab	0.032	L L L Ø L	5	0.160
bba	0.032	L L L L Ø	5	0.160
bbb	0.008	L L L L L	5	0.040

$$L = 2.184 \text{ bit}$$

Als Maß für die in einer bestimmten Zeitspanne t übertragene
Information h dient der Informationsfluß c:

$$c = \frac{h}{t} \quad [\text{bit/s}]$$

Der Informationsfluß wird in bit/s oder Baud gemessen.

Beispiel:

Ein Fernschreiber gestattet die Übertragung mit einer maximalen
Geschwindigkeit von 50 Baud. Im 5-Bit-Fernschreibcode können
daher 10 Zeichen pro Sekunde übertragen werden. Berücksichtigt
man jedoch, daß auf einen Buchstaben eines zusammenhängenden
Textes nur ein Informationsgehalt von etwa 2 bit kommt, so ist
der tatsächliche Informationsfluß etwa 20 bit/s.

Beispiel:

Ein Fernsehbild besteht aus 625 Zeilen mit 50 Bildwechseln
pro Sekunde. Nach dem Zeilensprungverfahren wird jede Zeile
in der Sekunde jedoch nur 25 mal durchlaufen. Betrachtet man
den Zeilenabstand auch als horizontale Ausdehnung eines Bild-
punktes, so kann man pro Zeile etwa 800 Bildpunkte annehmen.
Mit 10 unterscheidbaren Helligkeitsstufen erlaubt ein Fernsehkanal somit einen Informationsfluß von etwa $4 * 10^7$ bit/s.

Interessant ist auch die Frage, mit welcher Geschwindigkeit
der Mensch Information aufnehmen kann. Beim Lesen erreicht der
Mensch eine Geschwindigkeit von etwa 25 Buchstaben in der
Sekunde, das entspricht einem Informationsfluß von 50 bit/s.

Dieser Wert ist unabhängig von der verwendeten Sprache und dem
Zeichenvorrat des Alphabets (der gleiche Informationsfluß wird
auch beim Lesen von chinesischem Text erzielt). Enthält die
Nachricht hohe Redundanz, dann kann der Text zwar rascher gelesen werden, der Informationsfluß bleibt jedoch gleich. Auch
akustische Nachrichten (z.B. gesprochener Text oder Musikdar-
bietungen) können mit einer Geschwindigkeit von maximal 50 bit/s
wahrgenommen werden. Tatsächlich mit dem Bewußtsein verarbeitet
wird davon höchstens die Hälfte, das sind 25 bit/s. Nimmt ein
Mensch durch 50 Jahre hindurch täglich 16 Stunden lang Information mit dieser Geschwindigkeit auf, so erreicht er insgesamt
einen Informationsgehalt von über $2.6 * 10^{10}$ bit. Theoretisch
wäre der Mensch auch auf Grund der enormen Speicherkapazität
des Gehirns von etwa 10^{12} bit auch in der Lage, diese Information zu speichern. Dennoch kann die gesamte im Laufe eines
Menschenlebens aufgenommene Information in optimal codierter
Form innerhalb von 10 Minuten über einen Fernsehkanal übertragen
werden.

Informationsfluß für verschiedene Tätigkeiten:

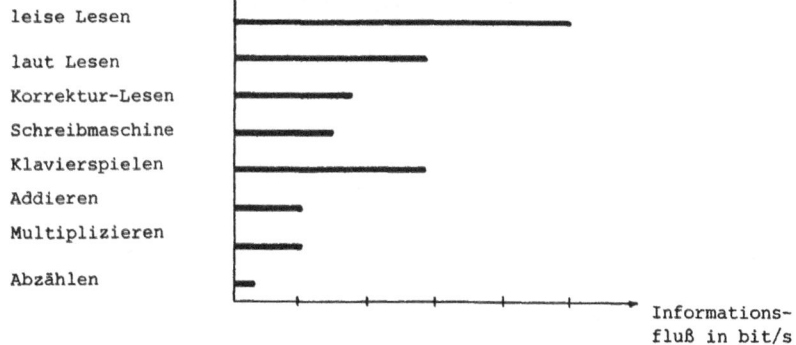

C 4   CODIERUNG ANALOGER SIGNALE

Häufig werden analoge Signale zum Zweck der Codierung in diskrete
Signale umgewandelt. Diesen Vorgang bezeichnet man als
Diskretisierung. Um zum Beispiel ein zeitlich kontinuierlich
veränderliches Signal zu übertragen, genügt es, die Signal-
amplituden zu bestimmten äquidistanten Zeitpunkten zu betrachten.
Diese zeitliche Diskretisierung bezeichnet man als Abtastung
– eine räumliche Diskretisierung nennt man Rasterung (Beispiele
für eine Rasterung sind die in Punkte zerlegten Zeitungsbilder).
Je kürzer die Abtastintervalle τ sind,desto genauer kann das
analoge Signal s(t) aus den Abtastwerten wieder rekonstruiert
werden.

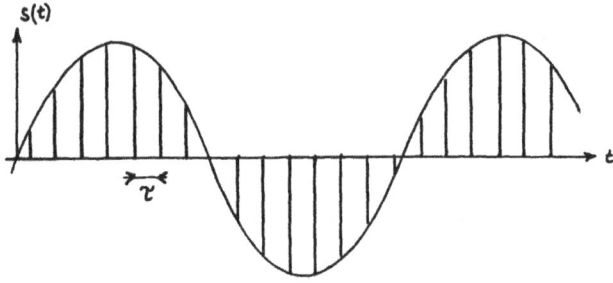

Das Abtasttheorem gestattet es, den maximalen Abstand zwischen
den Abtastzeitpunkten zu berechnen, der eine eindeutige
Rekonstruktion des ursprünglichen analogen Signals ermöglicht.
Man geht dabei von der Überlegung aus, daß sich jedes physi-
kalisch darstellbare Signal als Überlagerung von Sinusschwin-
gungen unterschiedlicher Frequenzen darstellen läßt. Entsprechend
der Art des Signals tritt dabei eine höchste vorkommende Frequenz
– die sogenannte Grenzfrequenz – auf. Während zum Beispiel Tonschwingungen bis zu einer Grenzfrequenz von etwa 20 kHz hörbar
sind, berücksichtigt die Hi-Fi-Norm nur Frequenzen bis 16 kHz.
Die männliche Stimme erzeugt Tonfrequenzen bis 9 kHz, die
weibliche Stimme bis 10 kHz. Hörbare Obertöne können mit Musik-
instrumenten (z.B. Flöte, Violine bis 16 kHz) oder durch sonstige
Geräusche (z.B. Schlüsselklirren bis 20 kHz) erzeugt werden.
Über Telefonleitungen werden davon nur Schwingungen bis zu einer

Grenzfrequenz von etwa 3 kHz übertragen, ohne die Sprachverständlichkeit zu beeinflussen.

Ist die Abtastfrequenz mindestens doppelt so groß als die Grenzfrequenz f_g

$$\tau \leqslant \frac{1}{2f_g}$$

so läßt sich das Signal aus den Abtastwerten eindeutig rekon-
struieren. In jeder Periode der höchsten auftretenden Frequenz
müssen somit mindestens zwei Abtastwerte liegen.

Um die Abtastwerte in digitaler Form zu übertragen, können diese
in diskrete Amplitudenwerte umgeformt werden. Bei dieser sogenannten Quantelung entsteht ein weiterer Fehler, der mit
zunehmender Verfeinerung der berücksichtigten Amplitudenstufen
geringer wird.

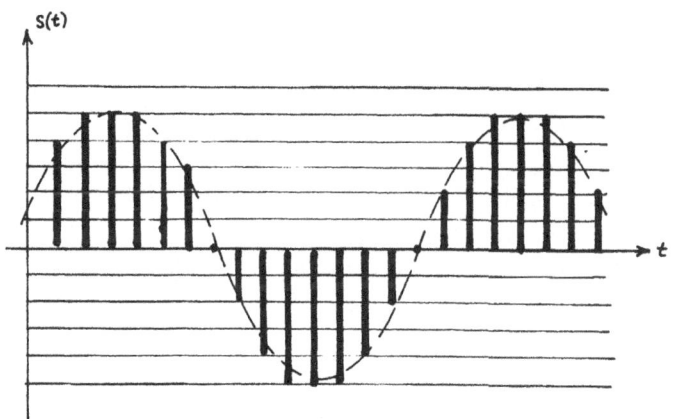

Pro Abtastwert kann die Nummer der Amplitudenstufe, in die dieser
fällt, in digitaler Form, zum Beispiel als Impulsfolge, übertragen werden. Eine solche Form der Verschlüsselung bezeichnet
man als Puls-Code-Modulation (dieses Verfahren wird z.B. bei
der Fernübertragung von Telefongesprächen angewandt).

Beispiel:

Ein Telefongespräch mit einer Grenzfrequenz von 3 kHz kann mit
einer Abtastfrequenz von 6 kHz, das heißt 6 000 mal in der

Sekunde, abgetastet werden ($\tau = 167\ \mu s$). Berücksichtigt man
pro Abtastwert 64 Amplitudenstufen, so benötigt man zur Binärverschlüsselung eines Abtastwertes 6 Bit. (64 Amplitudenstufen
genügen für Sprachverständlichkeit, für hochwertige Musiküber-
tragungen benötigt man 1024 Amplitudenstufen). Pro Sekunde werden 36 000 bit übertragen. Im Arbeitsspeicher einer Großrechen-
anlage läßt sich somit ein Telefongespräch von einigen Minuten
Dauer speichern (z.B. 160 Sekunden bei Cyber 74 mit 96 K Worten
zu je 60 Bit).

Werden bei der Quantelung eines Abtastwertes S gleichwahrscheinliche Amplitudenstufen unterschieden, so ist der Informationsgehalt eines Abtastwertes gleich ld S. Da pro Sekunde 2 f_g
Abtastwerte übertragen werden, ist der Informationsfluß C eines
analogen Signals

$$C = 2f_g\,ld\ S$$

Der maximal über einen Kanal übertragbare Informationsfluß wird
als Kanalkapazität bezeichnet. Für ein analoges Signal der
Dauer T ist der Informationsgehalt

$$H = 2f_g T\ ld\ S$$

Beispiel:

Der Informationsgehalt eines Telefongespräches (f_g = 3 kHz,
S = 64) der Dauer von 1 Sekunde beträgt 36 000 bit. Nimmt man
an, daß in dieser Zeitspanne etwa 25 Buchstaben gesprochen werden,
so beträgt der Informationsgehalt der zeichenweisen Codierung
nur 50 bit. Der wesentlich höhere Informationsgehalt des ge-
sprochenen Textes erlaubt außer einer höheren Redundanz noch
zusätzliche Information durch Betonung, Stimmlage, etc.

Beispiel:

Für die Auswertung eines Elektrokardiogramms (EKG) müssen
Schwingungen in einem Frequenzbereich von 0.2 bis 200 Hz und
64 Amplitudenstufen berücksichtigt werden. Eine Messung dauert
2 Minuten. Für die diskretisierte Speicherung eines EKGs sind
daher

$$H = 2*200*120*ld\ 64 = 288\ 000\ bit$$

erforderlich.

Beispiel: Informationsfluß im Menschen

Das menschliche Ohr nimmt Tonschwingungen zwischen 10 Hz und
20 kHz wahr (Frequenzen unter 10 Hz werden als Einzelsignale
wahrgenommen) und gestattet dabei die Unterscheidung von maximal
1024 Amplitudenstufen. Der maximale akustisch wahrgenommene
Informationsfluß beträgt daher rund 400 000 bit/s, von denen
jedoch nur etwa 10 000 bit/s von den Nerven weitergeleitet
werden. Höchstens 50 bit/s werden bewußt aufgenommen.

Noch höher ist der Informationsfluß im menschlichen Auge. Der
hauptsächliche Anteil der Information wird von den rund
$120*10^6$ Stäbchen wahrgenommen, von denen jedes etwa 32 Helligkeitsstufen unterscheiden kann. Mit der beim Film verwendeten
Abtastfrequenz von 18 Bildern pro Sekunde erhält man einen
Informationsfluß von 10^{10} bit/s für das Schwarzweißsehen, der
durch die Farbinformation, die die Zäpfchen beisteuern, noch
geringfügig erhöht wird. Von dieser wahrgenommenen Information
wird höchstens 1/10 durch die Nerven weitergeleitet, die weitere
Reduktion erfolgt im Gehirn.

Der Informationsfluß innerhalb der Nerven erfolgt durch eine
Impulsfrequenzmodulation, bei der die Information durch den
zeitlichen Abstand kurzer Stromstöße (ca. 100 mV) der Dauer
von rund 1 ms verschlüsselt wird. Da der zeitliche Abstand
zweier Impulse wegen der notwendigen Erholungszeit in der
Nervenmembran mindestens 3 ms beträgt, ist die Impulsfrequenz
mit rund 250 Stromstößen pro Sekunde begrenzt.

C 5 CODESICHERUNG

Um einen Code gegen Übertragungsfehler zu schützen, ist Redundanz
notwendig. Der umgekehrte Schluß - daß genügend hohe Redundanz
vor Übertragungsfehlern schützt - ist nicht zulässig. Eine
Sicherheit gegen Fehler ist erst dann gegeben, wenn sich die
einzelnen Codewörter in möglichst vielen Stellen unterscheiden.

Die Anzahl der Stellen, an denen sich zwei Wörter gleicher
Länge unterscheiden, wird als Hamming-Abstand oder Hamming-Distanz
d bezeichnet.

z.B.
$$\emptyset \ L \ \emptyset \ L \ L$$
$$L \ L \ \emptyset \ \emptyset \ L \qquad d = 2$$

Unter der Hamming-Distanz D eines ganzen Codes versteht man den
minimalen Abstand zwischen sämtlichen Wörtern des Codes untereinander. Die Hamming-Distanz ist ein Maß für die Störsicherheit eines Codes.

Offensichtlich ist ein Code nur dann sinnvoll, wenn seine Hamming-
Distanz mindestens 1 ist, denn nur dann sind sämtliche Codewörter voneinander verschieden.

Ist die Hamming-Distanz gleich 1, so gibt es mindestens zwei
Codewörter, die sich nur in einem einzigen Bit unterscheiden.
Durch einen einfachen Fehler - das ist ein Fehler, der innerhalb eines Wortes nur ein einziges Bit stört - kann dieses
Codewort in das andere gültige Codewort übergeführt werden,
ohne daß der Fehler bemerkt wird. Die Hamming-Distanz 1 garantiert somit keine Fehlererkennung.

Beispiele für einen Code mit D = 1 sind der 8-4-2-1-Code, der
Dreiexzesscode, der Gray-Code, etc.

Eine Hamming-Distanz größer als 1 garantiert, daß durch einen
einfachen Fehler ein ungültiges Codewort entsteht und der
Fehler dadurch erkannt werden kann. (Die Redundanz eines solchen
fehlererkennenden Codes ist mindestens 1). Eine Hamming-Distanz
von 2 kann zum Beispiel durch Hinzufügen eines Parity-Bits erzwungen werden. Ein weiteres Beispiel für einen Code mit
D = 2 ist der 2-aus-5-Code.

Allgemein können in einem Code mit der Hamming-Distanz D alle Fehler erkannt werden, die pro Codewort weniger als D Bits betreffen.

Die Hamming-Distanz eines 3-stelligen Binärcodes kann räumlich durch einen Würfel veranschaulicht werden, dessen Eckpunkte den 8 Codeworten zugeordnet sind. Dabei entsprechen die einzelnen Bits den Koordinaten der Eckpunkte:

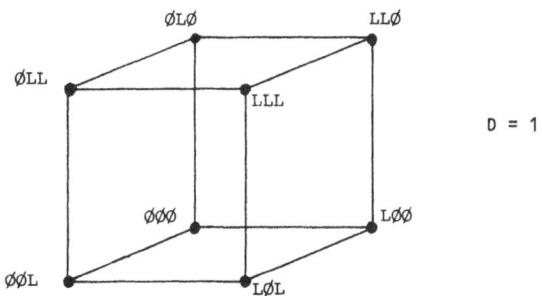

Die Hamming-Distanz entspricht der Anzahl von Kanten, die überwunden werden müssen, um von einem Codewort zu einem anderen zu gelangen. Sind sämtliche 8 Ecken mit Codewörtern belegt, so ist die Hamming-Distanz 1.

Um die Hamming-Distanz von 2 zu erreichen, dürfen keine zwei benachbarten Ecken mit Codewörtern belegt sein. Auch im entsprechenden Veitch-Diagramm dürfen keine benachbarten Felder belegt sein. Von den 8 möglichen Bitkombinationen sind daher nur mehr 4 als Codewörter erlaubt.

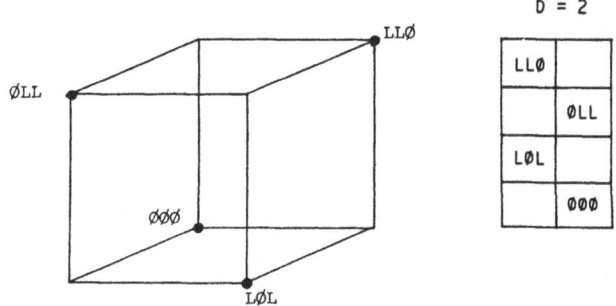

Bei einer Hamming-Distanz von 3 müssen zwischen den belegten
Ecken mindestens 3 Würfelkanten liegen. Auch im Veitch-Diagramm
beträgt der Abstand zwischen den Codewörtern mindestens zwei
Felder. Allerdings sind auf Grund dieser Einschränkung nur
mehr 2 Codewörter verwendbar.

z.B.

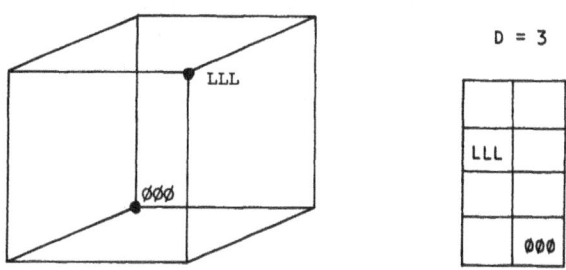

Eine Hamming-Distanz von 3 ermöglicht nicht nur die Erkennung,
sondern auch die <u>Korrektur</u> einfacher Fehler. Durch Störung
eines einzigen Bits entsteht nämlich ein Codewort, dessen
Abstand zu dem ursprünglichen Zeichen genau 1 ist, während
der Abstand zu allen übrigen Zeichen des Codes mindestens 2
beträgt. Dadurch kann das richtige Zeichen ermittelt werden.
Allgemein können durch eine Hamming-Distanz D alle Fehler
korrigiert werden, die weniger als D/2 Bits betreffen.

Von Hamming wurde ein Verfahren angegeben, nach dem ein Code
mit der Hamming-Distanz D = 3 erstellt werden kann. Man geht
dabei von einem Code fester Wortlänge l mit der Hamming-Distanz
D = 1 aus und ergänzt diesen durch zusätzliche Prüfbits.
Numeriert man die Stellen des erzeugten Codes von 1 beginnend
durch, so werden die Prüfbits (P) an jene Stellen gesetzt,
deren Nummer eine Potenz von 2 ist.

z.B.   l = 3

1	2	3	4	5	6
P	P	X	P	X	X

Die Werte der einzelnen Prüfbits werden mit Hilfe von Kontrollgleichungen so berechnet, daß die Summe bestimmter Stellen
gerade ist. Für jedes Prüfbit wird eine Kontrollgleichung ver-

wendet. In der ersten Kontrollgleichung werden alle Stellen
mit ungerader Nummer berücksichtigt.

z.B. $P_1 + X_3 + X_5 = 0$ (mod 2) oder $P_1 = X_3 + X_5$ (mod 2)

In der zweiten Kontrollgleichung werden alle jene Stellen berücksichtigt, deren Nummer - als Dualzahl geschrieben - an
zweitletzter Stelle ein L haben, also 2, 3, 6, 7 usw.

z.B. $P_2 + X_3 + X_6 = 0$ (mod 2) oder $P_2 = X_3 + X_6$ (mod 2)

Die dritte Kontrollgleichung berücksichtigt alle jene Stellen,
deren Nummer - als Dualzahl geschrieben - an drittletzter Stelle
eine L haben, also 4, 5, 6, 7 usw.

z.B. $P_4 + X_5 + X_6 = 0$ (mod 2) oder $P_4 = X_5 + X_6$ (mod 2)

Allgemein wird das i-te Prüfbit durch die i-te Kontrollgleichung
gesetzt, die alle jene Stellen berücksichtigt, deren Nummer -
als Dualzahl geschrieben - an i-t-letzter Stelle eine L hat.

<u>Beispiel</u>:

	P	P	X	P	X	X
a	Ø	Ø	Ø	Ø	Ø	Ø
b	Ø	L	Ø	L	Ø	L
c	L	Ø	Ø	L	L	Ø
d	L	L	Ø	Ø	L	L
e	L	L	L	Ø	Ø	Ø
f	L	Ø	L	L	Ø	L
g	Ø	L	L	L	L	Ø
h	Ø	Ø	L	Ø	L	L

Kontrollgleichungen:

$P_1 = X_3 + X_5$ (mod 2)

$P_2 = X_3 + X_6$ (mod 2)

$P_4 = X_5 + X_6$ (mod 2)

Nach der Übertragung werden die Kontrollgleichungen überprüft.
Sind sämtliche Kontrollgleichungen richtig, so wurde das Zeichen
fehlerfrei übertragen. Ist das nicht der Fall, so liefert jede
richtige Kontrollgleichung eine Ø und jede falsche Kontrollgleichung eine L. Diese Nullen und Einsen ergeben - entsprechend
der Nummer der Kontrollgleichung von rechts nach links angeschrieben - eine Dualzahl, die die Nummer der gestörten Stelle
angibt.

z.B. Das empfangene Zeichen hat die Verschlüsselung

L ∅ ∅ L ∅ L

Die drei Kontrollgleichungen liefern

$$P_1 + X_3 + X_5 = L + ∅ + ∅ = L$$

$$P_2 + X_3 + X_6 = ∅ + ∅ + L = L$$

$$P_4 + X_5 + X_6 = .L + ∅ + L = ∅$$

Die Nummer der gestörten Stelle ist 3 (∅ L L), womit die Verschlüsselung zu

L ∅ L L ∅ L

korrigiert und als f erkannt werden kann.

Das Verfahren ist nicht auf Binärcodes beschränkt. Die Kontrollgleichungen müssen nur so gewählt werden, daß die Störung einer Stelle in jeder Kontrollgleichung bemerkt wird, in der diese Stelle vorkommt. Falls der Code aus Dezimalziffern zusammengesetzt ist, kann die Prüfstelle etwa gleich der Ziffernsumme modulo 10 gesetzt werden. Eine andere Möglichkeit besteht darin, die Ziffern als Dezimalzahl aufzufassen, diese durch 11 zu dividieren und die letzte Stelle des Restes als Prüfziffer zu verwenden (Elferrest).

Ein anderes Verfahren der Fehlerkorrektur besteht in der sogenannten Blocksicherung, wie sie auch bei Magnetbandaufzeichnungen durchgeführt wird. Im Prinzip werden die zu übertragenden Bits in ein orthogonales Raster geschrieben und für jede Spalte und jede Zeile nach einer Kontrollgleichung ein Prüfbit berechnet und mit übertragen. Die geringste Anzahl von Prüfbits erhält man bei quadratischer Anordnung. Mit p Prüfbits läßt sich demnach ein Block aus $p^2/4$ Binärzeichen sichern. Im Vergleich dazu erlaubt das Verfahren von Hamming die Sicherung von $2^p - p - 1$ Binärzeichen.

C 6 ZAHLENDARSTELLUNG

Die Darstellung von Zahlen stellt einen Spezialfall der
Codierung dar, bei dem der Aspekt der arithmetischen Verarbeitung
ebenfalls berücksichtigt werden muß. Aus diesem Grund erfolgt
auch die Zahlendarstellung meist mit fester Wortlänge.

C 6.1 DARSTELLUNG GANZER ZAHLEN

Die zeichenweise Codierung verschlüsselt jede Ziffer als eigenes
Zeichen (z.B. im EBCD-Code), wobei pro Ziffer ein Byte verwendet wird.

z.B.

```
25   | L L L L | Ø Ø L Ø | L L L L | Ø L Ø L |
        F        2         F        5
```

Da der redundante Zonenteil (linke Bytehälfte) mitgespeichert
wird, spricht man von einer gezonten Zahlendarstellung. Die
Zahlen können in dieser Darstellung unmittelbar ein- und ausgegeben werden, benötigen jedoch einen hohen Speicherbedarf.
Vor Rechenoperationen müssen die Zahlen umgewandelt werden.

Ein eventuelles Vorzeichen wird manchmal als Überlochung
(+ = 12, - = 11) über der letzten Ziffer eingegeben. Die entsprechende EBCD-Darstellung liefert die Sedezimalziffer
C (L L Ø Ø) für + und D (L L Ø L) für - im Zonenteil der
letzten Ziffer.

z.B.

```
-25   | L L L L | Ø Ø L Ø | L L Ø L | Ø L Ø L |
         F        2         D        5
```

Bei der gepackten Darstellung wird jede Dezimalziffer durch eine
Tetrade (4 Bit = Halbbyte) dargestellt.

z.B.

```
25   | Ø Ø L Ø | Ø L Ø L |
        2         5
```

Falls auch negative Zahlen auftreten können, wird das Vorzeichen
in einer eigenen Tetrade (meist rechts von der Zahl) gespeichert.
Im Vergleich zur gezonten Darstellung ist der Speicherbedarf
- mit Ausnahme des Vorzeichens - nur halb so groß. Rechenoperationen können mit Dezimalarithmetik unmittelbar durchgeführt
werden, oder die Zahl wird in das Dualsystem umgewandelt.

Den geringsten Speicherbedarf erfordert die Darstellung im
<u>Dualsystem</u>. Meist wird für die Dualzahl ein ganzes Wort, even-
tuell auch nur ein Halbwort oder nur ein Byte verwendet.

Rechenoperationen können mittels Dualarithmetik leicht durchgeführt werden. Soll die Ein/Ausgabe in dezimaler Form erfolgen,
so ist eine Umwandlung der Zahl nötig.

In einem Wort der Länge l bit lassen sich positive ganze
Dualzahlen im Bereich von 0 bis $2^l - 1$ darstellen. Numeriert
man die einzelnen Dualstellen z_i entsprechend ihrer Wertigkeit:

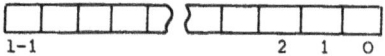

l-1   2   1   0

so ist der Wert z der Zahl

$$z = \sum_{i=0}^{l-1} z_i \, 2^i$$

Um den Speicherbedarf bei der Speicherung sehr vieler Zahlen
möglichst gering zu halten, kann - auf Kosten einer komplizier-
teren Verarbeitung - auf die Berücksichtigung der Wort (Byte-)
Grenzen verzichtet werden. Man verwendet für die Darstellung
einer Zahl dann nur soviele Bits, wie für die größte dazustel-
lende Zahl benötigt werden

z.B. Zahlen im Bereich $0 \leq w \leq 5$ werden in je 3 Bit dargestellt.

2,5,3 .... $\boxed{\emptyset\ L\ \emptyset\ L\ \emptyset\ L\ \emptyset\ L\ L}$...   (Redundanz R = 3 - ld 6

      2   5   3   = 0.42 bit)

Die Darstellung von Zahlen im Bereich $0 \leq z \leq k-1$ erfolgt dabei mit einer Redundanz, die gleich der Differenz von ld k auf die nächstgrößere ganze Zahl ist. (k ist die Anzahl der darstellbaren Zahlen und wird als <u>Kardinalzahl</u> bezeichnet).

Eine noch kompliziertere Darstellung erfordert die gemeinsame Verschlüsselung mehrerer Zahlen (<u>dichtgepackte Darstellung</u>). Im vorigen Beispiel können zum Beispiel 3 Zahlen gemeinsam in 8 Bit verschlüsselt werden. Die Redundanz sinkt dabei auf $8/3$ - ld 6 = 0.08 bit. Gespeichert wird der Wert jener Zahl w, die entsteht, wenn man die n gemeinsam zu verschlüsselnden Zahlen w_0, w_1, w_2, ..., w_{n-1} als die Ziffern einer Zahl im Zahlensystem mit der Basis k interpretiert.

$$w = \sum_{i=0}^{n-1} w_i k^i \qquad 0 \leq w_i \leq k - 1 \qquad 0 \leq w \leq k^n - 1$$

Zur Darstellung der Zahl w werden ld k^n = n ld k bit benötigt.

z.B.

$\qquad$ k = 6 n = 3 $\qquad$ $0 \leq w_i \leq 5$ $\qquad$ $0 \leq w \leq 215$

Die Berechnung von w kann mittels des HORNER-Schemas erfolgen:

$$w = (w_2 * k + w_1) * k + w_0$$

für w_0 = 2, w_1 = 5, w_2 = 3 erhält man w = 140

Aus der dargestellten Zahl w können die Zahlen w_i als Reste der fortlaufenden Division durch k zurückgewonnen werden.

z.B.
$\qquad$ 140 ÷ 6 = 23 $\qquad$ w_0 = 2
$\qquad\qquad$ 23 ÷ 6 = 2 $\qquad$ w_1 = 5
$\qquad\qquad\qquad$ w_2 = 2

Die dichtgepackte Darstellung kann auch zur komprimierten Speicherung mehrerer Zahlen mit unterschiedlichen Wertebereichen angewandt werden. Sollen n Zahlen w_0, w_1, ..., w_{n-1} mit den entsprechenden Wertebereichen $0 \leq w_i \leq k_i$ - 1 gemeinsam verschlüsselt werden, so speichert man den Zahlenwert w.

$$w = (\ldots(w_{n-1}*k_{n-2} + w_{n-2})*k_{n-3} + \ldots + w_1)*k_0 + w_0$$

Anders ausgedrückt werden alle möglichen Wertkombinationen durchnumeriert, und die Nummer gespeichert. Die Zahlen w_i können aus der dargestellten Zahl w als Reste der fortlaufenden Division durch k_i gewonnen werden. Für die Darstellung werden

$$ld\ (k_0 + k_1* \ldots *k_{n-1}) = \sum_{i=o}^{n-1} ld\ k_i$$

Bit benötigt.

Beispiel:

Ein Datum, das durch Jahr j (1850 $\leq$ j $\leq$ 1999), Monat m (1 $\leq$ m $\leq$ 12) und Tag t (1 $\leq$ t $\leq$ 31) gegeben ist, soll dichtgepackt gespeichert werden. Gespeichert werden die Zahlen w_0, w_1 und w_2. (Die Reihenfolge der Zuordnung wurde so gewählt, daß sich die Rangordnung in der Ordnungsrelation widerspiegelt).

$w_0 = t-1$	$0 \leq w_0 \leq 30$	$k_o = 31$	ld 31 =	4.95
$w_1 = m-1$	$0 \leq w_1 \leq 11$	$k_1 = 12$	ld 12 =	3.58
$w_2 = j-1850$	$0 \leq w_2 \leq 149$	$k_2 = 150$	ld 150=	_7.23_
				15.76

Zur dichtgepackten Speicherung werden 16 Bit oder 2 Byte benötigt (Redundanz R = 0.24 bit). Bei Berücksichtigung der Bitgrenzen werden für die Speicherung des Tages 5 Bit, für die Speicherung des Monats 4 Bit und für die Speicherung des Jahres 8 Bit, also insgesamt 17 Bit benötigt. Der Unterschied von einem Bit kann dann ausschlaggebend sein, wenn – wie in diesem Beispiel – eine Wort- oder Bytegrenze überschritten wird.

z.B.
Darstellung von 23. Mai 1946

t = 23 $w_0 = 22$

m = 5 $w_1 = 4$ ((96 * 12) + 4) * 31 + 22 = 35858

j = 1946 $w_2 = 96$

L Ø Ø Ø,L L Ø Ø Ø Ø Ø L,Ø Ø L Ø

Die Rückrechnung erfolgt mittels fortgesetzter Division durch
die Kardinalzahlen:

$$35858 \div 31 = 1156 \qquad \text{Rest} = 22 \qquad w_0 = 22$$
$$1156 \div 12 = 96 \qquad \text{Rest} = 4 \qquad w_1 = 4$$
$$w_2 = 96$$

Da mit Hilfe der einzelnen Zahlen selbst wieder beliebige
Information verschlüsselt sein kann, ist die Anwendung der
dichtgepackten Form der Speicherung keineswegs auf ganze
Zahlen beschränkt.

C 6.2 DARSTELLUNG NEGATIVER ZAHLEN

Sollen in der Zahlendarstellung positive und negative Zahlen
unterscheidbar sein, so erfolgt prinzipiell eine Abbildung der
darzustellenden Zahl auf den Bereich der natürlichen Zahlen.
Entsprechend der Zuordnung unterscheidet man verschiedene Arten
der Darstellung. Im folgenden wird angenommen, daß eine mit
Vorzeichen behaftete ganze Zahl z im Bereich $0 \le |z| \le 2^{g-1}$
dargestellt werden soll. Für die Darstellung werden $l = g+1$ bit
benötigt.

Darstellung durch Vorzeichen und Betrag

Das Vorzeichen wird in einem eigenen Bit an führender Stelle
gespeichert. Positives Vorzeichen wird durch $\emptyset$, negatives
Vorzeichen durch L verschlüsselt.

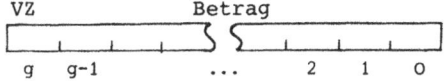

Betrachtet man die gespeicherte Bitfolge als Dualzahl w, so
ergibt sich die folgende Abbildung:

z	w	
+ 0	0	$\emptyset\emptyset\emptyset \ldots \emptyset\emptyset$
+ 1	1	$\emptyset\emptyset\emptyset \ldots \emptyset L$
$\vdots$	$\vdots$	
$+ 2^g - 1$	$2^g - 1$	$\emptyset LL \ldots LL$
$- 0$	2^g	$L\emptyset\emptyset \ldots \emptyset\emptyset$
$- 1$	$2^g + 1$	$L\emptyset\emptyset \ldots \emptyset L$
$\vdots$	$\vdots$	
$- 2^g + 1$	$2^{g+1} - 1$	$LLL \ldots LL$

Die Zahl 0 kann mit positivem oder negativem Vorzeichen dargestellt werden. Bei arithmetischen Operationen und Vergleichsoperationen muß das Vorzeichen getrennt behandelt werden.

$$-2^g + 1 \leq z \leq + 2^g - 1$$

Exzess-Darstellung

Zum Wert der Zahl z wird ein so bemessener Exzess q addiert, daß das Ergebnis w nicht negativ ist. Der Exzess muß gleich dem Betrag der kleinsten negativen Zahl gewählt werden. ($q=2^g$)

z	w	
$- 2^g$	0	$\emptyset\emptyset\emptyset \ldots \emptyset\emptyset$
$- 2^g + 1$	1	$\emptyset\emptyset\emptyset \ldots \emptyset L$
$\vdots$	$\vdots$	
$- 1$	$2^g - 1$	$\emptyset LL \ldots LL$
0	2^g	$L\emptyset\emptyset \ldots \emptyset\emptyset$
$+ 1$	$2^g + 1$	$L\emptyset\emptyset \ldots \emptyset L$
$\vdots$	$\vdots$	
$+ 2^g - 1$	$2^{g+1} - 1$	$LLL \ldots LL$

Der Zahl 0 entspricht eine einzige Verschlüsselung. Positive und negative Zahlen können am führenden Bit unterschieden werden. Die Ordnungsrelation bleibt erhalten. Bei arithmetischen Rechenoperationen muß der Exzess berücksichtigt werden (z.B. bei einer Addition muß der Exzess von der Summe subtrahiert werden).

$$- 2^g \leq z \leq + 2^g - 1$$

Einer-Komplement-Darstellung

Negative Zahlen werden durch ihr Einer-Komplement - das ist die Ergänzung auf $2^{g+1} - 1$ - dargestellt. Das Einer-Komplement kann durch ziffernweise Komplementierung gebildet werden.

z	w	
0	0	ØØØ ... ØØ
1	1	ØØØ ... ØL
⋮	⋮	
2^g-1	2^g-1	ØLL ... LL
-2^g+1	2^g	LØØ ... ØØ
-2^g+2	2^g+1	LØØ ... ØL
⋮	⋮	
-1		
-0	$2^{g+1}-1$	LLL ... LL

Die Zahl 0 kann mit positivem oder negativem Vorzeichen dargestellt werden. Positive und negative Zahlen können am führenden Bit unterschieden werden. Die Ordnungsrelation innerhalb der positiven bzw. innerhalb der negativen Zahlen bleibt erhalten, negative Zahlen rangieren jedoch nach den positiven.

$$-2^g + 1 \leq z \leq + 2^g - 1$$

Addition und Subtraktion können wie mit natürlichen Zahlen durchgeführt werden. Falls bei der Addition (Subtraktion) ein Überlauf entsteht, muß zum Ergebnis Eins addiert (subtrahiert) werden.

z.B. Wortlänge = 6 Bit.

```
  ØLLØØL  ( 25)      LØØLLØ  (-25)      LLLØØL  ( -6)
+ LOLLOO  (-19)    + ØLØØLL  ( 19)    + LØLLØØ  (-19)
L ØØØLØL            LLLØØL  ( -6)    L LØØLØL
+      L                            +      L
  ØØØLLØ  (  6)                        LØØLLØ  (-25)
```

Eine tatsächliche Überschreitung des Zahlenbereiches kann durch einen Plausibilitätstest des Vorzeichens erkannt werden:

```
z.B.      LØØLLØ  (-15)
        + LØLLØØ  (-19)        Da die Summe zweier negativer
        L ØLØØLØ               Zahlen nicht positiv sein kann,
        +      L               ist bei der Addition ein Überlauf
          ØLØØLL  ( 19)        entstanden.

richtig:  LØLØØLL  (-44)
```

Zweier-Komplement-Darstellung

Negative Zahlen werden durch ihr Zweier-Komplement - das ist die Ergänzung auf 2^{g+1} - dargestellt. Das Zweier-Komplement kann ziffernweise gebildet werden, indem man die Dualziffern von rechts nach links bis zur ersten L einschließlich kopiert und die restlichen Ziffern komplementiert (oder man bildet das Einer-Komplement und erhöht es um Eins).

z	w	
0	0	ØØØ ... ØØ
1	1	ØØØ ... ØL
⋮	⋮	
2^g-1	2^g-1	ØLL ... LL
-2^g	2^g	LØØ ... ØØ
-2^g+1	2^g+1	LØØ ... ØL
⋮	⋮	
-1	$2^{g+1}-1$	LLL ... LL

Der Zahl 0 entspricht eine einzige Verschlüsselung. Positive und negative Zahlen können am führenden Bit unterschieden werden. Die Ordnungsrelation entspricht der Einer-Komplement-Darstellung.

$$- 2^g \leq z \leq + 2^g - 1$$

Addition, Subtraktion und Multiplikation können wie mit natürlichen Zahlen durchgeführt werden. Falls ein Überlauf entsteht, muß dieser ignoriert werden. (Eine Überschreitung des Zahlenbereiches kann ebenso wie beim Einer-Komplement durch eine Überprüfung des Vorzeichens erkannt werden).

z.B. Wortlänge = 6 bit

```
    ØLLØØL  ( 25)        LØØLLL  (-25)        LLLØLØ  ( -6)
  + LØLLØL  (-19)      + ØLØØLL  ( 19)      + LØLLØL  (-19)
  L ØØØLLØ  (  6)        LLLØLØ  ( -6)      L LØØLLL
```

```
    ØLØØLL  ( 19)
  - ØLLØØL  ( 25)        ØØØLLØ  x  LLLLØL  =  LØLLØLLLØ
  L LLLØLØ  ( -6)        (6)        (-3)        (-18)
```

C 6.3 FESTKOMMADARSTELLUNG

Zur Darstellung von nicht ganzen Dezimalzahlen kann eine feste
Anzahl von d Nachkommastellen berücksichtigt werden. Diese Art
der Darstellung wird als Festkommadarstellung (engl. fixed point
representation) bezeichnet. Da der Dezimalpunkt immer an derselben Stelle liegt, braucht dieser nicht mitgespeichert werden,
der 10^d-fache Wert der darzustellenden Zahl wird als ganze Zahl
gespeichert, der Skalierungsfaktor 10^d ist konstant.Die Addition
und Subtraktion kann wie bei ganzen Zahlen erfolgen. Bei
Multiplikation und Division muß der Skalierungsfaktor 10^d berücksichtigt werden. Bei Festkommadarstellung ist der Zahlenbereich durch die Wortlänge beschränkt. Die Darstellung erfolgt
innerhalb dieses Zahlenbereiches mit der zu berücksichtigenden
Stellenanzahl.

Bei der Festkommadarstellung im Dualsystem werden die rechts vom
"Dualpunkt" stehenden Dualziffern mit negativen Zweierpotenzen
gewichtet.

z.B.

$$L\emptyset L.LL = L*2^2 + \emptyset*2^1 + L*2^0 + L*2^{-1} + L*2^{-2} =$$

$$= 4 + 1 + 0.5 + 0.25 = 5.75$$

Stehen links vom Dualpunkt g ganze Dualstellen und rechts p
Dualstellen, so ist der Wert der Dualzahl allgemein

$$z = \sum_{i=-p}^{g-1} z_i 2^i$$

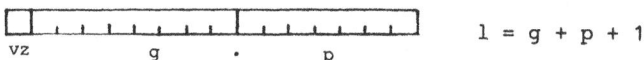 $l = g + p + 1$

Die Umwandlung einer nicht ganzen Dezimalzahl in das Dualsystem
kann auf folgende Weise erfolgen. Zurerst wird der ganzzahlige
Anteil durch fortlaufende Division durch 2 in das Dualsystem
übertragen. Der nichtganzzahlige Anteil wird fortlaufend mit
2 multipliziert. Vom Ergebnis jeder Multiplikation wird der
ganzzahlige Anteil abgeschnitten. Er stellt gleichzeitig die
zugehörige Dualziffer dar.

Beispiel:

Die Dezimalzahl 25.7 soll in das Dualsystem umgewandelt werden. Für den
ganzzahligen Anteil 25 liefert die fortlaufende Division durch 2:

$25 \div 2 = 12$ $12 \div 2 = 6$ $6 \div 2 = 3$ $3 \div 2 = 1$ $1 \div 2 = 0$

   1   0   0   1   1

Der nichtganzzahlige Anteil 0.7 wird fortlaufend mit 2 multipliziert:

$0.7 \times 2 = 1.4$ $0.4 \times 2 = 0.8$ $0.8 \times 2 = 1.6$ $0.6 \times 2 = 1.2$

   1   0   1   1

$$25.7 = LLØØL.LØLLØ \ldots$$

Wie das Beispiel zeigt, können selbst einfache Dezimalbrüche
auf endlose (periodische) Dualbrüche führen. Die Darstellung
nicht ganzer Zahlen im Dualsystem ist daher nur in wenigen
Sonderfällen mit beschränkter Stellenanzahl exakt möglich.
Häufig wird die dargestellte Zahl auf Grund der p+1-ten Stelle
nach dem Komma gerundet. Zu diesem Zweck wird die p+1-te Stelle
zur p-ten Stelle nach dem Komma addiert.

C 6.4 GLEITKOMMADARSTELLUNG

Um sehr große und sehr kleine Zahlen auf gleiche Weise darstellen
zu können, wird bei der halblogarithmischen Darstellung oder
Gleitkommadarstellung (engl.floating point representation) ein
variabler Skalierungsfaktor gemeinsam mit der Zahl gespeichert.
Die Zahl selbst wird nur auf eine feste Anzahl signifikanter
Stellen genau dargestellt.

z.B. $0.0000123 = 123 * 10^{-7}$

Tatsächlich gespeichert wird die sogenannte Mantisse (123)
als ganze Zahl und der Exponent (-7) ebenfalls als ganze Zahl.
Sowohl die Mantisse als auch der Exponent können negativ sein.
Ein und dieselbe Zahl kann auf verschiedene Weise dargestellt
sein.

z.B. $123 * 10^{-7} = 1230 * 10^{-8} = 12.3 * 10^{-6}$

Eine eindeutige Darstellung ist die sogenannte normalisierte
Darstellung, bei der die Mantisse kleiner als 1 und als erste
Stelle nach dem Dezimalpunkt eine von Null verschiedene Ziffer
hat.

z.B. $0.123*10^{-4}$

Bei der normalisierten Darstellung brauchen nur die Nachkommastellen der Mantisse und der Exponent gespeichert werden.

z.B. | + 1 2 3 || - 4 |

Bei der Gleitkommadarstellung im Dualsystem wird eine Zweierpotenz als Skalierungsfaktor verwendet. Sowohl Mantisse als
auch Exponent werden als Dualzahlen dargestellt.

Beispiel:

Die Dezimalzahl 5.75 soll als normalisierte Gleitkommazahl
im Dualsystem dargestellt werden.
Zuerst wird die Zahl in Festkommadarstellung in das Dualsystem
umgewandelt:

        5.75 = LØL.LL

Durch Hinzufügen eines Skalierungsfaktors 2^0 erhält man eine
- allerdings nicht normalisierte - Gleitkommadarstellung:

        $5.75 = LØL.LL*2^0$

Nun muß die Darstellung noch normalisiert werden.
Normalisiert bedeutet, daß die erste Stelle nach dem Dualpunkt
von Null verschieden sein muß. Der Dualpunkt muß daher um drei
Stellen nach links verschoben werden, was durch einen Skalierungsfaktor 2^3 kompensiert werden muß:

        $5.75 = Ø.LØLLL*2^3$

Bezeichnet m den Wert der Mantisse, so lautet die Bedingung
für Normalisiertheit im Dualsystem

        $\frac{1}{2} \le m < 1$ oder m = 0

oder allgemein für ein Zahlensystem mit der Basis b

        $\frac{1}{b} \le m < 1$ oder m = 0

Anmerkung:

Die Zahl Null wird ebenfalls als normalisiert bezeichnet, obwohl
die erste Ziffer der Mantisse nicht von Null verschieden ist.

Bei der Darstellung einer Gleitkommazahl in einem Binärwort
brauchen nur die Nachkommastellen der Mantisse und der Exponent
gespeichert werden. Sowohl Mantisse als auch Exponent können
negativ sein.

Da sich die Rechenoperationen mit Exponenten auf Vergleich,
Addition und Subtraktion beschränken, werden die Exponenten
häufig in Exzessdarstellung gespeichert. Die Darstellung des
Exponenten wird dann als <u>Charakteristik</u> bezeichnet. Die Mantisse
wird meist durch Vorzeichen und Betrag dargestellt. Die Speicherung innerhalb eines Wortes erfolgt meist in der Reihenfolge
abnehmender Signifikanz, also Vorzeichenbit der Mantisse ge-
folgt von der Charakteristik und zuletzt die Mantisse. Dadurch
kann ein Vergleich zweier Gleitkommazahlen bitweise von links
nach rechts erfolgen. Bei der Darstellung der Zahl Null wird
die Charakteristik ebenfalls Null gesetzt.

Beispiel:

Die Zahl 5.75 soll im folgenden Gleitkommaformat dargestellt
werden:

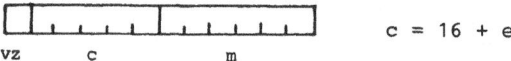

$$c = 16 + e$$

Da die Zahl positiv ist, ist das Vorzeichenbit ∅. Die
Charakeristik c berechnet sich zu 16 + 3 = 19 = L∅∅LL.
Die Zahl wird daher in der Form

∅	L ∅ ∅ L L	L ∅ L L L ∅

dargestellt.

Falls negative Zahlen durch das Einer-Komplement dargestellt
werden, so ist es vorteilhaft, im Falle einer negativen Mantisse
das Komplement der ganzen Darstellung - Charakteristik und
Mantisse - zu bilden. Die Ordnungsrelation ist dann für die
Darstellung von Festkommazahlen und Gleitkommazahlen gleich.

Beispiel:

Die Zahl -5.75 soll im obigen Gleitkommaformat dargestellt werden. Werden negative Zahlen durch Vorzeichen und Betrag dargestellt, so lautet die Darstellung

| L | L Ø Ø L L | L Ø L L L Ø |

Werden negative Zahlen jedoch durch das Einer-Komplement dargestellt, so ist die Darstellung

| L | Ø L L Ø Ø | Ø L Ø Ø Ø L |

Wegen der beschränkten Anzahl von Stellen in der Charakteristik können Gleitkommazahlen nur innerhalb eines bestimmten Zahlenbereiches dargestellt werden. Bezeichnet man die Länge der Charakteristik mit r und die Länge der Mantisse mit p

$$l = 1 + r + p$$
$$q = 2^{r-1}$$

so hat die betragkleinste normalisiert darstellbare Zahl einen Exponenten $e = -q$ und eine Mantisse $m = 0.5$.

z.B.

| Ø | Ø Ø Ø ... Ø | L Ø Ø ... Ø | falls $c = q + e = 0$

Der Wert dieser kleinsten Zahl ist daher

$$0.5 * 2^{-q} = 2^{(-2^{r-1} - 1)}$$

Die betragsgrößte darstellbare Zahl hat den Exponenten $e = q - 1$ und eine Mantisse von annähernd $m = 1$

z.B.

| Ø | L L L ... L | L L L ... L |

Der Wert der größten Zahl ist daher etwas kleiner als 2^{q-1}

Die normalisiert darstellbaren Zahlen liegen daher im Bereich

$$2^{(-2^{r-1}-1)} \le |z| < 2^{(2^{r-1}-1)}$$

Für den Zahlenbereich ist nur die Länge der Charakteristik maß-
gebend. Im obigen Gleitkommaformat (r = 5) lassen sich Zahlen
im Bereich $2^{-17} \le z < 2^{15}$ darstellen.

Oft interessiert auch der Bereich, innerhalb dessen sich ganze
Zahlen exakt darstellen lassen. Eine sehr große ganze Zahl erhält man offensichtlich, wenn die Mantisse mit Einsen belegt
und die Charakteristik so gesetzt wird, daß die Zahl ganz ist.

z.B. | Ø | L | Ø | L | L | Ø | L | L | L | L | L | L |

Mit p Stellen für die Mantisse ist der Wert dieser ganzen Zahl
$2^p - 1$, auch die nächstgrößere Zahl 2^p läßt sich noch exakt
darstellen:

z.B. | Ø | L | Ø | L | L | L | L | Ø | Ø | Ø | Ø | Ø |

Erst bei der Zahl $2^p + 1$ kann die letzte Dualziffer nicht
mehr dargestellt werden. Ganze Zahlen lassen sich daher im
Bereich

$$0 \le z \le 2^p$$

exakt darstellen. Im obigen Gleitkommaformat (p = 6) zum Beispiel
lassen sich ganze Zahlen ≤ 64 exakt darstellen.

Für die <u>Genauigkeit</u> der Zahlendarstellung ist die Mantissenlänge p entscheidend. Da sich durch p bit genau p/ld 10
Dezimalziffern darstellen lassen, ist die Gleitkommadarstellung
auf

$$\frac{p}{\text{ld } 10} \approx \frac{3p}{10}$$

Dezimalstellen genau. Der maximale relative Fehler, der bei
der Gleitkommadarstellung entstehen kann, läßt sich durch folgende Überlegung abschätzen: Der ungünstigste Fall tritt dann
ein, wenn der berücksichtigte Teil der Mantisse sehr klein,
der unberücksichtigte (abgeschnittene) Teil dagegen sehr groß
ist, also

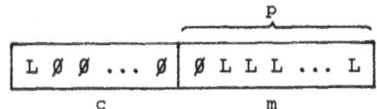

bzw.

Im ersten Fall wird die dargestellte Zahl um etwa 2^{-p-1+e}
zu klein, im zweiten Fall wird die p-te Stelle zu L gerundet,
und die dargestellte Zahl ist um 2^{-p-1+e} zu groß. Da der Wert
der darzustellenden Zahl ungefähr $0.5*2^e$ entspricht, ist der
maximale <u>relative-Fehler</u> unabhängig vom Exponenten gleich

$$\frac{\pm\, 2^{-p-1+e}}{2^{e-1}} \;=\; \pm\, 2^{-p}$$

<u>Beispiel:</u>

Die 360-Serie von IBM verwendet für die Darstellung einer Gleitkommazahl in einem Ganzwort das folgende Format:

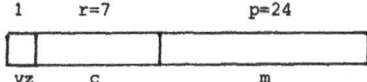

Die Gleitkommazahlen werden im Sedezimalsystem (b = 16) dargestellt, also

$$z = m * 16^e \qquad\qquad c = 64 + e$$

Die Bedingung für Normalsiertheit lautet

$$\frac{1}{16} \;\leq\; m \;<\; 1$$

Die betragskleinste normalisiert darstellbare Zahl hat somit den
Wert

$$\frac{1}{16} * 16^{-64} = 16^{-65} = 2^{-260} \;\approx\; 10^{-78}$$

Die größte Gleitkommazahl ist

$$1 * 16^{63} = 2^{252} \;\approx\; 10^{76}$$

Gleitkommazahlen können daher im obigen Format im Bereich

$$10^{-78} < |z| < 10^{76}$$

mit etwa 7 signifikanten Dezimalziffern dargestellt werden. Um
eine höhere Genauigkeit zu erreichen, können zwei Ganzworte für
die Darstellung einer Zahl in doppelter Genauigkeit (engl.double
precision) verwendet werden.

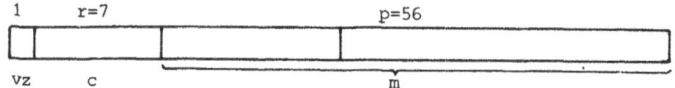

In doppelter Genauigkeit können etwa 17 Dezimalziffern dargestellt werden. Der Zahlenbereich bleibt wegen der unveränderten
Charakteristik gleich

Beispiel:

Für die Zahlendarstellung in unserer fiktiven Rechenanlage
(Wortlänge = 24 bit) soll das folgende Festkomma- bzw. Gleitkommaformat verwendet werden:

Festkomma:

Gleitkomma:

$z = m * 2^e$

$c = e + 64$

Im Festkommaformat lassen sich ganze Zahlen im Bereich

$$0 \leq |z| \leq 2^{23} - 1 \quad (\approx 8*10^6)$$

darstellen. Im Gleitkommaformat sind Zahlen im Bereich

$$2^{-65} \leq |z| < 2^{63} \quad oder \quad 3*10^{-20} \leq |z| < 9*10^{18}$$

normalisiert mit etwa 5 signifikanten Dezimalziffern darstell-
bar. Ganze Zahlen lassen sich im Gleitkommaformat im Bereich

$$0 \leq |z| \leq 2^{16} \quad (= 65\ 536)$$

exakt darstellen.

Negative Zahlen sollen - im Festkomma - wie auch im Gleitkommaformat - durch das Einer-Komplement der Darstellung ihres Betrages dargestellt werden.

z.B.   25.7 | Ø | LØØØLØL | LLØØLLØØLLØØLLØL |

     -25.7 | L | ØLLLØLØ | ØØLLØØLLØØLLØØLØ |

Beispiel:

Die Control Data Corporation (CDC) verwendet in ihren Rechenanlagen eine Wortlänge von 60 bit. Für die Darstellung negativer
Zahlen wird das Einer-Komplement verwendet. In Festkommadarstellung lassen sich ganze Zahlen bis 2^{59} ($\approx 5*10^{17}$) darstellen.
Die Gleitkommadarstellung erfolgt im folgenden Format:

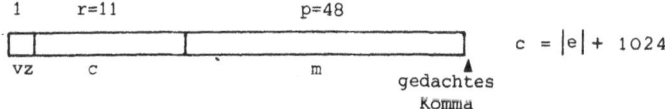

$$c = |e| + 1024$$

Ist der Exponent negativ, so wird das Einer-Komplement jener
Charakteristik gespeichert, die dem Betrag des Exponenten entspricht. Spezielle Werte der Charakteristik dienen zur Darstellung von unendlichen bzw. nicht definierten Werten:

$$c = \quad 0 \qquad \text{unendlich kleiner Wert} \quad (e = -\infty\ )$$

$$c = 2047 \qquad \text{unendlich großer Wert} \quad (e = +\infty\ )$$

$$c = 1023 \qquad \text{nicht definierter Wert}$$

Der Exponent e kann somit zwischen $-1022 \le e \le 1022$ liegen.

Da das gedachte Komma am rechten Ende der Mantisse liegt, ist der
Zahlenbereich zugunsten der großen Beträge verschoben:

betragskleinste Zahl: $2^{47} * 2^{-1022} = 2^{-975} \approx 10^{-293}$

betragsgrößte Zahl: $2^{48} * 2^{1022} = 2^{1070} \approx 10^{321}$

Durch die Mantissenlänge von 48 bit werden etwa 14 Dezimalziffern
dargestellt.

Gleitkommaarithmetik:

Vor der Addition oder Subtraktion zweier Gleitkommazahlen müssen
die Zahlen so umgeformt werden, daß ihre Exponenten gleich sind.
Dann lassen sich die Mantissen stellenwertrichtig addieren, beziehungsweise subtrahieren. Dieser Exponentenangleich erfolgt
so, daß die größere der beiden Zahlen (größerer Exponent) unverändert (normalisiert) bleibt, und die Mantisse der kleineren
Zahl um soviele Stellen nach rechts verschoben wird, als es der
Differenz der Exponenten entspricht.

Der folgende Algorithmus gibt die Vorgangsweise bei der <u>Addition</u>
w := u + v   an:

```
if c_u<c_v then  u und v vertauschen;
c_w := c_u;
if (c_u-c_v)>p then m_w := m_u
              else begin m_v := m_v ÷ 2^(c_u-c_v);
                   m_w := m_u+m_v;
                   w normalisieren
              end
```

Anschließend an eine Addition oder Subtraktion muß das Ergebnis
normalisiert und eventuell gerundet werden. Der folgende
Algorithmus gibt die Vorgangsweise beim <u>Normalisieren</u> einer
Gleitkommazahl z an:

```
if m=0 then begin vz:=0; c:=0 end
       else begin
            if |m|≥1 then repeat m:=m÷2;
                                c:=c+1
                          until |m|<1
                     else while |m|<0.5 do
                                begin m:=m*2;
                                      c:=c-1
                                end;
            p+1-te Stelle runden;
            if |m|≥1 then begin m:=m÷2;
                                c:=c+1
                          end;
            if c>2^r-1 then Exponentenüberlauf;
            if c<0     then Exponentenunterlauf
            end
```

Beispiel:

Die beiden Zahlen 11.25 und 6.15 sollen im folgenden Gleitkommaformat addiert werden:

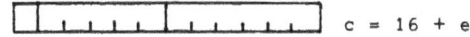 c = 16 + e

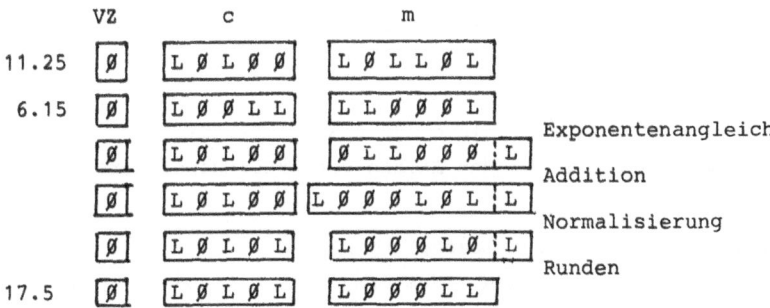

Bei der Addition mit begrenzter Stellenanzahl können Fehler
entstehen, die umso größer sind, je unterschiedlicher die
Größe der Summanden ist. Sollen 3 Zahlen addiert werden, so
ist das Ergebnis am genauesten, wenn man zuerst die beiden
kleinsten Zahlen und zu deren Summe die dritte Zahl addiert.
Das assoziative Gesetz der Addition verliert bei der Gleit-
kommarechnung seine Gültigkeit! Analoges gilt für die Subtraktion.

Bei der Gleitkommamultiplikation werden die Exponenten addiert
und vom Produkt der Mantissen die führenden Stellen berücksichtigt.
Ähnlich erfolgt auch die Gleitkommadivision.

GLOSSAR

Im folgenden sind die wichtigsten im Text vorkommenden Fachbe-
griffe und Abkürzungen gemeinsam mit der englischen Bezeichnung und ihrer Bedeutung zusammengestellt. Die Erklärung der
Bedeutung erfolgt zum Teil auf andere Art als im Text, um einer
unterschiedlichen Betrachtungsweise Rechnung zu tragen.

absolute Adresse (absolute address) 166, 184
    Adresse, die auf den Anfang des Arbeitsspeichers bezogen
    ist.

Absolutlader (absolut loader) 166
    Programm zum Laden eines Programms mit absoluten Adressen.

Abtasttheorem (sampling theorem) 222
    Beziehung zwischen maximaler Frequenz und maximalem Ab-
    tastintervall, das eine eindeutige Rekonstruktion des ab-
    getasteten Signals ermöglicht.

Abtastung (sampling) 222
    zeitliche Diskretisierung.

Accounting (accounting) 155, 173
    Verrechnung der verbrauchten Betriebsmittel.

Addierwerk (adder) 43, 64
    Schaltung zur Durchführung von Additionen.

Adresse (address) 75, 115, 162, 184, 185
    Nummer einer Speicherzelle.

Aiken-Code 202
    Binärcode für die Darstellung von Dezimalziffern.

Aiken, Howard G.
    Amerikanischer Physiker,Pionier der Datenverarbeitung.

Akkumulator (accumulator) 65, 69
    Arbeitsregister für arithmetische Instruktionen.

Alphabet (alphabet) 193
    Menge aller unterschiedlichen Zeichen einer Sprache.

Automat (automaton) 52

> System, das in Abhängigkeit von Eingangsgrößen und seinem
> momentanen Zustand in einen anderen Zustand übergeht.

Basisadresse (base address) 116, 184

> Anfangsadresse eines Programmsegments.

Basisadressregister (base address register) 116, 169, 184

> Indexregister, das die Basisadresse eines Programmsegments
> enthält.

Baud 220

> 1) Einheit der Telegrafiergeschwindigkeit (nach dem fran-
> zösischen Erfinder E. BAUDOT, 1945-1903).
> 2) Einheit des Informationsflusses [bit/s].

Baum (tree) 197

> gerichteter schleifenfreier Graph.

BCD (Binary Coded Decimal) 4

> Binärcode für Dezimalziffern.

Bd 220

> Abkürzung für Baud.

Befehlszähler (instruction counter) 81, 106

> Register des Steuerwerkes, das die Adresse der nächsten
> Instruktion enthält.

Benutzermodus (user mode) 182

> Nicht-privilegierte Betriebsart, in der nur ein einge-
> schränkter Instruktionsvorrat ausgeführt wird.

Betriebssystem (operating system) 113, 155

> Programmsystem, das eine effiziente Benutzung eines
> Computers einem größeren Benutzerkreis zugänglich macht.

Binär (binary) 63, 194

> Bezeichnung für ein System mit zwei Zuständen.

Binden (linking, binding) 169

> Zusammenfügen mehrerer zusammengehöriger Programmteile.

Binder (linkage editor) 169

> Programm zum Binden mehrerer Programmteile.

Bit (bit) 63, 200, 208, 226
  1) binäres Zeichen (binary digit).
  2) Einheit des Informationsgehaltes.

Block (block) 158, 230
  Datenmenge, die gemeinsam gespeichert und übertragen wird.

Blocklücke (interrecord gap) 126, 130
  Zwischenraum, zwischen den Blöcken, der durch den
  Start-Stop-Betrieb bedingt ist.

Blockung 158
  Zusammenfassen mehrerer logischer Sätze zu einem physischen
  Block, um die Kapazität des Datenträgers sowie die Über-
  tragungsgeschwindigkeit besser auszunützen.

Blockungsfaktor 159, 162
  Anzahl der logischen Sätze in einem Block.

BOOLE Georg
  Englischer Mathematiker (1815 - 1864).

Boole'sche Algebra (boolean algebra) 18
  Ein abgeschlossenes System, in dem zwei Operationen definiert sind, für die kommutatives, assoziatives, distributives und Verschmelzungsgesetz gelten und in dem ein Nullelement, ein Einselement und zu jedem Element ein Komplement existiert.

Bootstrapping 172
  Verfahren, bei dem ein Teil oder eine einfache Version
  eines Systems dazu verwendet wird, um eben dieses System
  zu implementieren (oder zu laden).

Bpi (bits per inch) 126
  Speicherdichte.

Byte (byte) 115, 231
  Teil eines Wortes, der die Speicherung eines alphanumerischen Zeichens gestattet.

Cache-Register 124, 186
  Ein Satz von schnellen Registern, die eine Kopie des
  gerade benötigten Teiles des Arbeitsspeichers aufnehmen.

CCITT 140
   Abkürzung für Comité Consultatif International Télé-
   graphique et Téléphonique.

CCITT-Code 140, 203
   Fernschreibcode.

Charakteristik (characteristic) 242
   Darstellung des Exponenten bei der Gleitkommadarstellung.

Chip 122
   Bauteil in integrierter Schaltungstechnik.

Closed-Shop 175
   Betriebsform eines Rechenzentrums, bei der der Benutzer
   bei der Durchführung seines Jobs nicht anwesend ist.

CMC-7 144
   Abkürzung für Caractère Magnétique Code à 7 bâtonnets,
   Magnetschrift.

Code (code) 196
   Abbildung der Zeichen eines Alphabets auf die eines anderen
   Alphabets.

Compiler (compiler) 167, 172
   Programm zum Übersetzen eines Programms von einer höheren
   Programmiersprache in Assemblersprache oder Maschinen-
   code.

Coroutinen (coroutine) 111
   gleichberechtigte Programmteile, die abwechselnd durchgeführt werden.

CPU (Central Processing Unit) 114
   Zentraleinheit.

Cross-Compiler (cross-compiler) 173
   Compiler, der Maschinencode für eine andere Rechenanlage
   erzeugt.

Datei (file) 160
   Zusammengehörige Menge von Sätzen.

Datenkanal (data channel) 153
   Peripherer Prozessor zur Steuerung der Datenübertragung.

Datenstation (terminal) 147, 180, 182
   Ein-/Ausgabegerät, das über Telefonleitungen an dem
   Computer angeschlossen sein kann.

Dump 167

    Speicherabzug.

Duplex 151

    Datenübertragung in beiden Richtungen.

E-13-B-Schrift 146

    Magnetschrift.

EBCDIC (Extended Binary Coded Decimal Interchange Code) 205, 231

    Binärcode für die Verschlüsselung von Zeichen.

Einerkomplement (one's complement) 236, 242

    wird aus einer Dualzahl durch Vertauschen von Ø↔L ge-
    bildet.

Emulation 122

    Simulierung von Hardwareeigenschaften, häufig mittels
    Mikroprogrammen.

Entropie (entropy) 209

    Mittlerer Informationsgehalt. Erwartungswert für den Infor-
    mationsgehalt einer Nachricht. Einheit: [bit].

EOF (End of File) 161

    Ende einer sequentiellen Datei.

Eröffnen (open) 162

    Maßnahmen vor der Verarbeitung einer Datei.

exklusives Oder (exclusive or) 30, 35, 44, 117

    Antivalenz.

Exponent (exponent) 240, 247

    Logarithmus des Skalierungsfaktors bei der Gleitkommadar-
    stellung.

Exzess 236, 242

    Konstante, die zum Wert einer Zahl addiert wird, um die
    Zahl darzustellen.

Fano 216

    Begründer einer statistischen Theorie der Nachrichtenübertragu

Festkommadarstellung (fixed point representation) 239, 242

    Zahlendarstellung, bei der das Komma immer an derselben
    Position liegt und daher nicht mitgespeichert werden muß.

Festspeicher (read only memory, ROM) 122
Speicher, dessen Inhalt nicht verändert werden kann.

Flip-Flop (flip-flop) 37, 63
Ein Automat mit zwei Zuständen.

Frequenz (frequency) 41, 62, 222, 225
Anzahl von periodisch wiederkehrenden Ereignissen pro
Zeiteinheit, Einheit: Hertz (Hz).

Gatter (gate) 11, 62
Logisches Schaltwerk mit mehreren Eingängen und einem
Ausgang.

Gleitkommadarstellung (floating point representation) 240, 247
Zahlendarstellung, bei der die Position des Kommas mitgespeichert wird.

Gray-Code 28, 202, 226
Binärcode für die Darstellung von Dezimalziffern.

Halbaddierwerk (half adder) 14, 22, 32, 43, 65
Addierwerk zur Addition zweier Ziffern.

HAMMING-Distanz 226
Anzahl der Zeichenpositionen, in denen sich zwei Worte
gleicher Länge unterscheiden. Die Hamming-Distanz eines
Codes ist die kleinste Hamming-Distanz, die zwischen
allen Worten dieses Codes auftritt.

Hardware (hardware) 83, 104
Sammelbegriff für die Geräte eines Computersystems.

Hash-Methode (hashing) 164
Direkter Zugriff auf Grund einer nicht umkehrbar ein-
deutigen Abbildung der Schlüsselwerte auf die Adressen.

Hertz 62, 150
Einheit für die Frequenz.

Hexadezimal (hexadecimal) 4
Unschönes Synonym für sedezimal.

Hz 62, 150
Abkürzung für Hertz.

Jobstep 174

 Teil eines Jobs, der in der Ausführung eines Programms
besteht.

k 116

 Abkürzung für Kilo in der Bedeutung eines Faktors 10^3.

K 116

 Abkürzung für Kilo in der Bedeutung eines Faktors 2^{10}.

Kanal (channel) 153

 Einrichtung zur Übertragung einer Nachricht.

Kanalkapazität (channel capacity) 224

 Maximal über einen Kanal übertragbarer Informationsfluß.

Kardinalzahl (cardinal number) 233

 Anzahl der Elemente einer Menge.

Kennsatz (label record) 162

 Erster Satz einer Datei mit organisatorischen Informationen.

Koinzidenzspeicher (coincident-current memory) 119

 Speicher, bei dem die Ansteuerung durch Überlagerung von
Halbströmen in Zeilen- und Spaltendraht erfolgt.

Kommandosprache (command language, job control language) 174

 Sprache zur Steuerung des Betriebssystems.

Kommutatives Gesetz (commutative low) 18

 besagt, daß die Reihenfolge der Operanden einer Operation
belanglos ist.

Komplement (complement) 14, 51, 60, 236, 242

 Der "andere" binäre Wert.

Konjunktion (konjunction) 13, 30, 32

 Verknüpfung zweier Aussagen. Das Ergebnis ist dann wahr,
wenn beide Aussagen wahr sind, andernfalls ist das Ergebnis
falsch.

Ladeadresse (loadoint) 166, 169

 Absolute Adresse des Arbeitsspeichers, ab der ein Programm
geladen wird.

Laden (loading) 166

 Übertragen eines Programms in den Arbeitsspeicher.

Lader (loader) 166
Programm zum Laden eines Programms.

LRC (longitudinal redundancy check) 128
Prüfzeichen für die Längsparıtät.

LSI (large scale integration)
Fertigung von Hardwarebauteilen auf kleinstem Raum.

m
Abkürzung für milli in der Bedeutung eines Faktors 10^{-3}.

M
Abkürzung für mega in der Bedeutung eines Faktors 10^{6}.

μ (micro)
Symbol für den Faktor 10^{-6}.

Mantisse (mantissa) 240, 247
Darstellung der Ziffernfolge einer Gleitkommazahl ohne
Berücksichtigung des Skalierungsfaktors.

Matrix (matrix)
Mehrdimensionale Anordnung von Elementen.

Metasprache (metalanguage) 194
Zur Beschreibung einer Sprache verwendete Ausdrucksform.

Mikrobefehl (micro instruction) 122
Einzelschritt einer Instruktion.

Mikroprogramm (micro program) 122
Folge von Mikrobefehlen.

Mittlerer Informationsgehalt (average information content) 209
Erwartungswert für den Informationsgehalt einer Nachricht.
Einheit : [bit].

Mnemotechnik 83
Unterstützung des Erinnerungsvermögens durch die Wahl
"sprechender" Bezeichnungen.

Modem 150
Abkürzung für Modulator-Demodulator. Hardwareeinrichtung zur
Umwandlung digitaler Signale in Tonfrequenzsignale und umge-
kehrt zur Datenübertragung über das Telefonnetz.

Multiplex 151, 154
Aufteilung einer Hardwarekomponente auf mehrere Benutzer.

Speicherabzug (dump) 167
Kopie des Inhalts des Arbeitsspeichers auf einen
peripheren Datenträger.

Speicherschutz (storage protection) 182, 184
Hardwareeinrichtung, die einen unbefugten Zugriff zu
Teilen des Arbeitsspeichers verhindert.

SPOOL (simultaneous peripheral operations on line) 175, 179
Form der Stapelverarbeitung, bei der die Ein-/Ausgabe
des gesamten Stapels über einen externen Speicher ge-
puffert ist.

Sprache (language) 193
Ein System, das es gestattet, eine Nachricht durch eine
Zeichenfolge darzustellen.

Spur (track) 126, 131
Bereich eines magnetischen Datenträgers, der von einem
Magnetkopf überstrichen wird.

Stapel (stack)
Datenstruktur, bei der immer das zuletzt hinzugefügte
Element als erstes verarbeitet wird.

Stapelverarbeitung (batch processing) 161, 175
Verarbeitung von Daten oder Programmen, die über einen
gewissen Zeitraum angesammelt wurden.

Start-Stop-Betrieb (start-stop-operation) 126
Blockweise Datenübertragung. Bei Magnetbandspeichern wird
durch das Starten und Stoppen des Datenträgers eine
Blocklücke verursacht.

Steuerwerk (control unit) 80, 114, 122
Hardwarekomponente zur Steuerung des Programmablaufes.

Syntax 173, 193
Menge der grammatikalischen Regeln einer Sprache.

Systemmodus 182
Privilegierte Betriebsart, in der alle Instruktionen
erlaubt sind.

Terminal 147, 180, 182
Datenstation, die über das Telefonnetz an den Rechner
angeschlossen werden kann.

Tetrade (tetrad) 4, 231

> Folge von vier Binärzeichen.

Time-Sharing 180

> Betriebsart, bei der mehrere Benutzer gleichzeitig an den
> Rechner angeschlossen sein können.

Time-Slice 178

> Zeitspanne, während der ein Prozess die Zentraleinheit
> benutzen darf.

Turn-Around-Zeit 175

> Zeitspanne zwischen Ablieferung und Rückgabe eines Jobs.

Überlauf (overflow) 64, 112, 165, 237, 248

> tritt ein, wenn das Ergebnis einer Rechenoperation die
> Wortlänge übersteigt.

Übertrag (carry) 15, 66

> wird bei der ziffernweisen Addition und Subtraktion in
> der nächsten Stelle berücksichtigt.

Und (and) 13

> Operator zur Verknüpfung zweier binärer Werte. Das Er-
> gebnis ist dann L, wenn beide Operanden L sind, andern-
> falls ist das Ergebnis Ø.

Unterbrechung (interrupt) 112, 155, 182

> Programmunterbrechung mit der Möglichkeit, das Programm
> zu einem späteren Zeitpunkt fortzusetzen.

Unterprogramm (subroutine) 104, 106

> Abgeschlossener Programmteil, der durch Aufruf akti-
> viert werden kann.

Variable 83

> Datenelement, dessen Wert durch das Programm verändert
> werden kann, zwischen diesen Änderungen aber konstant
> bleibt.

Virtueller Speicher (virtual storage) 186

> Großer adressierbarer Speicherbereich, von dem jeweils
> nur ein Teil im Arbeitsspeicher gehalten wird.

Volladdierwerk (full adder) 44, 65

> Addierwerk zur Addition zweier Ziffern und eines Über-
> trages.

wahlfreier Zugriff (random acess) 162
Zugriff in beliebiger Reihenfolge.

Warteschlange (queue) 176, 179
Datenstruktur, bei der die einzelnen Elemente in der
Reihenfolge ihres Eintreffens verarbeitet werden.

Wechselschrift (Non-Return to Zero) 127
Aufzeichnungsverfahren für magnetische Datenträger.

Wort (word) 63, 196
Zeichenfolge, die eine logische Einheit bildet.

Zeichen (character) 193
Elementarer Baustein einer Nachricht, wird meist durch
ein eigenes Symbol dargestellt.

Zeichengerät (plotter) 142
Graphisches Ausgabegerät.

Zentraleinheit (central processing unit, CPU) 114
Gesamtheit von Arbeitsspeicher, Steuerwerk und Rechenwerk eines Computers.

Ziffer (digit) 3
Zeichen eines numerischen Alphabets.

Zone (zone) 231
Bereich eines Codewortes.

Zugriff (access) 115, 160, 162
Herausgreifen eines gespeicherten Datenbestandes.

Zugriffszeit (access time) 121
Zeit, die für die Adressierung und Übertragung eines
Datenelementes benötigt wird.

Zwei-aus-Fünf-Code (two out of five code) 226
Fehlererkennender Binärcode für Dezimalziffern.

Zweier-Komplement (two's complement) 60, 238
Ergänzung einer Dualzahl auf die nächste Potenz von Zwei.

Zylinder (cylinder) 132, 134
Peripherer Speicherbereich, der durch eine einzige
mechanische Bewegung zugegriffen werden kann.

SYMBOLE

* Multiplikation
÷ ganzzahlige Division
! Faktorielle
√⁻ Quadratwurzel
$\sum$ Summe
∫ Integral
ln natürlicher Logarithmus
ld Zweierlogarithmus
∨ Disjunktion
∧ Konjunktion
¬ Negation
≡ Äquivalenz
≢ Antivalenz
⊃ Implikation
∪ Vereinigung
∩ Durchschnitt
∅ Binärziffer Null
L Binärziffer Eins
ƀ Leerzeichen
μ mikro
| metasprachliches Trennzeichen
{} metasprachliche Klammern

TABELLEN

Potenzen von 2

2^n	n	2^{-n}
1	0	1.0
2	1	0.5
4	2	0.25
8	3	0.125
16	4	0.062 5
32	5	0.031 25
64	6	0.015 625
128	7	0.007 812 5
256	8	0.003 906 25
512	9	0.001 953 125
1 024	10	0.000 976 562 5
2 048	11	0.000 488 281 25
4 096	12	0.000 244 140 625
8 192	13	0.000 122 070 312 5
16 384	14	0.000 061 035 156 25
32 768	15	0.000 030 517 578 125
65 536	16	0.000 015 258 789 062 5
131 072	17	0.000 007 629 394 531 25
262 144	18	0.000 003 814 697 265 625
524 288	19	0.000 001 907 348 632 812 5
1 048 576	20	0.000 000 953 674 316 406 25
2 097 142	21	0.000 000 476 837 158 203 125
4 194 304	22	0.000 000 238 418 579 101 562 5
8 388 608	23	0.000 000 119 209 289 550 781 25
16 777 216	24	0.000 000 059 604 644 775 290 625
33 554 432	25	0.000 000 029 802 322 387 695 312 5

Zweierlogarithmen

x	$ld\ x$
1.0	0.000 000 000
1.1	0.137 503 523
1.2	0.263 034 406
1.3	0.378 511 623
1.4	0.485 426 827
1.5	0.584 962 501
1.6	0.678 071 905
1.7	0.765 534 746
1.8	0.847 996 907
1.9	0.925 999 419
2.0	1.000 000 000
3.0	1.584 962 501
5.0	2.321 928 094
6.0	2.584 962 501
7.0	2.807 354 922
9.0	3.169 925 001
10.0	3.321 928 094

$$ld(2^n x) = n + ld\ x$$

$$ld\ x = \frac{\ln x}{\ln 2} = \frac{\log x}{\log 2}$$

$$\frac{1}{\ln 2} = 1.442\ 695$$

$$\frac{1}{\log 2} = 3.321\ 928$$

The manufacturer's authorised representative in the EU is Springer
Nature Customer Service Centre GmbH, Europaplatz 3, 69115 Heidelberg,
Germany. If you have any concerns regarding our products, please
contact ProductSafety@springernature.com

Printed and bound by CPI Group (UK) Ltd, Croydon, CR0 4YY
24/04/2026
02096346-0003